明治期日本における民衆の中国観

―教科書・雑誌・地方新聞・講談・演劇に注目して―

金山泰志　著

芙蓉書房出版

まえがき

日本と中国は切っても切れない関係にある。これは、歴史教科書を一度ひも解けば一目瞭然であるだけでなく、現在を生きる我々から見ても歴然たる事実であろう。二つの隣接した大国の関係性は、日本と中国それぞれの平和と繁栄の維持という点だけでなく、アジアさらには国際社会全体の平和と繁栄にも大きく作用する。

ここで重要となるのが、日中間の相互理解の問題である。日本近現代史を専門とする私が、その相互理解のために多少なりとも貢献できることがあるとすれば、日本側の中国理解に関する研究の提示であり、日本の「他国・他者理解」を過去の歴史から問い直すことにある。情報化社会やグローバル時代にある現代、自国の「他国・他者理解」の問い直しはこれからの国際社会を生きていく上で重要な課題である。その問い直しを行う上で、現在の国際社会において強い存在感を示し、日本との政治的・経済的関係からも重要な存在である中国を取り上げ、その国に対するイメージ形成を歴史的に追うことは、相手を知り自己を知るためにも重要な作業となるだろう。本書の名の通り、これは日本の「中国観（中国像・中国認識）」研究になるわけだが、日本史の領野から実証的かつ総体的に論じられたものはほとんどない。本書は、近代国民国家として対外観が規定される明治期に検討時期を設定し、従来行われてきた中国観研究とは異なる視点で、日本の中国観の実態を明らかにすることを目指している。

従来の先行研究は、福沢諭吉や徳富蘇峰など、特定の個人・知識人層の中国観に焦点が当てられ、その個別的検討の集積をもって明治期の中国観が論じられているといえる。それらの個別的検討それぞれに学術的意義があることは言をまたないが、一方で特定の個人・知識人層以外の中国観、すなわち一般民衆層の中国観はどうであったのかという単純な疑問が浮上してくる。その一般民衆層の中国観は、知識人層の中国観と同様の傾向であったことが自明の如く語られている状況であり、具体的には明治期に勃発した日清戦争を契機に否定的中国観が一般に浸透したことが数行ふれられる程度に留まっている。そこで本書では、「日本社会一般で漠然と共有されていた中国観＝一般民衆層の中国観」に着目し、その実証的把握を試みることを第一の目的とした。

その実証的把握を可能としたのが、明治期において活況を呈していたメディアの存在である。本書では明治期の一般民衆層が享受したと考えられる「小学校教育（教科書・教育雑誌）」「児童雑誌」「講談」「演劇」などのメディアに注目し、当時の中国観の反映を読み取った。各種メディアから、網羅的・相互補完的検討を行うことにより、実証的把握の難しい一般民衆層の中国観を浮き彫りにすることが可能となる。

本書の特筆点をあげるのであれば、一般民衆層の中国観を明治期の各種メディアから実証的に明らかにしているという点に加え、好き嫌い（肯定・否定）といった感情レベルの中国観に注目していること、中国観研究における日露戦争の重要性を指摘していることなどがあげられよう。また、中国観の個別的検討課題として浮き彫りとなる中国観の全国的共有傾向の再検討（「地方新聞」を使用）や知識人層との比較検討（総合雑誌『太陽』を使用）など、多角的視点から当時の中国観の実態を照射することを試みている。その着眼過程や、具体的な検討方法については、本書の「序章」に目を通して頂きたい。

最後に、日本近現代史から中国観を研究することに、さらなる意義があることも付け加えておきたい。日本の中国観の歴史的変遷を研究するということは、「日本の中国観がいかにして現在に至ったか」という課題に取り組むことを意味し、太平洋戦争の惨禍に連なる戦前日本の対中行動に至る要因を中国観から問い直すことにも繋がる。つまり、日本の中国観研究とは、現在の我々の社会生活にも寄与し、日本近現代史研究の意義をも備える、重要なテーマなのである。

明治期日本における民衆の中国観●目次

序章

歴史学としての中国観研究

第一節　本書の問題意識

二一世紀、我々日本人にとって外国というものが益々身近なものとなっている。新聞やテレビなどのマスメディアのみならず、近年目覚ましい発展を遂げているフェイスブックなどのＳＮＳ（ソーシャル・ネットワーキング・サービス）を含むネットワークメディアを鑑みると、外国の情報は我々の周囲に満ちている。この外国情報の氾濫に伴い、我々日本人の「他国・他者理解」も、情報化社会やグローバル時代の今日にあって重要な問題として浮かび上がってきている。日本でインターネットを利用している者ならば、誰しもが実感することであるが、ネット上には主に韓国・北朝鮮・中国などの東アジア諸国向けに排他的・否定的言説が蔓延している。ネットワークメディアの恐ろしさは、マスメディアと異なり情報の送り手が限定されておらず、かつ送り手が不透明な存在のまま責任を負うことなく、好き勝手な評価を下せる点にある。情報の精査や客観的な判断の能力に乏しい未成年（受け手）への影響も当然考えられ、実際に年齢制限のないＳＮＳで、中高生などが韓国・中国に対する侮蔑的発言を繰り返す光景は日常茶飯の如く見られている。

以上のような現状にあって、中国という一国を取り上げ、その国に対するイメージ形成を歴史的に追うことは、今日の日本の「他国・他者理解」を問い直すという側面からも必要不可欠な作業である*1。特に中国は、現在の国際社会において強い存在感を有し、日本との政治的・経済的関係からも切り離すことのできない存在である。ここで注意すべきは、今我々が抱いている中国観が、現在突如湧いて出たものではなく、日本と中国との交流が始まる古代から脈々と受け継がれてきたものであるという点である。日本近現代史研究という枠組みから中国観を考えようとする場合、「日本の中国観がいかにして現在に至ったか」という課題を解明することが第一の意義となり、本書もそうした問いから出発するものである。

また、本書—日本近現代史研究における中国観研究—の第二の意義は、太平洋戦争の惨禍に連なる戦前日本の対中行動（対華二十一ヵ条要求・満州事変・日中戦争など）に至る要因を、中国観から問い直すという点にある。

具体的事例をあげるのであれば、日中戦争中の一九三七年に起きた南京事件（または南京虐殺事件）が解りやすい。南京事件の争点は捕虜や市民の虐殺にあり、関連研究では虐殺の規模や真偽について論じられているものが多いが、その中でも吉田裕『天皇の軍隊と南京事件』などの研究が、虐殺の心理的抵抗感を麻痺させるものとして、一般兵士達が抱いていた否定的中国観の根深さを指摘している点は見逃してはならない*2。そしてその否定的中国観は*3、戦地で多くの仲間が次々に死んでいったことに対する憎悪の感情であるだけでなく、日本が近代国家として歩み始めた頃からの中国観の反映であったことは容易に想像がつく。それは、蔑視などの人の感情が、現場で即刻形成されるという単純なものではないからである。しかし、その否定的中国観の歴史的変遷や形成過程などについては、右著を含む南京事件関連研究では明らかにされてない。この点の解明がなされれば、南京事件の勃発要因を中国観という一側面から立証することが可能となるはずである。

また、この南京事件問題では、指揮官・将校層だけでなく、実際に虐殺を行った一般兵士層に目が向けられていることにも注目したい。この視点を踏まえて戦前日本の対中行動全般に目線を戻すと、一般民衆層が否定的中国観をもってこれを下から支持していたことが考えられる＊4。当然、この否定的中国観を前提とした後追い的研究を本書で行いたいわけではない（後述）。ここでは、中国観研究が民衆の戦争責任をも問い直し得る重要な研究であることを指摘したい。

以上のような問題意識から、本書では中国観研究の時期を「明治期」に設定し、対象を「一般民衆層」に設定した。特に明治期は、明治維新以後、近代国家として歩み始めた日本が、日清戦争や北清事変、日露戦争など、中国との戦争あるいは中国領域での軍事行動を通じて、従来の中国観を劇的に変容させた時期にある＊5。大正・昭和期の日本のみならず、現在の日本の中国観を考える上でも、明治期からその歴史的変遷を丁寧に追いかけていく必要がある。例えば、昭和期日本の対中行動の理論的支柱であったアジア・モンロー主義や「大東亜共栄圏論」（日本をもって東洋の指導者たらしめる）などには、その理論の根底にアジアの一部たる中国への否定観が読み取れるが＊6、それは明治期以来受け継がれてきた中国観の延長線上のものとして考える必要があるのである。

また、最近の研究の潮流として、明治期日本の事例が国民国家―国民化との関連で語られていることも明治期に焦点をあてる一因である。国民化が同一の人種・民族のもと、文明／野蛮の対比のもとで進行するという立場に立てば、中国観を含む日本の対外認識は明治期に再規定されることになる＊7。国民国家論の立場からも、その端緒となる明治期からの検討は妥当であると判断される＊8。国民国家論などの理論的枠組みから捉える中国観の問題点については、次節で詳述する。

第二節　先行研究の整理と批判―課題とその解決方策―

先行研究の整理と批判は、本書の各章でもそれぞれ個別の課題に関連して行うが、ここでは総論的に日本の中国観研究の状況を確認する。

中国観に関する先行研究を網羅的に収集しようとする場合、まず注意しなければならないのが「検索語」である。当然のことながら、「中国観」以外にも「中国認識」「中国像」などの語句を使用した研究が存在するため、あらゆる語句の可能性を想定して先行研究を探る必要がある。また、中国という語句が「支那」に代わる王朝・政権の名を超えた通史的な呼称として使用されていることを鑑み「支那観」「支那認識」、明治期においては当時の中国王朝の名称から「清国観」「清国認識」にも注意し（特段の意識なく「中国」が使用されている先行研究も多い）、また中国観をも含んだ「アジア（亜細亜）観」「アジア認識」などにも目を配る必要がある。また、後述するものに見えるように、書名に中国観などの語句が使用されてなくとも、日中関係史を扱った研究では中国観に言及されているものが多く、同様に注意が必要である。

以上の点を念頭に置き、明治期の中国観に関する先行研究を抽出すると、安藤彦太郎『日本人の中国観』（勁草書房、一九七一年）や、小島晋治『近代日中関係史断章』（岩波書店、二〇〇八年）、並木頼寿『日本人のアジア認識』（山川出版社、二〇〇八年）、松本三之介『近代日本の中国認識』（以文社、二〇一一年）、古屋哲夫編『近代日本のアジア認識』（京都大学人文科学研究所、一九九四年）などの関連研究を確認することができる＊9。単著以外にも論文を含めると相当数に上る＊10。

従来の研究の多くに共通する点は、福沢諭吉、徳富蘇峰、尾崎行雄、内藤湖南など、特定の個人・知識人層の中国観に焦点が当てられ、その個別的検討の集積をもって明治期の中国観が論じられているという点である＊11。本書の課題の一つである一般民衆層の中国観については、「老大国清国に勝ったこの［日清］戦争は、日本人の中国観を大きく変える転機となった。敵愾心は侮蔑感に変わって大衆のあいだに広範に浸透した（前掲『日本人の中国観』）」、「日清戦争の前後から日本人の中には中国人に対する差別、侮蔑意識が非常に広がっておりました（前掲『近代日中関係史断章』）」、「従来よくいわれてきたのは、日清戦争を境にして、日本人の中国にたいする畏敬の念が急速にうすれていき、それにかわって中国を遅れた国として侮蔑する考え方が広まったという見方である（前掲『日本人のアジア認識』）」などのように、日清戦争を契機に否定的中国観が一般に浸透したことが、史料的裏付けもないまま数行ふれられる程度に留まっている*12。

つまり右の中国観研究群においては、特定の個人（知識人層）の中国観の事例をもって、一般の中国観も同様の傾向であったことが自明の如く語られている状況なのである。この論理展開は一見明快である。戦後知識人の中国認識の特質を帰納法的に解明した馬場公彦『戦後日本人の中国像―日本敗戦から文化大革命・日中復交まで』では、「公共知識人の発する公論が日本の市民層の中国観の形成に寄与し、中国についての世論を喚起し、ひいては対中政策決定に何らかの影響を与えてきた」ことを鑑み、「日本人大衆の中国像を直接かつ定量的・客観的に知りうる材料や手がかりが欠けているとはいえ、中流域の公共知識人からなる論壇の中国論を跡づけておけば、下流域を含むこの時期の日本の中国像・中国観の全体像は、かなりの部分をカバーできる*13」と、〝知識人層が一般民衆層の中国観形成を担う〟という関係性から、知識人層に注目する点を明確に示している。一般民衆層の中国認識を知る手掛かりが少ないという指摘は、右にあげた中国観研究群にも通じるものであり、実証的把握が困難である（厳密には不可能と考えた）ために、直接的に一般民衆層という対象を取り上げなかったことが考えられる*14。

ここで問題となるのが、先行研究と本書の問題意識の差である。ここまで特に定義を行わずに使用していた「中国観」「中国認識」という語句の差異に改めて焦点を当てる必要が出てくる。戦後中国人の日本観を検討したアレン・S・ホワイティングは、「イメージ」と「認識」という語句の定義を「「イメージ」とは、国民、国家、民族のあらかじめ規定されたステレオタイプで、歴史、経験、自己イメージの選択的解釈から生まれるものをいう。具体的（操作的）〔上記括弧は原文ママ〕には、イメージは相手側が一般的にいいか悪いか、強いか弱いか、味方か敵かを決めるものである。「認識」とは、相手側の声明、行動、出来事などをあらかじめ存在するイメージによって、枠をはめられ規定された、選択的な識別のことを意味する*15」と定めている。

右の先行研究群に見られる特定の個人・知識人層の「中国観・中国認識」とは、後者の「認識」の意味合いで用いられたものであり、個々の代表的な人物を中心とした「中国論」「対中国政策」などを体系的思想・枠組みを踏まえながら明らかにしたものである。言うなれば、対中国政策ありきの中国認識ともいえる。一方、本書で使用する「中国観」とは、前者の「イメージ」に近い。好き嫌い（肯定的・否定的）といった感情のレベルであり、漠然と人々に共有されている評価と定義できる。つまり、本書における一般民衆層の中国観とは、当時の日本社会一般で漠然と共有されていた中国への評価のことを意味する＊16。

一般的な中国観とは、肯定的・否定的といった感情レベルのものであり、中国論や対中国政策といった体系的思想・理論的枠組みなどと同一視できないのではないか、これが先行研究批判から得られる第一の問題意識である。先に触れた南京事件を考えても、虐殺が戦場の異常な状況、特に生死の境に追いつめられた極限状況の中での「極限」的行為であるとしたら＊17、現場での虐殺行為に反射的に作用するのは理屈の上での中国論などではなく、好きか嫌いかの感情レベルのものであったことは想像に難くない。

また、現代の中国観からも、同様の問題意識が浮き彫りになる。これに関しては、山根幸夫『近代中国と日本』の附篇「女子大生の中国観」が大変示唆に富む。内容は、山根が東京女子大で中国近現代史の講義を行った際の授業内アンケート（「講義に対する感想・希望・批判を、学生たちに書いてもらう」）を素材として、女子大生たちが中国をどのように理解し、把握しているかを明らかにしたものであるが、山根は「女子大生は一般に中国に対して無関心であるか、または無知であり、更にしばしば中国に対して、何ら理由もない嫌悪感を抱いている」、「女子大生の多くは、はっきりした理由もなく、ただ感覚的に中国に対する漠然とした嫌悪感を抱いている。それは理屈ではなく、いわば生理的な反発のようである＊18」と指摘する。「何ら理由もない嫌悪感」や「生理的な反発」などは、まさに右で定義した感情レベルの中国観を体現したものといえる。

さらに、現在の中国観との繋がりを考える上でも、感情レベルの中国観に注目する必要が出てくる。例えば、平成一七年度の「政府機関及び政府関係機関の世論調査」の内、「外交に関する世論調査（内閣府大臣官房政府広報室）」を見ると、各国に対して「親しみを感じるか感じないか」という個人感情の程度を問う項目があり、「中国に親しみを感じない（どちらかというと親しみを感じない）」と答えた割合は六三パーセントを越えている。同様に、平成一七年四月に行われた時事通信社の「時事世論調査」でも、「好きな国」「きらいな国」をあげる項目があり、中国を「好きな国」と答えた割合は僅か四パーセントにすぎないが、「きらいな国」の割合は三六パーセントと高く、中国以外の選択肢である「アメリカ」「ロシア」「イギリス」「フランス」「韓国」など全十カ国中、第二位である（第一位は「北朝鮮」）＊19。このように、現在の中国観は多分に感情レベルの中国観として各種データから読み取ることが可能であるが、その現在の中国観に至る歴史的変遷を考えようとする場合、現在以前の中国観も感情レベルの中国観でなければ比較対象にならない。この点も、感情レベルの中国観に注目する要因の一つである。

以上の点をまとめると、従来の先行研究は近代日本の対中国政策を前提とした中国観（中国認識）研究が主流であったが、本書では両者の関係に縛られることなく、当時のあらゆる中国観（感情レベルの中国評価）を抽出する、ということになる。

では、本書において明治期日本における一般民衆層の中国観、すなわち当時の日本社会一般で漠然と共有されていた中国への評価を明らかにする場合、どのような検討方法が考えられるのであろうか。本当に一般民衆層の中国観を知る手掛かりはないのだろうか。右の先行研究群に倣うのであれば、知識人層の中国論、対中国政策などから、その根底にある評価を抽出するという検討方法が考えられるが、結局は知識人層の中国観が一般民衆層の中国観に影響を与えたという「可能性」に拠る所が大きく、一般民衆層の実証的把握とまでは言えないという批判を免れ得ない。これが、先行研究批判から得られる第二の問題意識である。

本書ではその解答として、「小学校教育（教科書・教育雑誌）」「児童雑誌」「講談」「演劇」などの「メディア」を提示する＊20。ここでいうメディアとは「人と人のあいだのコミュニケーションを媒介する作用や実体＊21」という広義の意味に加え、本書で扱う教科書や教育雑誌、児童雑誌、講談速記本、演劇脚本などの文字メディアを意味する。

右の各種メディアの詳しい概要については、各章（第一章〜第六章）でそれぞれ詳述するが、本書では一般民衆層が享受したと考えられるメディアを取り上げている。また、不特定多数の受け手を想定しているメディアを用いることは、一般民衆層という漠然かつ広域な対象を検討する上で合理的でもある。

以上の点に加えて、ここで位置づけて置かなければならない点は、各種メディアそれぞれの特性である。すなわち、〝当該メディアの表象を検討することが、当時の日本社会一般の観念を検討することと同義である〟という点を、各種メディアから説得的に裏付けする必要がある。この点の説明をしないまま検討を行ってしまうと、メディアの送り手側の言説分析、すなわち雑誌記者や編集者などの中国観を分析しただけのものとなってしまう。各種メディアにおける表象とは、送り手側の認識であることに留まらず、受け手側の民衆意識（ここでは中国観）の反映でもあり、さらには民衆意識を教育しているものもある。

まず、小学校教育（教科書）に関しては、国策の指導層から一般民衆層に至るまで原則として誰しもが体験するものであり、特に一般民衆層に焦点を当てた場合、当時の小学校卒業後の進学率の低さから＊22、小学校教育時に受容・形成された中国観がその人物のその後の中国観にも多大な影響を与えていた、という点があげられる。当然、教育理念上からも、教科書に掲載された中国に関する教材や、それらを用いた教育現場における中国教授には、日本社会一般で適切だと思われた中国に対する見方・評価が反映されていたと考えられる。

児童雑誌は、その小学校教育の補助的役割も果たす総合的学習雑誌であった＊23。この教育的側面から、誌面の中国に関する記事には、右の教科書と同様の意義を与えることができる。さらに、大人（編者・記者）が児童（読者）に向けて提供していたものであったことから、児童雑誌には大人から児童にまで通じる最大公約数的な中国観（＝一般的な中国観）が表れていたと考えることができる。

講談・演劇などの娯楽メディアに関しては、文学作品から当時の社会的観念の一端を導き出すという国文学的・社会学的検討手法を応用することによって、説得的な位置づけが可能である。この点に関しては、ヨーロッパの中国像の変遷を検討した大野英二郎『停滞の帝国―近代西洋における中国像の変遷』が「文学作品は作者の想像力によって創られた世界に他ならないが、作者は時代によって影響ないし限定を受け、あるいは読者を想定して創作を行う。〔中略〕その意味で作品は一方で作家の個性を表現しつつも、他方で時代の状況を確実に反映する。したがって文学作品に中国がどのように描かれているかを観察することは、当時のヨーロッパの人々がどのような中国像を抱いていたかを知る上できわめて有効であろう*24」と指摘している点が説得的である。さらに言えば、講談・演劇は文学作品というよりも娯楽作品であり、受け手の一般民衆層がより親しみやすいメディアであったといえる。右の児童雑誌は、教育的要素だけでなく娯楽的要素(お伽噺や小説など)も備えているため、同様の位置付けが可能である。

本書では、以上のように民衆意識(一般的な中国観)の反映を読み取ることが可能なメディアを選択した。加えて、教育的要素の強い小学校教育や児童雑誌は、民衆意識(中国に関する知識を含む)を教育しているメディアでもあるが、そこにおいてもやはり、日本社会一般で適切だと思われている中国観が反映していると考えられる。

一般民衆層の中国観を検討するにあたって、当時最も一般的なメディアであった新聞を本書では使用しない。新聞も一般民衆層が享受しえるメディアの一つと考えられるが、明治期においては、一般民衆層が日常的に購読する段階には達しておらず*25、紙面に見られる中国観も一般的な中国観を示しているものとは必ずしもいえない。この点は先行研究でも既に指摘されており、前掲『近代日本の中国認識』では、新聞記事に表れていたのは「議論として展開された中国認識」であり、「民衆の中国観」を示すものではないと指摘され、芝原拓自「対外観とナショナリズム」でも「新聞が当時の最大のマス・メディアだったとしても、なお文盲率の高かったこの時期、それがそのまま民衆一般の意識や観念を代表し表現していたわけでない」と一定の留保を与えている*26。

「議論として展開された中国認識」が一般的な中国観でないとすれば、何気ない日常生活の節々にこそ、一般的な中国観というものが垣間見られるのではないか。だからこそ、本書では当時を生きた人々の生活(例えば、朝起きて小学校に行く、帰ってきて児童雑誌を読む、祝日には家族と講談や演劇を楽しむ、といったような生活）に密着したメディアに着目した。また、一般的な中国観を包括的に解明する上で、明治期の新聞とは異なる受容層（小学生や都市下層民など）を持つメディアに注目することは必要である。

本書では一般民衆層の中国観そのものを検討する上で新聞は扱わないが＊27、特定の中国観が本当に全国レベルで共有されていたのかという点の実証的把握のために「地方新聞」は使用する。前述の通り多くの先行研究では、否定的中国観の日本への浸透が実証的検討のないまま指摘されていたが、その浸透が本当に全国規模のものであったのかという点も、実証的把握が行われていない状況にある。こちらも、知識人層の中国観の多くに否定的側面が読み取れることから、否定観が全国的に共有されていたという飛躍的理解がなされていることが予想される。実際に、否定的中国観の全国的共有傾向を明らかにした実証研究はない。この研究状況も含め、詳しくは「第三節　本書の構成」「第七章　明治期の地方新聞に見る日本の中国観」を参照されたい。

以上の点から、本書では一般民衆層の中国観を検討する上で、明治期日本の代表的なメディアを使用する。先行研究などで頻繁に使用されているメディアだからといって、新聞を特段の理由なく安易に使用してはならない。史料を扱う側（研究者）が、検討に値するだけの意義をメディアに付与することで漸く、メディアから一般民衆層の中国観の検討が可能となる。また、一般民衆層という漠然かつ広域な対象の中国観を実証的に明らかにするためには、特定のメディアの検討で完了というわけにはいかず、本書のように一般民衆層が享受したと考えられる各種メディアを取り上げ、そのメディアに表出された中国観を網羅的・横断的かつ相互補完的に扱う必要がある。各種メディアで同様の中国観、同様の傾向が確認できれば、それは当時の日本社会における一般的な中国観であったと結論づけることができる。

この点が、先行研究批判（第一・第二の問題意識）から浮き彫りになった本書最大の意義であり目的である。一般民衆層の中国観を明らかにする手掛かりは全くないわけではなく、右のようにメディアを精選することで可能となるのである。一方、先行研究が検討対象としている知識人層の中国観と一般民衆層の中国観を比較することも、それぞれの研究意義を明確にするために重要な作業となる。本書では、一般民衆層と知識人層の共通点と差異にまで検討を深める。詳しくは「第三節　本書の構成」「第八章　明治期の総合雑誌に見る日本の中国観—知識人層と一般民衆層の共通点と差異」を参照されたい。

その他、先行研究批判から得られる課題（第三の問題意識）としては、否定的な側面以外の実態について検討が不十分である点があげられる。

中国観に関する先行研究以外でも、原田敬一『日清・日露戦争』や大谷正『兵士と軍夫の日清戦争—戦場からの手紙をよむ—』などの日清戦争関連の先行研究においては、兵士達の中国観に触れられているものも存在するが、強調されるのはやはり否定的な中国観である＊28。

この点は、国民国家論やナショナリズム、オリエンタリズムに関する研究でも同様の傾向がうかがえる＊29。中国観の問題を考えることは、「他者理解」と関係不可分である日本人の民族意識を考える鍵としても評価されている＊30。例えば、子安宣邦『「アジア」はどう語られてきたか—近代日本のオリエンタリズム—』では、福沢諭吉の「脱亜論」における文明論的な構図について「文明国と非文明ないし半文明国という二極的な世界の関係構造をもって日本と他のアジア諸国、ことに中国と朝鮮との関係を規定していこうとする。この関係構造のなかで中国はことに文明の境外に停滞し、近代化からとりのこされる老大国と規定されていく。〔中略〕それはアジアにおいていち早く近代化をとげる日本に形成されるオリエンタリズムがえがく構図でもある＊31」と説明する。文京洙「近代日本の国民国家の形成と朝鮮」でも「明治維新を断行し、「対外和親」「開国進取」「国威宣揚」を謳いつつ、こうした近代的世界システムの論理に身を委ねた日本は、国際社会にたいして自己を主権国家として自覚的に弁別し意義づけ、その領域を画し、優越的かつ一元的な国家権力のもとに一枚岩に統合された「国民」を創り出すべく歩み始めた。〔中略〕その過程は伝統と近代が錯綜する矛盾に満ちた過程であり、この矛盾がさらに日本の国家形成のあり方に作用して朝鮮認識や中国認識を再規定し、ひいては「蔑亜」や「脱亜」として示されるような総体としてのアジア認識を拡大再生産していく*32」と述べられている。以上のように、ナショナリズムやオリエンタリズムから日本の中国観を捉える場合、中国に対する否定的側面のみが強調されることになる*33。

果して、明治期日本は中国に対し否定的な眼差ししか向けていなかったのだろうか。前掲『日本人のアジア認識』の「日本人の中国にたいする畏敬の念が急速にうすれていき、それにかわって中国を遅れた国として侮蔑する考え方が広まった」という叙述に見られるように、「中国にたいする畏敬の念」などは中国観の肯定的側面と考えられるのではないか。この問題意識から、本書では肯定・否定に関わらず、中国への評価と考えられるものは中国観として同列に扱い、それぞれの内実にまで検討を深める。また、日清戦争を契機とした否定的中国観の一般への浸透のみが強調されている先行研究状況を鑑み、日清戦争前と日清戦争後の時期にも注目し、歴史的変遷（時間的変化）を明らかにする。

そして最後には、前述の如く明治期以降の展望にも言及する必要がある。しかし、昭和期日本の中国進出、武力の行使や強権的支配の倫理的正当化の根拠として否定的中国観が指摘できるなどと最初から結論を設け、その結論に向かって後追い的に史料を当てはめる研究姿勢は、歴史学研究として好ましくないだろう。その方法で導き出した中国観は、中国観の一端ではあっても、中国観の全容ではない。我々現在の歴史学研究者は「歴史」の結果を知ってしまっている。あくまで同時代的視線から、当時の中国観を偏見なく抽出する作業が求められる。心配せずとも、本書の如く各種メディアを横断的に検討すれば、史料のかたまりが自然と当時の中国観を浮き彫りにしてくれるだろう。その結果をもって改めて、中国観が昭和期日本の中国進出、武力の行使や強権的支配の倫理的正当化の根拠であったかどうかを考えたい。

第三節　本書の構成

以上、筆者の問題意識と先行研究の状況から、本書の課題と検討手段を導き出した。以下、その要点を簡潔にまとめると次のようになる。

①明治期日本における一般民衆層の中国観、すなわち当時の日本社会一般で漠然と共有されていた中国への評価を、明治期の各種メディアから実証的に明らかにする。

②一般民衆層の中国観の実証的把握だけでなく、中国観の全国的共有傾向の再検討、知識人層との比較などから、一般民衆層の特徴を浮き彫りにし、研究意義を深める。

③国民国家論やナショナリズム、オリエンタリズムに関する研究も視野に入れ、中国観の一面的な眼差しに対する再検討を行い、中国観から日本の「他国・他者理解」を問い直す。

④本書の実証から明らかとなった一般民衆層の中国観をもって、戦前日本の中国進出、武力の行使や強権的支配の倫理的正当化の根拠となっていたかを改めて考える。

以上の課題に基づき、本書では次の全八章と終章をもって論を進める。

第一章では、「明治期の小学校教育に見る日本の中国観―中国はどのように教えられていたか―」と題し、広義の意味（人と人のあいだのコミュニケーションを媒介する作用や実体）で小学校教育というメディアに注目し、教科書や教育雑誌などの印刷文字メディアを駆使して、中国観の反映を念頭に明治期日本の中国教育（教授）を見ていく。ここでは、修身・国語・地理・歴史の教科書の中国関係教材（中国に関する描写の見られる教材）を抽出し、その評価を見ていくだけでなく、実際の教育現場での中国教育の実態にまで検討を深める。中国の語られ方（評価）の全体像が本章で明らかになるだろう。

第二章では、「日清戦争前後の児童雑誌に見る日本の中国観」と題し、児童雑誌というメディアから当時の中国観を見ていく。ここでは、児童雑誌の全記事を対象として、肯定・否定といった何らかの評価が与えられている中国関係記事を抽出し、その数量的傾向から児童雑誌における中国観（中国評価）の主潮傾向を浮き彫りにする＊34。この児童雑誌から得られる中国観の傾向は前述の通り、大人から子供にまで通じる最大公約数的傾向であったと結論づけられる。

第三章では、「日露戦争前後の児童雑誌に見る日本の中国観―男女別児童雑誌を素材として―」と題し、同じく児童雑誌というメディアから第二章後の中国観を追っていく。ここでは、当該期に興隆を見せる少女向け雑誌にも注目する。男女別児童雑誌の存在から、「中国観の男女差異」という課題が生じることになるため、本章では男女の中国観の共通点と差異についても言及することとなる。すなわち、児童を男女で一括しないジェンダーの視点を含めた検討になるといえる。

第四章では、「明治期の児童雑誌に見る日本の対外観―中国観との比較を軸に―」と題し、第二章・第三章の検討結果を踏まえつつ、中国観以外の西洋観との比較を試みる。日本の「他国・他者理解」とは、周知の如く中国という一国のみの問題ではない。本章においては、当時の国際社会のパワーバランスに最も影響を与えていたと考えられる「西洋列強」に注目し、同様の検討方法をもって児童雑誌における西洋観（西洋への評価）を抽出した。この西洋観と中国観との比較により、日本の中国観ならではの固有性を浮き彫りにする。

第五章では、「明治期の講談に見る日本の中国観」と題し、講談という寄席演目の一つから当時の中国観を照射する。ここでは、寄席演目に関する新聞記事を集成した倉田喜弘『明治の演芸』（国立劇場調査養成部芸能調査室、一九八〇～八七年）という資料選書から、当時の中国に関する演目を抽出し、その傾向を考察する。その後、抽出した講談の中から代表的な作品の内容検討を、落語や講談などの口演を速記で筆録して刊行された「速記本」から行う。本章で語られる中国観とは、第一章の国家主導による「上から」の小学校教育や、その教育的側面を備える児童雑誌（第二章～第四章）とは異なる娯楽メディアから浮き彫りとなった中国観である。

第六章では、「明治期の演劇に見る日本の中国観」と題し、講談と同様の問題意識をもって当時の中国観の反映を演劇作品から抽出する。ここでは、演劇脚本や筋書きなどの文字情報だけでなく、その作品の「扱われ方」にも注目し、文字情報以外から当時の中国観を浮き彫りにすることも試みる。中国観を含む対外観・対外認識研究における新たな分析手段を用いた研究として位置づけ、その有効性を本章において明らかにする。

第七章では、「明治期の地方新聞に見る日本の中国観」と題し、前章までに明らかにしてきた否定的中国観について、その日清戦争時における浸透過程、全国的共有傾向を史料の裏付けをもって実証的把握を試みる。検討史料として用いるのは、北海道、宮城、広島、福岡、熊本の各地方都市レベルの「地方新聞」であり、前章までに見られた中国観（評価）が各種地方新聞にも共有されていたのか否かを明らかにする。また、新聞には演劇などの近況情報を掲載した「演芸欄」が存在するため、各地方都市における中国関係演目の状況を確認することができる。本書の相互補完的側面から、第六章との関係を踏まえ、各地方新聞で紹介された中国関係演目の上演状況と、その演目紹介から読み取れる中国評価についても論じる。

第八章では、「明治期の総合雑誌に見る日本の中国観――一般民衆層と知識人層の共通点と差異――」と題し、前章までに明らかにした一般民衆層の中国観を知識人層との比較から特徴づける。ここで行うことは、知識人層を執筆者・読者に設定している総合雑誌『太陽』というメディアを検討対象とし、その『太陽』に掲載された中国論・対中国政策などを含む中国関係記事を抽出する。その際、児童雑誌などと同様、文章内に何らかの評価（肯定・否定）が見られる記事を抽出することによって、評価レベルで見てきた一般民衆層の中国観（第一章〜第六章）との比較が可能となる。『太陽』誌面に見られる中国論・対中国政策をただ羅列紹介するのではなく、その根底にある中国への評価を抽出することが本章では求められる。

第一章から第八章までの各章は、本書を支える柱の一つとして位置づけられるが、それぞれに個別的検討意義が存在する。それぞれが、実証的把握の難しい一般民衆層の中国観を考える上での基礎的な研究となることを目指す。

終章では、以上の検討を踏まえて、一般民衆層の中国観、すなわち当時の日本社会一般で漠然と共有されていた中国への評価について、その検討結果を総括する。一般民衆層の中国観の歴史的位置づけを行うとともに、明治期が、近代日本の出発点であり、大正・昭和期における武力の行使や強権的支配を伴う中国進出へ踏み出す端緒の時代であったのか否かを中国観の側面から問い直す。同様に、国民国家論やオリエンタリズムから捉えられた中国観の妥当性についてもここで言及したい。本書はメディアを扱ったメディア史研究でもあることから、メディアから近代社会像を問い直すことにもなる。以上の考察を通して、現代日本の「他国・他者認識」に対する示唆を導き出せていれば、本書の目的は一応の達成をみることとなる。

なお、史料の引用に際しては、旧字体の漢字は原則新字体に改め、仮名遣いは原則原文のままとした。原文の傍点やルビは原則削除し、筆者註は〔 〕で示した。また、史料に見られる「支那」「支那人」「豚尾」「ちゃんちゃん」などは、今日においては不適切な呼称であるが、歴史用語としてそのまま使用した。その「支那」に変わる通史的な呼称として、本書では「中国」を使用した。

註

1 例えば、日露戦争期における日本のイギリス・ロシア・韓国・アメリカ認識を新聞論調から追った片山慶隆『日露戦争と新聞―「世界の中の日本」をどう論じたか―』(講談社、二〇〇九年)では「現代への視座」として「現代の外国認識を考える際にも、当時の外国認識は参考になる(二〇三頁)」と述べ、「過去の新聞論調に見られる外国への姿勢を読み解いていくことによって、現在の外国に対する認識を豊かにすることが一つの大きな狙いである(七頁)」と述べる。纐原善徳「日清戦争期日本の対外観」(『歴史学研究』六六三号、一九九四年一〇月)では「対外観を分析することは、それが現実の外交に直接的・即時的に反映されたか否かはともかく、近代日本の対外態度を解明する上で重要且つ不可欠な作業の一つなのである(一七頁)」と指摘する。

2 吉田裕『天皇の軍隊と南京事件』(青木書店、一九八六年)一八九頁。また、「日本の民衆の側に中国軍民に対する蛮行を消極的な形にせよ受け入れるだけの素地があったことも否定できない(一九〇頁)」という指摘も重要である。藤原彰『南京の日本軍』(大月書店、一九九七年)でも「中国兵捕虜は、他国人のように国際法にもとづく処置をしなくてもよい。殺しても問題にはならない、ということの研究〔陸軍歩兵学校の「対支那軍戦闘法ノ研究」（一九三三年一月）〕には、あきらかに中国蔑視の思想があらわれている（三四頁）」、「アジア諸国にたいする差別観念を育てて、欧米にたいするのと中国にたいするのとが違うという二重の基準をもつことになり、これが中国人捕虜の大量虐殺を招いた（一二二頁）」などの叙述が見える。この「差別観念を育て」は本書第一章の問題意識にも繋がる。笠原十九司『南京事件』（岩波書店、一九九七年）では、結びで「南京事件をひきおこした日本兵の意識の奥にあった中国人差別・蔑視観を現在の日本人はどこまで克服してきたか（二三七頁）」と問いかけている。

3　実際の兵士の否定的中国観は、井口和起・木坂順一郎・下里正樹編『南京事件京都師団関係資料集』（青木書店、一九八九年）などに収録された兵士達の日記から確認できる。

4　民衆の戦争責任を問い直した吉見義明『草の根のファシズム』（東京大学出版会、一九八七年）などですでに指摘されている議論である。ヨーロッパの立場からも「一般に普及した中国像がヨーロッパの帝国主義的行動を合理化する。中国に対する容赦ない軍事的介入、経済的進出などの政策が、なんの懐疑も反対も生まなかったのは、中国が劣等、後進であるという広汎な了解があったからであろう」（大野英二郎『停滞の帝国―近代西洋における中国像の変遷』国書刊行会、二〇一一年、五八九頁）と指摘されている。

5　家永三郎『太平洋戦争』（岩波書店、二〇〇二年）二三～二四頁、安藤彦太郎『日本人の中国観』（勁草書房、一九七一年）四四頁、並木頼寿『日本人のアジア認識』（山川出版社、二〇〇八年）七頁。古代から江戸末期に至るまで、日本は中国を「文明先進国」「大国」として畏敬の目で見てきたが、そのような中国観は明治期以後大きく変容したという指摘がなされている。

6　アジア主義については、古屋哲夫「アジア主義とその周辺」、永井和「戦後マルクス主義史学とアジア認識―「アジア的停滞性論」のアポリア―」（古屋哲夫編『近代日本のアジア認識』緑蔭書房、一九九六年所収）、竹内好「日本のアジア主義」（竹内好『日本とアジア』筑摩書房、一九九三年所収）など参照。

7　西川長夫・松宮秀治編『幕末・明治期の国民国家形成と文化変容』（新曜社、一九九五年）、成田龍一『近現代日本史と歴史学―書き替えられてきた過去―』（中央公論新社、二〇一二年）など参照。詳しくは後述の文京洙論文参照。

8　明治以前、江戸時代の「民衆」の中国観については、小島晋治『近代日中関係史断章』（岩波書店、二〇〇八年）で「理念的ないし観念的中国崇拝とは無縁」であり、「幕末維新期以降の記録にあらわれてくる中国社会や中国人に対する幻滅、軽侮はそのかげさえ見られない（一一頁）」と指摘されている。その他、江戸時代の中国観を検討したものとして、新井白石、林子平、佐藤信淵の三人を対象とした上杉允彦「江戸時代の日本人の中国観」（『高千穂論叢』五二（二）、高千穂大学高千穂学会、一九七七年）、日比野丈夫「幕末日本における中国観の変化」（『大手前女子大学論集』二〇、一九八六年）、陳衛平「横井小楠の中国観についての一考察」（『哲学・思想論叢』一四、一九九六年一月）、桂島宣弘、立命館大学『17～19世紀の民衆の対外観の研究―対朝鮮

・対中国観を中心に―』（文部科学省科学研究費補助金研究成果報告書、二〇〇二年～二〇〇五年）などがある。

9　その他、野村浩一『近代日本の中国認識―アジアへの航跡―』（研文出版、一九八一年）、王暁秋著・小島晋治監訳『アヘン戦争から辛亥革命―日本人の中国観と中国人の日本観―』（東方書店、一九九一年）、岡本幸治編『近代日本のアジア観』（ミネルヴァ書房、一九九八年）、河原宏『近代日本のアジア認識』（第三文明社、一九七六年）、小林道彦・中西寛『歴史の桎梏を越えて―二〇世紀日中関係への新視点―』（千倉書房、二〇一〇年）、渡辺竜策『日本と中国の百年』（講談社、一九六八年）、竹内好『竹内好セレクションⅡ』（日本経済評論社、二〇〇六年）、尾形勇・鶴間和幸・上田信・葛剣雄・王勇・礪波護『日本にとって中国とは何か』（講談社、二〇〇五年）、衞藤瀋吉『日本人と中国』（衞藤瀋吉著作集第七巻、東方書店、二〇〇三年）など。以下、中国観に多少触れられている研究も多い。松沢弘陽『近代日本の形成と西洋経験』（岩波書店、一九九三年）、厳安生『日本留学精神史』（岩波書店、一九九一年）、芳賀登『明治国家と民衆』（雄山閣、一九七四年）、陶徳民『明治の漢学者と中国』（関西大学出版部、二〇〇七年）、何為民『近代日本もうひとつの対中政策―1868～1931年の「満蒙」進出論―』（岩田書院、二〇一一年）、入江昭著・興梠一郎訳『日中関係この百年―世界史的展望―』（岩波書店、一九九五年）など。史料集的なものとしては、『対外観』日本近代思想大系一二（岩波書店、一九八八年）や『宮崎滔天　アジア革命奇譚集（明治国姓爺／狂人譚）』（書肆心水、二〇〇六年）など。その他、巻末の参考文献一覧も参照されたい。

10　前掲頴原善徳「日清戦争期日本の対外観」、長尾直茂「明治時代の或る文人にとっての中国―明治十一年、吉嗣拝山の清国渡航をめぐって―」（『山形大學紀要』一五（二）、二〇〇二年二月）、王屏著、西本志乃・盧濤訳「日本人の〝中国観〟の歴史的変遷について」（『広島大学マネジメント研究』四、二〇〇四年三月）、丹波香「服部宇之吉と中国―近代日本文学の中国観への影響として―」（『中央学院大学人間・自然論叢』一九、二〇〇四年三月）、杉井六郎「徳富蘇峰の中国観―とくに日清戦争を中心として」（『人文学報』三〇、一九七〇年）、岡義武「日清戦争と当時における対外意識（一）（二）」（『国家学会雑誌』六八、一九五四～五五年）、藤村道生「日本の対アジア観の変遷」（『上智史学』二二、一九七七年）、竹内好他「日本人の中国認識―第三部　日清戦争前後―」（『朝日ジャーナル』朝日新聞社、一三（三八）、一九七一年一〇月）、崔明淑「夏目漱石『満韓ところどころ』―明治知識人の限界と「朝鮮・中国人」像―」（『解釈と鑑賞』六二（一二）、一九九七年一二月）、小島晋治「20世紀における日本の中国研究と中国認識（7）明治日本人の中国紀行について」（『中国研究月報』五二（六）、一九九八年六月）、大谷正「ある軍医の日清戦争体験と対清国観―渡辺重綱『征清紀行』を読む―」（『専修法学論集』九六号、二〇〇六年三月）、黄自進「明治後期における中国像―日本政府の中国革命運動への支援と否定」（『Quadrante:クヴァドランテ:四分儀:地域・文化・位置のための総合雑誌』東京外国語大学海外事情研究所、二号、二〇〇〇年三月）、劉家鑫・李蕊「「支那通」の中国認識の性格―後藤朝太郎と長野朗を中心に」（『東洋史苑』龍谷大学東洋史学研究会、七〇・七一号、二〇〇八年三月）、青木功一「「脱亜論」の源流―「時事新報」創刊年に至る福沢諭吉のアジア観と欧米観―」（『新聞研究所年報』慶應義塾大学新聞研究所、一〇号、一九七八年二月）、長谷川潮「巌谷小波の朝鮮観・中国観」（同『子どもの本に描かれたアジア・太平洋』梨の木舎、二〇〇七年）、滝澤民夫「日清戦争期の「豚尾漢」的中国人観の形成」（『歴史地理教育』五七七号、一九九八年四月）、田中正俊「清仏戦争と日本人の中国観」（『思想』五一二号、岩波書店、一九六七年二月）など。明治以降の論文・著書については、白山映子「頭本元貞と太平洋問題調査会」（『近代日本研究』二五、二〇〇八年）、山根幸夫「日本人の中国観―内藤湖南と吉野作造の場合―」（『東京女子大學論集』一九（二）、一九六八年九月）、渋谷香織「横光利一の中国観―『上海』を中心にした一考察―」（『東京女子大学紀要論集』三八（二）、一九八八年三月）、馬場公彦「辛亥革命を同時代の日本人はどう見たか―日本で発行された雑誌を通して」（『アジア遊学』一四八、二〇一一年一二月）、清水唯一朗「辛亥革命と日本の反応―近代日本と「崛起する中国」―」（小林道彦、中西寛編著『歴史の桎梏を越えて―20世紀日中関係への新視点―』千倉書房、二〇一〇年所収）、竹内好他「日本人の中国認識（―第一部　9・18事件―）（―第二部　辛亥革命前後―）」（『朝日ジャーナル』朝日新聞社、一三（三六～七）、一九七一年九～一〇月）、小林一美「日本近代における中国像―在野的中国研究・中国観をめぐって」（『史潮』大塚史学会、一〇五号、一九六八年一一月）、黒住真「日本思想とその研究―中国認識をめぐって」（『中国』中国社会文化学会、通号一一、一九九六年六月）、佐藤三郎「日本人が中国を“支那”と呼んだことについての考察・近代日中交渉史上の一齣」（『山形大学紀要』第八巻第二号、一九七五年二月）、内田良平研究会編『シナ人とは何か―内田良平の『支那観』を読む』（展転社、二〇〇九年）、竹内実『日本人にとっての中国像』（岩波書店、一九九二年）、前掲竹内好『日本とアジア』、国分良成『中華人民共和国』（筑摩書房、一九九九年）など。その他、巻末の参考文献一覧も参照されたい。

11　吉野作造『対支問題』（『吉野作造選集七』岩波書店、一九九五年所収（原典は日本評論社、一九三〇年））なども、著者個人の中国観という枠組みを出ず、明治期の中国観については回顧としてふれられているにすぎない。村上知行『支那及び支那人』（中央公論社、一九三八年）、辜鴻銘著・魚返善雄訳『支那人の精神』（目黒書店、一九四〇年）なども同様。東洋文庫近代中国研究委員会『明治以降日本人の中国旅行記（解題）』（東洋文庫、一九八〇年）は、旅行者個々人の中国観が見られるものと指摘できる。

12　前掲『日本人の中国観』四八頁、前掲『近代日中関係史断章』二二六頁、前掲『日本人のアジア認識』一四頁。その他にも、前掲『対支問題』では「〔日清戦争中に〕支那を蔑視するの風潮が格別烈しく流行した（二八八頁）」、山根幸夫『近代中国と日本』（山川出版社、一九七六年）では「日清戦争が勝利に終った後は、日本人の中国、および中国人に対する蔑視の風潮は、一そう著しくなり、日本人の中国観を決定的に変える転機となった。それまでは、なお知識人の間には、中国や中国文化を尊敬する気持もあったが、日清戦争を境として侮蔑観は決定的となり、「チャンコロ」の蔑称が一般化するようになった（二五一頁）」、前掲

『日本と中国の百年』では「日本人が中国人を「シナ人」とか「チャンコロ」といって軽蔑しはじめたのは、日清戦争あたりからであった（一四頁）」、生方敏郎『明治大正見聞史』（中央公論社、一九七八年）では「戦争で清国と接触した結果、少しは支那文明が輸入されたが、あまりに脆く敗北したという事実が、日本国民をしてすっかり支那を安く値踏みさせた。爪の長いこと、足の小さいこと、嗇いこと、滑稽な豚尾等が、すっかり漢人や唐人の絵を見て胸に描いていた我々のイリュウジョンを打ち破してしまった（五九頁）」、前掲『太平洋戦争』では「日清戦争は、従来、先進文明国として、また大国として、とかく畏敬の目をもって見る傾きの強かった日本人の対中国観を一変させた（二三～二四頁）」、前掲『日本とアジア』では「この侮蔑感は、むろん、歴史的に形成されたものだ。具体的には、日清戦争後の産物である。そしてそれは、日清戦争前の畏怖感を裏がえしにしたものである（六五頁）」、前掲『明治国家と民衆』「第四章―四　中国蔑視と革命支援」では「［日清戦争の］戦勝は、文明の謳歌にとどまらず、日本人の精神を腐食し、アジア人の心を喪失し、シナ、シナ人を蔑視する気運を生じた（三一一頁）」、家近亮子『日中関係の基本構造―2つの問題点・9つの決定事項―』（晃洋書房、二〇〇三年）六三頁など。

13 馬場公彦『戦後日本人の中国像―日本敗戦から文化大革命・日中復交まで』（新曜社、二〇一〇年）二一、四一頁。明治期については「日清戦争前後に醸成された中国に対するそれまでの敬意から蔑視への転換（二〇頁）」と述べられている。その他、戦後の中国観を扱ったものとして、白木通「日本人の中国観（一）」（『経営研究』第一四巻第二号、二〇〇〇年一二月）、班偉「二〇年来の日本人の中国観の変遷」（『山陽論叢』九、二〇〇二年一二月）、楊海英「「糞の垂れた尻」と「お尻の割れた子供服」―過去の「蒙疆」から竹内好と高橋和巳の中国観をよむ」（『アジア研究』五、二〇一〇年三月）などがある。

14 前掲『近代日本の中国認識』では「私は、いま、日本の民衆の中国観について何事かを語る準備はない（一一〇頁）」、「明治においてすら、人は驚くほど中国を知ってはいなかったのである。それらはほとんどすべて知識人の世界における理解であり、知的操作を通じての中国理解であった（一一三頁）」と述べられている。また、前掲丹波論文「服部宇之吉と中国」では服部を取り上げる理由として「近代において新たな中国観が日本人の中に浸透するのに大きな意味を成し（三頁）」ていたと、その人物の存在の影響力を指摘している。

15 アレン・S.ホワイティング著・岡部達味訳『中国人の日本観』（岩波書店、一九九三年）二五頁。

16 対外観の考え方については、栗原彬「日本人の外国像と世界像」（同『歴史とアイデンティティ　近代日本の心理＝歴史研究』新曜社、一九八二年）、芝原拓自「対外観とナショナリズム」（前掲『対外観』「解説」）など参照。本書では、牧原憲夫『客分と国民のあいだ―近代民衆の政治意識』（吉川弘文館、一九九八年）における「明確に定義できないからこそ「民衆」というほかない（一三頁）」という指摘に首肯しつつ、一般民衆層の中国観を日本社会一般で漠然と共有されている中国評価とする。あえて具体的な概念として定義するのであれば、小学生及び小学校卒業後、中等教育機関に進学しない人々と定義できる。これらの人々は、本書で検討手段として使用するメディアの受け手である（詳しくは後述）。

17 前掲『太平洋戦争』三〇三頁。

18 山根幸夫『近代中国と日本』（山川出版社、一九七六年）二六八、二七〇頁。

19 内閣府大臣官房政府広報室編『世論調査年鑑　平成一八年版』（大蔵省印刷局、二〇〇七年）参照。世論調査を資料に日本人の中国観を検討している研究として、前掲白木通「日本人の中国観（一）」がある。

20 その他の方法として、同時代の日記等の一次史料から中国観に関する叙述を抽出し収集するという方法も考えられる。例えば、一八九八年に生れた大西伍一の一四歳頃の日記である『明治44年大正元年生意気少年日記』（農山漁村文化協会、一九八七年）では、一九一一年一〇月一日に「朝、米つきをする。支那人が「反物は宜しいか」といって来た。勇が出て来て幾度も「ちゃんちゃん坊主、坊主」と云った。支那人は「馬鹿」といって去った（二〇頁）」などの叙述が見える。このような史料を膨大に集め、その叙述を系統的にまとめるという方法も考えられなくもないが、効率的とは言い難い。

21 有山輝雄・竹山昭子編『メディア史を学ぶ人のために』（世界思想社、二〇〇四年）七頁。

22 伊藤彌彦「日本近代中等前期教育の形成と展開」（望月幸男編『国際比較・近代中等教育の構造と機能』名古屋大学出版会、一九九〇年）三二一～三二二頁。明治末期においても、中等教育機関への進学率は二割に満たない。

23 続橋達雄『児童文学の誕生―明治の幼少年雑誌を中心に―』（桜楓社、一九七二年）二三二頁。

24 大野英二郎『停滞の帝国―近代西洋における中国像の変遷』（国書刊行会、二〇一一年）五八五～八六頁。

25 檜山幸夫「日清戦争と日本」（檜山幸夫編著『近代日本の形成と日清戦争―戦争の社会史―』雄山閣出版、二〇〇一年所収）、有山輝雄『近代日本のメディアと地域社会』（吉川弘文館、二〇〇九年）、山本武利『近代日本の新聞読者層』（法政大学出版局、一九八一年）参照。

26 前掲野村『近代日本の中国認識』一一〇頁、芝原拓自「対外観とナショナリズム」（前掲『対外観』「解説」）四八八頁。同時代的にも「新聞紙の声は国民の声なる乎、何ぞ然らむ、彼等の論は一党一派の利害に立つ、国民の幸福と風馬牛のみ。〔中略〕学者の声は国民の声なる乎、何ぞ然らむ彼等の言は国民の關り知る所に非ず、彼等の多くは国民の名を借して其一家の言を飾るものゝみ」と指摘されている（『太陽』一八九八年一二月五日「国民の声」）。新聞を史料に明治期の中国観を検討しているものは、前掲「対外観とナショナリズム」や、前掲『近代日本のアジア認識』、小松裕「近代日本のレイシズム―民衆の中国（人）観を例に―」（『文学部論叢』七八、熊本大学文学部、二〇〇三年三月）、鳥羽さおり「『自由新聞』に見る対外観―一八八〇年代の朝鮮・清国論についての一考察―」（『史叢』第六〇号、一九九九年三月）などがある。

27 ここで新聞を用いた研究手法を否定したいわけではない。例えば、片山慶隆「論争の場としての新聞―日露戦争期を題材として

―」（『メディア史研究』二九、二〇一一年）では、「論争の場」としての新聞の機能に注目することで「当時の国民が何に関心を持っていたかをある程度明らかにすることにつながると考えられる（一〇頁）」と指摘する。新聞を使用する場合、以上のような問題意識を念頭においた検討が行われるべきであり、メディアの機能・特性にも注目する必要がある。

28　前掲『近代日本の形成と日清戦争―戦争の社会史―』、東アジア近代史学会編『日清戦争と東アジア世界の変容』上下巻（ゆまに書房、一九九七年）、大谷正『兵士と軍夫の日清戦争―戦場からの手紙をよむ―』（有志舎、二〇〇六年）、原田敬一『日清・日露戦争』シリーズ日本近現代史③（岩波書店、二〇〇七年）、大濱徹也『庶民のみた日清・日露戦争』（刀水書房、二〇〇三年）など。これら日清戦争関連研究でふれられる中国観も、兵士に限定された特定の個人の中国観であると考えられ、右の中国観研究群と同様の問題点が指摘できる。

29　ここでいうオリエンタリズムとは、ロマン的な異国趣味や東洋研究・東洋学を意味するものではなく、サイードが規定した西洋の東洋に対する支配の様式、東洋に後進性を押し付ける思考様式を指す。

30　例えば、前掲『近代日本の中国認識』では「おそらく中国を認識することは、日本を認識することである。そしてそのことはまた、他者を通じての自己認識ということでもあるだろう（一一三頁）」と述べられている。

31　子安宣邦『「アジア」はどう語られてきたか―近代日本のオリエンタリズム―』（藤原書店、二〇〇三年）七六〜七七頁。その他にも「中国とは日本の存立にとって欠くことのできない、同時に避けることもできない大いなる他者である。日本の近代化とは、この中国との差異化を通じてはじめて近代日本の自己認識、自己形成がなされていった過程だといっていい（一四三頁）」、「中国に否定的な他者像をあてがってなされる、中国との自己差異化としての日本の近代化の構造的な性格（一五四頁）」などの叙述が見える。

32　文京洙「近代日本の国民国家の形成と朝鮮」（前掲『幕末・明治期の国民国家形成と文化変容』所収）六四八頁。その他、前掲『客分と国民のあいだ』では「民衆の「わが国」意識の形成にとって甲申事件がひとつの画期をなしたように思われる（一四四頁）」「こうした〔甲申事変の〕興奮のなかで、「わが日本」という意識、さらには中国・朝鮮に対する敵視・蔑視の回路が開かれていくのは確実だろう（一四三頁）」などと指摘されている。

33　その他、姜尚中『オリエンタリズムの彼方へ―近代文化批判―』（岩波書店、一九九六年）では、近代日本の否定的な中国観をもって「日本のオリエンタリズム」を論じ（第三章）、三谷博『明治維新とナショナリズム―幕末の外交と政治変動―』（山川出版社、一九九七年）では、「一九世紀半ば以降、西洋は「敵」そして「憧れ」としての「忘れ得ぬ他者」となり、中国は「反面教師」としての「忘れ得ぬ他者」となった（二三頁）」と、日本のナショナリズムを論じる際に中国に対する否定的側面が強調されている。

34　内容分析については、有馬明恵『内容分析の方法』（ナカニシヤ出版、二〇〇七年）など参照。前掲馬場書では、新聞記事などは「紙幅は雑誌記事に比べて短く、論点も限定されているから、主題分類、主題に応じた数量分析、主張傾向の数量的処理は比較的容易であり、内容分析になじむ（四三五頁）」と指摘する。児童雑誌は、児童向けのメディアであることから、当時の総合雑誌である『太陽』（博文館、一八九五年創刊）などと比べ、一つ一つの記事の紙幅も短く論点も解りやすく、『太陽』の誌面に見られるような複雑で長文な中国論は見られない。当然、特定の傾向を打ち出すことが本書の主目的ではないので、逸脱事例を無視することはしない。

第一章

✽明治期の小学校教育に見る日本の中国観

―中国はどのように教えられていたか―

はじめに

本章では、明治期の中国観が当時の小学校教育にも反映しているのではないかという問題意識から、当時の小学校教育に注目する。ここで、国家主導による「上から」の教育に視点を置くことにより、中国の語られ方の全体像をまず描き出す。同時的に、第二章以降に検討する一般民衆層が自発的に享受したであろう娯楽との差異化も図れるだろう。繰り返すように、実証的把握の難しい一般民衆層の中国観を考える場合、一般民衆層が享受したと考えられる各種メディアからの相互補完的な検討が必要なのである。

また、小学校教育をメディアとして扱うことに関し、一般的なニュアンスとはやや異なることを補足しなければならない。ここでいうメディアとは「人と人のあいだのコミュニケーションを媒介する作用や実体＊1」という広義の意味に加え、本章で扱う教科書や教育雑誌などの印刷メディアを意味する。小学校に限定したのは、小学校教育が国策の指導層から一般民衆層に至るまで原則として誰もが体験するものであり、特に一般民衆層に焦点を当てた場合、当時の小学校卒業後の進学率の低さから＊2、小学校教育時に受容・形成された中国観がその人物のその後の中国観にも多大な影響を与えていたと考えられるからである。

第一節　先行研究批判と検討方法・検討史料

右の問題意識のもとで先行研究を見てみると、唐沢富太郎『教科書の歴史』（創文社、一九五六年）や同『教科書と国際理解』（中央公論社、一九六一年）、古田東朔「日本の三代教科書にあらわれた対アジア認識」（『日本文学』一一巻二号、一九六二年二月）など、小学校用教科書に焦点が当てられた研究があるが、全ての研究に共通して教科書の内容分析に留まっており、中国描写の見られる教材（以下、中国関係教材）の歴史的変遷や内実にまで十分な検討が行われていない＊3。唐沢氏の一連の教材研究では中国関係教材が外国教材の一部として紹介されるに留まり、古田論文では幕末期から戦後に至るまでの教科書の中国描写を日本の「対中国認識」と捉え、その変遷を簡潔に紹介するに留まっている。教科書の持つ影響力に異論はないが＊4、教科書の中国描写を追うだけでは、教科書に見られた中国表象の検討でしかない。また、「一般に、「教科書」は事実だけに触れ、評価を避けようとしている＊5」という教科書の性格も忘れてはならない。他国を必要以上に揶揄することは当然避けられていると考えられる。学校教育から当時の中国観を考えようとする場合、小学校用教科書に見られる中国関係教材をただ羅列紹介するのではなく「中国関係教材の歴史的変遷とその内実」の分析や、「実際の教育現場で中国はどのように扱われていたのか」という実態分析にまで踏み込む必要がある＊6。教育現場での中国の扱われ方には、当時の中国観が如実に反映していると考えられる。

しかしながら、中国に焦点をあてた教育実態については、教育史の分野でも研究がなされていない。そこで注目すべきが当時刊行されていた教育雑誌の存在である。「中国（「支那」や清なども含んだ）」をキーワードに誌面を丹念に調べていくと、実際の教育現場における中国の扱い方に関する貴重な実例が少数ながら見つかる。多くの関係史料を発掘するため、本章では中央教育雑誌である『教育時論』『教育報知』などだけでなく、都道府県レベルの『千葉県教育会雑誌』『長崎県教育雑誌』などの地方教育雑誌も可能な限り使用した*7。各誌の教育方針や教育理念など、性格の相違などは留意する必要があるが*8、本章では中国の扱われ方に関する貴重な事例を集積することを主目的とする。教育に関する主張やスタンスについては、実際の教科書教材と照らし合わせながら、複数の雑誌で見られていた大勢的意見に注目することとする。

教科書については、明治期において広く使用されていた「修身・国語・歴史・地理」の小学校用教科書を検討史料とし（修身二〇冊、国語二〇冊、歴史一六冊、地理〔日本地理教材のみのものは対象外〕九冊）*9、各教科の教科書から中国関係教材を抽出した。抽出した結果を表にまとめたものが巻末にある表1～4である。その抽出した中国関係教材は「修身・国語科における中国偉人教材」「地理科における中国地理教材」「国語・歴史科における日中間の歴史的事件教材」に分類することができる*10。次節から第四節までは、右の分類ごとに小学校用教科書における中国関係教材の変遷過程と具体的な記述内容・評価を見ていき、第五節以降は前節までの教科書分析を踏まえつつ実際の教育現場での実態を教育雑誌を中心に明らかにする。

第二節　修身・国語科における中国偉人教材

修身・国語に共通して見られる中国関係教材には、孔子や孟子など、古典世界の中国偉人の箴言や逸話などを紹介したものがある。例えば、明治期の多くの教科書にその名が見られる司馬光（司馬温公〔北宋〕）は、幼少時の有名な逸話として、友人の一人が誤って水がめに落ちてしまった際、落ち着いて石を投げて水がめを割り、水を抜いて仲間を救い出したという話がある。教科書では、この逸話を紹介し「此の如く幼少の時より信実にして謀ある人なりければ成長するに従ひ其の名、世に聞えて遂に高位に登れり」と評価し、見習うべき人物として取り上げられている*11。また、孫康とともに「蛍雪の功」の故事で知られる車胤(晋)は「幼ニシテ恭勤博覧ナリ、貧クシテ常ニ油ヲ得ズ、夏月ハ練嚢ヲ以テ数十ノ蛍火ヲ盛リ、以テ書ヲ照シテ之レヲ読ミ、夜ヲ以テ日ニ継グ、後ニ官・尚書郎ニ至ル*12」というように苦学・立志の好模範として取り上げられている。修身や国語といった教科の性格を考えた場合、中国偉人の人物像や逸話・格言などが、児童の人格涵養に寄与するものとして、その教育的価値が肯定的に評価されていたと考えられる*13。古来から脈々と受け継がれてきた中国文化の影響力が、明治においても残存していることを、右の中国偉人教材の存在が示している。実際の児童の評価においても、『教育時論』*14一八九二年二月五日号、内外雑纂「古人の事蹟に関する小学生徒の判断」という記事で、茨城県北相馬高等小学校生徒百八十余名に「忠臣孝子貞女英傑学者の五題目を課して、古今内外を問はず、其の最も尊信する者一名」を選ばした所、日本偉人以外にも「孔子(五十四點)」「孟軻〔孟子〕(十三點)」「車胤(八點)」などの中国偉人が「学者」の項目で選ばれており、孔子に至っては五十四人もの生徒によって選ばれている*15。第一位の日本偉人「〔菅原〕道真(三十一點)」より上である。以上のように、古典世界の中国偉人教材にはその教育的価値に肯定的評価が与えられていたが、時間の経過とともに評価とは別の面で変化が見られるようになる。その変化の内実を、修身・国語の両科目から明らかにしていく。

(一)日清戦争前における中国偉人教材の量的減少と重要性の低下

明治初年は洋風尊重の時代であったため、欧米の著書を日本語訳に直した「翻訳教科書」が広く使用されており、その代表的な翻訳教科書である『泰西勧善訓蒙』(箕作麟祥〔原著仏国学士ボンヌ〕、愛知県学校蔵版、一八七一年)や『修身論』(阿部泰蔵、文部省、一八七四年)などでは中国偉人教材は見られない。もちろん中国偉人教材が皆無だったわけではなく、翻訳教科書ではない旧来(江戸時代)の教科書の系統に属する『勧孝邇言』(上羽勝衛、大観堂蔵版、一八七三年)では、「漢の江革」「宋の朱壽昌」などが教材として扱われていることが確認できる。欧米の近代思想や個人主義・実学主義の学問観に立っていた明治初年（翻訳教科書期）であっても、漢文などの学習で『中庸』『論語』『孟子』などが、江戸時代と同様に教授されており、教科書に中国関係教材が見られなくとも、中国文化や古典世界の中国偉人にふれる機会が多かったことは留意する必要がある＊16。

明治一〇年代に入ると、「道徳ノ学ハ孔子ヲ主トシテ＊17」という元田永孚の『教学聖旨』に代表されるように、明治維新以来の洋風尊重の思潮を批判し、伝統的な国風を尊重する儒教主義へと教育方針が転換する＊18。明治一〇年代の代表的な修身教科書として、『修身児訓』（亀谷行、光風社、一八八〇年）、『小学脩身訓』（文部省〔西村茂樹選録〕、一八八一年）、『小学修身書』（文部省編輯局、一八八三年）などがあげられるが、これらの教科書を見ると、孔子や孟子などの中国偉人や、彼らの著した『論語』『中庸』などの漢籍の多くが教材として扱われている。

しかし、この中国偉人教材の扱われ方は明治二〇年代に入ると一変する。明治二〇年代の代表的な教科書である『末松氏小学修身訓』（末松謙澄、精華舎、一八九二年）や『尋常小学修身書』（東久世通禧、国光社、一八九二年）を見てみると、中国偉人を扱った教材が消えている。これは、一八九〇年一〇月に教育勅語が発布され、徳育の基本は教育勅語であると明確に打ち出されたことが一因であると考えられる。つまり、わざわざ他国の中国偉人を教材として扱わなくとも、自国の偉人教材で道徳教育は事足りると結論づけられたのである。これを裏付けるように、各教育雑誌には、本来は儒教思想である忠孝観などについて、元々日本固有の精神であるという意見が寄せられ＊19、制度の面でも、一八九一年一二月制定の「小学校修身教科書検定標準」では「修身教科用図書ニ掲載セル例話ハ成ルヘク本邦人ノ事蹟ニシテ＊20」と定められた。以上の一連の流れは、当時文部省参事官であった江木千之の演説（一八九一年四月、芝彌生会館）で次のように述べられている。

> 儒教ノ方デ貴重スル所ノ原則ヤ行ヒガ、一カラ十迄我国ノ国体ヤ習俗ニ適シテ居ルトハ申サレマセン。〔中略〕殊ニ我日本帝国ノ小学ノ道徳教育デアリ乍ラ、単ニ孔孟ノ教ニ頼ルト云フコトニスルノハ、本末ヲ誤ルノ嫌ヒモアル次第デアリマス。〔中略〕然ルニ忝ケナクモ我　今上陛下ハ、明治廿三年十月三十日ヲ以テ教育ニ関ス

ル　勅語ヲ下シ給ハリマシタニ因テ〔中略〕我道徳教育ノ方針ガ始メテ定マルコトヲ得マシタ。〔中略〕道徳教育ノ材料ハ既ニ定マツタル道徳教育ノ原則上カラ考ヘマスルモ、主トシテ本邦ノ　聖主賢哲ノ嘉言善行ト、従来我国ノ教化文物制度等ノ根底ニナツテ居ル所ノ言説トヲ取ルガ穏当デアロウト考ヘマス＊21。

この事実上の文部省見解といえる江木の見解と、この後に制定された前掲「小学校修身教科書検定標準」は見事に一致しているのである。

国語教科書も修身教科書と同様の傾向を示しており、明治一〇年代の『小学読本』（原亮策、金港堂、一八八三年）や『小学中等新撰読本』（平井義直等、一八八四年）の教科書には、孔子や孟子、司馬光などの儒者や、諸葛亮や韓信などの豪傑の格言や逸話が教材として多く見えるが、明治二〇年代の『日本読本』（新保磐次、金港堂、一八八七年）や『帝国読本』（学海指針社、集英堂、一八九二年）では、中国偉人教材はほとんど見られなくなる。僅かな例として、『帝国読本』の第一五課「支那歴史」の中で孔子について若干の記述が見える他、『尋常小学読本』『高等小学読本』（文部省、一八八七～一八八八年）に車胤・孫康・孔子が見られる程度で、その数の激減は明らかである。国語教科書の場合は、修身と違い「検定標準」なるものが出されていないため、減少の明確な要因はわからないが、国語教科書も次第に難解な賢哲の格言や教訓のようなものを避け、他教科との相互補完的な教材を集めた総合読本になっていく＊22。明確な要因となる基準はないものの、考えられる点としては、中国偉人教材の難解さである。例えば、『教育時論』一八八六年一〇月二五日号、羽秋氏「小学校ニテ格言並ニ寓言ヲ以テ教授スルノ利害如何」という記事では「東洋諸国ニ行ハルル格言ナルモノハ悉ク迂遠ナル儒者ノ言ニ出デタルモノナレバ〔中略〕其意味深遠ニシテ弱齢児童ニ理解セシムルコト能ハザルナリ」と指摘されている＊23。

以上で見てきた修身・国語教科書の中国偉人教材の変遷を、中国観という側面から捉え直すと重要な示唆を与えてくれる。明治期の中国観というと、同時代の中国王朝である清国を対象に考えてしまいがちになるが、古典世界の中国（主に中国偉人）への眼差しも忘れてはならないことがわかる。そして、その中国偉人教材の量的減少が日清戦争前の明治二〇年代に見えていたという点が重要である。従来中国観といえば、日清戦争などの同時代の事案が重要視されているが、それより前の時期に国内の教育問題の影響によって中国関係教材は減少していたのである。

ただし、量的減少は見られたものの、中国偉人への評価が肯定から否定に取って代わったわけではないことには注意したい。これは、明治二〇年代に行われた前述の調査（『教育時論』「古人の事蹟に関する小学生徒の判断」）からも明らかである。量的減少は学校教育における重要性の低下という意味合いであり、「同時代の中国に対する蔑視」とはベクトルの異なる「古典世界の中国に対する軽視（従来との比較から）」といえよう。この古典世界の中国軽視がすでに日清戦争前から見られていたのである。

（二）日清戦争以降の中国偉人教材の軽視的傾向

この軽視的傾向に拍車をかけたのが日清戦争である。例えば『教育時論』一八九四年七月二五日号、内外雑纂「小学児童に忠愛の念を養ふべき方法」では「修身談の材料として、愛国者の美談を語り聞かしむること。〔中略〕但支那の説話は誇張の記事多く、且つ我が敵国なれば、之を取るべからず」との意見があり、中国が敵国であるという点も中国偉人教材に大きな影響を与え、教材として扱わない理由にもなっている。

この傾向は日清戦争終結後も変わることはなかった。一八九六年二月四日の帝国議会貴族院本会議では「小学校修身教科書編纂の建議」が行われたが、その議論の中でも「日本の教育の方針は其支那の仁義忠孝の教を本としたのみではございませぬ*24」という指摘が見られている。中国哲学（儒教）の積極的教育利用の否定が政界の議論においても見受けられるのである*25。『教育時論』一八九六年五月五日号、社説「国家と教育との関係（六）」でも「修身科の教授は、純然国人的材料を以てせざるべからず。皇祖皇宗の遺訓たる大道を以て教育するに、豈に他国人の言行を以て、其の教授材料に充つべきの要あらんや。修身科に於いては、「孔子曰」、「孟子曰」〔中略〕の語を、決して引用すべからず。」と述べられており、実際に中国偉人が教材として積極的に扱われることはなかった。

一方、以上のような中国偉人教材の軽視化の中で、その教材量がゼロにならない点は注目に値する*26。つまり、中国偉人を教材として多量に取り上げることが問題なのであり、中国偉人そのものに対し否定的評価が与えられることはなかった。学習院・高等師範学校教授の湯本武比古は『大日本教育会雑誌』*27一八九五年五月一日号「孔子の教育」で次のように述べている。

孔子は吾等が今日敵とする清朝の臣民ではありませぬ。却て孔子は今の清朝の如きは之を北狄などと云つて卑んで居りました。又実際今日の清朝はそんな国であります、だからして今日の清朝の臣民が吾々の敵であるからと云つて、それを孔子に及ぼすことは出来ない。〔中略〕今日の支那は軽蔑すべきものであるが、其の支那の国に生れた孔子はそれが為めに軽蔑してはならぬ。

つまり、日清戦争による否定観の対象は、同時代の中国王朝である清国・清国人であり、古典世界の中国偉人にまで否定観が及ぶことはなかったといえる。ここからも、中国観には同時代と古典世界という時間軸によって異なる二つの眼差しが浮き彫りになる。古典世界の中国偉人は、教材としての扱いにおいて軽視的傾向が見られるものの、評価は概ね肯定的なものであり、教育的価値が完全に失われたわけではない*28。これを裏付けるかのように、日清戦争以後の『高等国語読本』（金港堂、一九〇〇年）や『国語読本（高等小学校用）』（坪内雄蔵、富山房、一九〇〇年）などの教科書では、僅かな例として「孔子」「孟子」などが教材として残っている。

また、古典世界の中国偉人に否定的評価が下されない要因として、日中間の歴史的交流関係の深さも大きな要因となる。例えば、当時において「我が徳川三百年の風教は、全く儒教によりて、今日に維持せられたるなり*29」という認識があったように、江戸時代に儒教が多大な影響力を有していたのは歴史的事実であるため、過去の日本（歴史）を語る上で孔子や儒教などに対しては一定の評価を与えざるを得ない*30。

以上のような中国偉人教材の扱われ方は、明治末期まで変化が見られない。日露戦争前年の一九〇三年から教科書の国定制度が始まったが、国定一期（一九〇四年）の修身教科書では中国偉人教材として「藺相如」が見え、国定二期（一九一〇年）には見られないという状況であり、国定一期の国語教科書では中国偉人が見られず、国定二期では「張良」「韓信」「諸葛孔明」「孔子」「孟子」が見られる。明治一〇年代に比べると、教材量としては少ないものの、その存在を確認することができる。

第二期国定教科書の「尋常小学修身書編纂趣意書〔文部省〕」を見ると、「〔修身教材について〕尋常小学校の程度に於ける児童に対しては及ぶ限り模範人物を本邦人中に求むるを本体としたるを以て、旧修身書に比し大いに外国人の例話を減じ*31」と明記され、一八九一年の「小学校修身教科書検定標準」の方針が明治末まで一貫していたことがわかる。明治末期の『教育時論』一九〇九年一月五日号、横井時雄「儒教研究と教育」という記事の「今日の青年者は、四書とは何々なるかさへも知らぬが多い」という所感からも、中国偉人教材の軽視化の影響がうかがえる。漢籍を学ぶことが一般的であった「漢学愛好」の時代からの変化が、教科書に如実に表れていたのである。

この古典世界の中国偉人教材の量的減少や重要性の低下について、一部の教育関係者の間で問題視されていたことは、歴史的事実として触れておく必要がある。例えば、『教育時論』一九〇四年五月五日号、教育学者中島半次郎「国定修身書を評す」という記事には、修身の教材について「外国の例を取ることは賛成する所なりといへど、我国の道徳に最も親密の関係ありて、割合に我国人に親しまれたる支那人の例は、高等尋常を通じて僅に一課に過ぎず、他外国にありては、英米人を重もなるものとし〔中略〕博く之を世界に求むる程の労を執りたるとは見えず」と、国定一期修身教科書における中国偉人教材の少なさが指摘されている*32。国定一期修身教科書の欧米人は、「ワシントン」や「リンカーン」など一九名にも及んでいるが、中国人は既述の通り「藺相如」の一名だけである。教科書における東洋人〔当時は主に中国を指す〕と西洋人の教材量を比べてみても、中国偉人教材の扱いの低さがうかがえる。

同様の問題意識から、伯爵東久世通禧、子爵野村靖、同田中不二麿は、久保田文相に国定第一期修身教科書〔文部省著作〕に対する意見書を一九〇四年に提出している。その意見書にも「欧米古今の人物は比較的引用多し〔中略〕定めて東洋に倫理の教を垂れたる孔子或は孟子等の引例もあるならんと想像し探れども見当らず此の如き我東洋の倫理の指導者とも云ふべき古聖賢の名は之を後人に伝へたし」と述べられている＊33。

しかしながら、このような意見は教育界の大勢ではなく、中国偉人教材の欠乏が大々的に議論されることはなかった。右の意見書に対する久保田文相の答弁も、「著名なる道徳家倫理学者の伝記を網羅して教授せんとの意にあらず〔中略〕聖賢英哲も必ずしも網羅すること能はざるは已むを得ざることたり＊34」と述べるに留まり、意見書が国定一期の教科書教材に影響は与えることはなく、国定二期に至ってはさらに減少することとなる。

第三節　地理科における中国地理教材

中国地理教材とは、同時代の中国王朝である清国の地理情報を紹介した教材である。前節で見た修身・国語の古典世界を舞台とした中国偉人教材とは異なり、中国地理教材はその教科の特性上、同時代の中国（清国）を対象とした教材である点に注意する必要がある。

中国地理教材はそのほとんどが中国地理情報の羅列にすぎないが、一部において中国人の風俗や中国環境への否定的評価が見られる。例えば、明治初年に出版された『輿地誌略』（内田正雄、大学南校、一八七〇～一八七七年）では、市街環境や民情について「市街概ネ汚穢ナル所多シ」「其民情一般ニ詭詐狡黠ニシテ頑固俗ヲ為シ刑法酷烈ナレトモ罪人随テ多ク残忍ノ風習言フニ忍ビザル者アリ」（巻二「支那」）とある。さらに、明治二〇年代までに出版された『小学地誌』（南摩綱紀、文部省、一八八〇年）、『萬国地理初歩』（学海指針社、一八九三年）などの地理教科書でも「道路汚穢なり」（巻三「亜細亜州」）「気風尊大」（巻之上「支那帝国」）などの否定的描写が見られる。肯定的評価が与えられていた古典世界の中国偉人教材と比べると、評価が同時代と古典世界で異なっていることがわかる。

この中国地理教材の否定的描写については、福沢諭吉の脱亜論に代表されるように、明治の初め頃から同時代の中国（清国）に対する否定的評価が日本の知識人層に見え始めていたことから＊35、それが教科書にも反映したものと考えられる。福沢が著した『世界国尽』(福沢諭吉、慶応義塾、一八六九年＊36)は、当時爆発的に売れた啓蒙書であると同時に地理教科書としても使用されており、清国に関しては「文明開化後退去、風俗次第に衰て、徳を修めず知をみがゝず、我より外に人なしと、世間知らずの高枕〔中略〕その有様ぞ憐なり」(巻一「亜細亜洲」)と、進歩のない老大国として紹介している。

ここで注目すべきは、右のような否定的描写が、日清戦争前から見えていた点にある。この後の日清戦争による日本社会一般への否定的中国観の浸透を考えた場合、ゼロからの急激な浸透ではなく段階的な浸透であったことが指摘できる。

一方で、地理教科書において、明治初期の各種新聞などに見られた「豚尾」「ちゃんちゃん」などの中国人に対する激しい蔑視表現までは見られていない点は留意する必要がある＊37。他国を必要以上に揶揄する表現は避けられており、否定観を積極的に植え付けようとする意図はなかったと考えられる。また、地理科に関しては高等小学校の教科であり、かつ中国地理教材そのものが少なかったことから(内容としては日本地理が大多数)＊38、児童が中国地理に触れる機会は多くはなく、否定観を積極的に受容していたとも考えられない。中国地理教材の少なさは、『教育時論』一八九二年五月五日号、天法学人「支那通信」で「本邦に行はるゝ地理書に就て視よ。善く支那の事情を記述するもの、果して幾何かある。僅に万国地理書の中に、支那地誌の記事あれども〔中略〕精密に確実に支那現時の事情を知るに足べき著書の如きは、極めて欠乏せるにあらずや」と指摘されている通りであり、「是まで中学小学等に於ける外国地理科の教授は、総て欧米に偏詳にして、支那朝鮮南洋等重要なる近接隣邦の地誌には、極めて冷淡なりしなり」と、中国地理教育が十分に行われていない状況がうかがえる。

この中国地理教材の傾向は、明治期一貫して変化はない。否定的描写も、明治三〇年代の『小学地理』(普及舎、一九〇〇年)で、風俗や環境が「頑固」「道路悪しく、市街不潔なり」(巻三「支那」)と描写されている程度である。明治末の国定二期教科書である『尋常小学地理』(文部省、一九一〇年)では巻二「関東州附満州」と「世界二」において、中国地理が簡単に紹介されているだけであり、右のような否定的記述は見られない。

ただし、小学校教育において中国を否定的に扱っていたか否かは、地理以外の教科や実際の教育現場の状況などを踏まえ総合的に判断する必要がある。

第四節　国語・歴史科における日中間の歴史的事件教材

国語と歴史科に共通して見られる中国関係教材は、元寇や朝鮮出兵といった時期的には古典世界と同時代の中間に位置する日中間の歴史的事件を扱った教材である。一例として、一八九三年に出版された『小学校用日本歴史』(金港堂、一八九三年)の「元寇」と「朝鮮出兵」教材を次に取り上げる。

第十八章。元寇。北条時宗。

後宇多天皇ノ弘安四年即紀元千九百四十一年范文虎ヲ大将トシテ元軍高麗軍合ハセテ十余万人、軍艦数千艘ニ取リ乗リ、海を蔽ヒテ攻メ来レリ。(中略)吾ガ兵之ニ乗ジ小船ニテ追ヒ打チケレバ、元ノ兵或ハ討タレ或ハ降リ、生キテ還ル者僅ニ数人ナリキ。サスガノ忽必烈モ是レヨリ日本ヲ断念シ、吾ガ國武勇ノ名長ク彼レ等ガ記憶ニ残レリ。サレバ外国ヨリ吾ガ国ニ攻メ来リタル例古来甚少ク、偶之アルモ彼レニ後レヲ取リシコト無シ。

第廿三章。豊臣秀吉。

秀吉ハ信長在世ノ時ヨリ支那、朝鮮ヲモ一統スル望ミアリシガ、内国平定ノ後、マヅ両国ニ好シミヲ通ゼシニ、彼レ等之ニ応ゼザリシカバ、愈征伐ノ志を決シ(中略)朝鮮ヲ征伐セシム。(中略)朝鮮軍及ビ明ノ加勢ノ大軍ヲ破ルコト屢ナリケレバ明人膽ヲ冷ヤシ、和睦ヲ求メ「秀吉ヲ貴ビテ王トセン。」ト云フ。

この元寇・朝鮮出兵教材は、歴史教科書としては官版の日本歴史教科書として最初のものとなる明治初年の『日本畧史』(師範学校、文部省、一八七五年)から、明治末の国定第二期教科書である『尋常小学日本歴史』(文部省、一九〇九年）に至るまで見えており、国語教科書でも明治二〇年代の『日本読本』（新保磐次、金港堂、一八八七年）から、明治末の国定教科書である『尋常小学読本』（文部省、一九一〇年）に至るまで必ず教材として掲載されている。

ただし、元寇・朝鮮出兵教材は中国関係教材ではあるものの、北条時宗や豊臣秀吉といった当時の歴史的偉人や日本の優秀性を強調したものであり＊39、中国側（元・明）への直接的・積極的な評価は肯定・否定を問わず見られない。『小学校用日本歴史』「第二十三章。豊臣秀吉。」に見られる「明人膽ヲ冷ヤシ、和睦ヲ求メ」など、優勢を強調する日本との対比から中国の相対的な劣位性は読み取れるが、直接的な否定描写とはいえない。第二章に検討する児童雑誌の元寇・朝鮮出兵関連記事に「無礼」「傲慢不遜」などの否定的描写が見られることと比較すると＊40、教科書の元寇・朝鮮出兵教材では必要以上の揶揄表現は避けられていたと考えられる。

この点を如実に示しているのが、一八九四年に出版された『尋常小学読書教本』（今泉定介・須永和三郎、普及舎、一八九四年）である。この教科書が編集刊行された時期は、日清戦争の最中であったため、「征清軍歌」「成歓の役の喇叭卒」「玄武門の先登者」「支那ト朝鮮」「志摩海軍大尉の手紙」「黄海の戦」などの日清戦争に関する教材が多く見られている。しかし、これらの日清戦争関連教材にも中国への直接的な否定描写は見られない。第二章に検討する児童雑誌では、日清戦争が勃発すると、敵愾心の宣揚を目的として誌面は否定的な日清戦争関連記事で埋め尽くされ、その記事内で清国人を「豚尾」「チャンチャン」などと蔑称で呼び、戦地での清国兵の醜態を「野蛮」「卑怯」「怯懦」などと揶揄し紹介していた＊41。これと比べると、教科書からは激しい蔑視表現が控えられ、日清戦争中であっても中国に対する否定的な教育は行われていないように見受けられる。

しかし実際には、日清戦争が勃発すると教育現場で中国は否定的に扱われ、元寇や朝鮮出兵教材もその一助として扱われるようになる。その様子は、教科書のみの検討では明らかにできないため、教育雑誌などを駆使しながらその実態を浮き彫りにしていく他はない。注目すべきは、「日清戦争・北清事変・日露戦争」の勃発期である。中国に関わる歴史的事件の勃発時は対中国関心が高まっているため、中国の扱われ方に関する教育状況が記事として誌面に表れやすい。また、日清戦争以降は教育雑誌の刊行が増加し誌面の内容も充実するため、「中国の扱われ方」が実証的に検討可能となる。

第五節　日清戦争時の中国の扱われ方

日清戦争が勃発すると、敵愾心の高揚に伴い、否定的中国観が広く日本社会一般に浸透した。この影響は小学校の教育現場にも及んでおり、小説家中勘助（当時、東京の小学生）は、成人後に当時の小学校の様子を次のように回想している。

戦争が始まつて以来仲間の話は朝から晩まで大和魂とちやんちやん坊主でもちきつてゐる。それに先生までがいつしょになつて、まるで犬でもけしかけるやうな態度で、なんぞといへば大和魂とちゃんちゃん坊主をくりかへす。〔中略〕先生は豫譲や比干の話はおくびにも出さないで、のべつ幕なしに元寇と朝鮮征伐の話ばかりする。〔中略〕また唯さへ狭い運動場は加藤清正〔朝鮮出兵〕や北条時宗〔元寇〕で鼻をつく始末で、弱虫はみんなちやんちやん坊主にされて首を斬られてゐる*42。

教員や児童の激しい敵愾心とともに「ちゃんちゃん坊主」という蔑視表現も見られ、小学校における否定的中国観の顕在化がうかがえる。また、教科書では直接的な否定描写が見られなかった元寇・朝鮮出兵教材が、教員によって否定的に取り上げられていることも読み取れる。これは、元寇や朝鮮出兵の日本対中国という敵対構図が日清戦争と類似しており、かつ日本の優勢や優秀性も見えていたことから、過去の出来事が日清戦争という現時の情勢に結びつけられて否定的に語られるようになったと考えられる。

この中勘助が体験した日清戦争中の小学校における否定的中国観の顕在化は、全国的な現象であり、各教育雑誌からその様子がうかがえる。例えば、『教育時論』一八九四年九月二五日号、時事寓感「此際注意すべきこと」という記事では「今回の日清事件に当り、苟も忠勇の気象を養ふべき事柄は、取りて以て機敏に活用すべきは、言ふ迄も無きことながら、此頃は其事柄の取捨選択を誤り、又は余り児童の神経を刺激することの適度に過ぎて、却りて其本来の目的を誤るが如き者ありとは、吾等の屢々耳にする所なり。曰或県の小学校にては、修身科の時間は、すべて軍の話を以て之を充たせりと。曰或県の小学校にては、平壌の捷報を報道して、一斉に鬨の声を挙げしめきと。」と、徳育を行う修身科で「児童の神経を刺激する」日清戦争談が語られている様子を、警鐘とともに紹介している＊43。

『千葉教育雑誌』と『長崎県教育雑誌』では、静岡県師範学校附属小学校の「征清事件に際して児童教育上特に注意すべき事項」が箇条書きで紹介されており、「一．児童に征清事件の由来を講演し且つ小学校児童の本分を訓誨すること」「一．修身歴史地理其の他教科目の正科に便宜征清事件に関する事項を加ふることを妨けす」とあり、日清戦争が各教科で教授されていることがわかる＊44。日清戦争という近代日本が直面した一大時局に際しては、教科や教科書を越えて日清戦争に関心が集中した授業形態となっていた。教科書だけの検討では、その実態は見えてこない。

また、両誌は三重県多岐郡私立教育会が調査した「日清事件ヲ小学生徒ニ講話スルニ付注意スベキ要條＊45」も紹介しており、そこには「一．兵ノ強弱ハ国ノ大小人ノ多寡ニヨラザルコトヲ説話スベキコト」「一．彼我ノ敵ニ対スル挙動ヲ比較シ文明ノ尊ブベキコトヲ説話スベキコト」「一．清兵ノ怯弱ヲ説キ児童ヲシテ驕傲ナラシムマジキコト」「一．敵国ニ対シテ誹謗嘲弄ノ語ヲ用ザル様示論スベキコト」などがあげられている。具体的な教授内容が見えていること以上に「一．清兵ノ怯弱ヲ説キ児童ヲシテ驕傲ナラシムマジキコト」「一．敵国ニ対シテ誹謗嘲弄ノ語ヲ用ザル様示諭スベキコト」とあるように、注意が促がされている点に注目したい。警鐘が鳴らされる程、そのような教育が実際に行われていたことが読み取れる。

また、元寇・朝鮮出兵教材が日清戦争に際して取り上げられていたことも、前掲『千葉教育雑誌』『長崎県教育雑誌』の「征清事件に際して児童教育上特に注意すべき事項」で「一．我れと支那朝鮮との古代よりの関係即ち神功皇后弘安の役豊臣氏等の事蹟〔中略〕を児童の理会力に応じて便宜教授の資料に充つること」と確認できる＊46。実際に敵対関係にある日清戦争が否定的に語られることは想像に難くないが、元寇・朝鮮出兵もその日清戦争に結び付けて教授されていたのである。この点も教科書のみの検討では導き出せない。

日清戦争後、島根県では、知事から各市町村立小学校などへ「戦後教育上注意すべき事項*47」という訓令が出される。その第一款第八項に「清国又は清国人を蔑視するの感想を抱かしむべからざる事」と明記されており、児童に否定的中国観を抱かせるような教育への注意が促されている。児童に対し否定観を抱かせるような教育が行われていないのであれば、このような警鐘は無用であろう。

第六節　北清事変・日露戦争時の中国の扱われ方

日清戦争後も、北清事変や日露戦争など、中国に関わる歴史的事件が立て続けに勃発したため中国への関心も依然高く、小学校でもその教授方法に無関心ではいられなかった。

一九〇〇年に勃発した北清事変時において*48、『教育時論』一九〇〇年七月二五日号、時事寓感「清国事件に就きて我教育家に望む」という記事では、児童に北清事変を教授する際の注意として「今回の変乱たる、拳匪の排外思想に本づき、後ち北京政府頑固党の命令に依り、清兵の外国兵と衝突を始め、次第に事端を醸成して、局面を大にしたるに在り。我教育家は、宜しく児童に向ひて、排外思想の如何に今日の時勢に適せざるか、彼頑固党の如何に時勢に暗く、国政を誤るかに就き、諄々其因りて来る淵源を語り聞かすべし。決して漫に拳匪の乱暴、北京政府の無法、清兵の残酷のみを語り聞かすべからず。」と述べている。否定的な事柄「のみ」を教授することに注意は促されているものの、児童に教授すべき事項としてあげられている「彼頑固党の如何に時勢に暗く、国政を誤るかに就き、諄々其因りて来る淵源を語り聞かす」だけでも、そこに否定観は介在することとなる*49。

この北清事変の四年後には、日露戦争が勃発する。直接の敵国はロシアであったが、その原因の一つに中国権益の問題があったことや戦地が中国大陸であったことから、中国観にも影響を与えた戦争といえる＊50。注目すべきは、「露国は彼のやうな国柄である上に、強兵といふことであるから、十年以前清国と戦つたやうに行かぬかも知れぬ＊51」というように、日露戦争に際して前の日清戦争が比較対象としてあがっている点である。これは、日清戦争時に元寇や朝鮮出兵が教材として扱われたように、日露戦争時には日清戦争も教材として扱われるようになることを示唆している。実際に、日露戦争前年に出版された『尋常小学読本』（文部省、一九〇三年）や『小学日本歴史』（文部省、一九〇三年）などの教科書には「明治二十七八年戦役」という以下のような教材が見える。

『小学日本歴史〔国定一期〕』二「第十七　明治二十七八年戦役」

明治二十七年、朝鮮に東学党の乱おこりき。その勢、盛なりければ、清国は属国の難を救ふと称し、兵を牙山に送りき。よりて、わが国も、また、公使館とわが居留民との保護のために、兵を朝鮮に出し、清国とともに、東洋の平和をはからんとせしが、清国はこれに応ぜざりき。かくて同年、七月、わが軍艦、豊島沖にて、清艦に要撃せられ、ここに、はじめて、海戦開けり。〔中略〕これより、わが軍は、平壌、黄海、旅順口、威海衛など、陸に、海に、いたるところ、大勝利を得、進みて、帝都北京に迫らんとせり。ここにおいて、清国、大いに、恐れ、李鴻章をわが国につかはして、和を請はしめたり。

この日清戦争教材では「〔日本は〕清国とともに、東洋の平和をはからんとせしが、清国はこれに応ぜざりき」と日清戦争の原因は清国のみに問題点があったとされ、「陸に、海に、いたるところ、大勝利を得」と日本の圧勝が強調され、日本との敵対関係を前提とした清国の「弱さ」が読み取れる。この日清戦争教材も、「元寇」や「朝鮮出兵」と同様、直接的な蔑視表現はないが、現時の情勢（主に戦争時）に結び付けられて語られる教材であることが指摘できる。特に歴史科において、「日清戦争」などの戦争談は児童に人気が高く＊52、その影響力も大きかったと考えられる。

そして、この日清戦争教材は、近時の戦争として日露戦争時に想起しやすい教材でもあった。実際に、『教育実験界』＊53一九〇四年四月二五日号、千葉県吉野茂助「教授訓練上より見たる日露戦争」という記事では、「清韓は我が国にとりて〔中略〕殊に緊切なるものなり」とその教育の重要性を論じ「外国地理を教授する時は〔中略〕拡大したる満韓の略図を掲げ置き〔中略〕殊に義勇に関する修身教授、征清・北清・征露に関する歴史教授に至りては、巧みに之を利用して、児童をして身其の地に臨める想ひあらしむべし。」と、日露戦争中に日清戦争や北清事変を扱った授業方法を紹介している。

また、戦争が教育に与える影響に関し注目すべき見解が、次の『教育学術界』＊54一九〇四年一〇月五日号、臼田桜所「戦争の影響と教育上の注意」という記事に見える。

　一度外国と兵を構へなば、忽ち敵〇〔愾〕の心を喚起し、忠義心は渙発せられ、愛国心は発揮せらる丶に至るべし。〔中略〕古より、我国民は、一般に忠義の心厚く、愛国の心深し〔中略〕蒙古来襲の防戦に照らすも、近くは日清戦争北清事件に見るも、又今回の戦争〔日露戦争〕に徴するも、其将校士卒の忠勇義烈なる、到底他国民に、見るべからざる特質異彩を有す。嗟乎此精神や、実に邦家独立の基礎、皇運隆昌の根柢なり。されば従来我邦の教育は、此の精神、此気魄の養成に、務めたりと雖も、尚大に之が涵養に注意せざるべからざるなり。〔中略〕尚又一の注意を要することあり、即ち甚しく敵〇〔愾〕の心を衝動し、之が為め、敵国人を憎悪し、軽侮するの、感情を起さしめざること、是れなり。

この記事は、日露戦争と同列に元寇や日清戦争、北清事変が語られている点だけでなく、戦争時の教育上の注意として、忠勇義烈の精神の涵養は必要であるが、そのための敵愾心の行き過ぎが蔑視感に繋がることに警鐘を鳴らしている。ここから、敵愾心や忠義心の発露は愛国心の強さの証明として肯定的に評価されるものではあるが、それは敵国への蔑視感や軽蔑心などと紙一重であるということが読み取れる。先の日清戦争時における警鐘にも同様の指摘ができよう。つまり、中国との敵対関係から日本の優秀性（愛国心など）を強調する歴史的事件教材それ自体に「敵国〔中国〕人を憎悪し、軽侮するの、感情を起さしめ」る要素（否定観を抱かせる要素）が介在していると考えられるのである＊55。たとえその意図がなくとも、愛国心の涵養などの要請に日中間の歴史的事件教材をもって応えることは、中国を否定的に扱うことと同義なのである。

激しい敵愾心や蔑視表現の見られていた新聞や雑誌などの状況もふまえると、教育現場において古典世界以外の中国が否定的に扱われていたことは、ごく自然の現象であったといえる。教科書の中国関係教材の検討のみでは、中国が否定的に扱われていた実態は浮かび上がってこない。

第七節　教員の中国観

教育を扱う上で忘れてはならないのが、教科書と児童の間に介し実際に授業を担当する教員の存在である。小学校の教員が児童に与える影響力については「教師の感化を受けるのは、小学時代に最も多いことを感じます＊56」と、当時においても認知されている点であり、教員の中国観が児童の中国観に影響を及ぼしていたことも十分に考えられる。

そして、日清戦争による否定的中国観の日本社会一般への浸透は、教育界や教育関係者においても免れえなかった。教育関係者を読者層＊57とする各教育雑誌の日清戦争中の記事を見てみると、『教育報知』では、教科書には見られなかった「豚尾奴」などの激しい蔑視表現が見えており、戦中において冷静な態度を取っていたとされる『教育時論』でさえも、「野蛮」「蚤虱の如く嫌厭」「教育なき」「恥を知らず、義を知らず」など、否定的評価の見られる記事が散見している＊58。前述の通り、否定観は敵愾心の発露であり愛国心の証明であるという建前があるからこそ、各教育雑誌にもこのような否定的評価が見えていたと考えられ、同様の建前のもと、教員が中国に対する否定的な授業を行っていたことは当然の現象として考えられる。

教育雑誌における否定的な中国評価は、日清戦争後も明治末まで散見し続けている。日清・日露の戦争の勝利により、日本が東洋の指導者あるいは世界の一等国であるという意識が強まり、教育的観点からも「遅れている」中国に対する否定的評価は教育関係者において顕在化しつつあった*59。これを裏付けるかのように、多くの教育雑誌で「不潔」「不忠」「教育の未開化」などの否定的評価が共通して見られている*60。

もちろん、日本の否定的中国観の浸透に対して警鐘を鳴らす教育関係者が全くいなかったわけではない。例えば、『教育時論』一九〇六年九月二五日号、奈良県畝傍中学校長宗像逸郎「学校生徒職員満洲旅行所感」では「清人に対する邦人の態度を見るも、邦人は余りに短気或は虚傲心強きにあらざるか。〔中略〕世界一等国とも称せらるゝ国民は、此の辺大に考ふべき所にあらざるか。而して是れ亦教育上顧慮すべき一要事にあらずや」と見える。しかし、この記事の続きには「支那苦力の不潔劣等なる生活の、殆ど人か豚かと怪まるゝに驚きたり。此くの如き不潔劣等なる生物が、清潔廉恥を貴ぶ所の邦人に軽蔑せらるゝは、蓋し当然の理なきにあらずと思はれたり」と、中国蔑視の改善の意識と裏腹に、その限界もうかがえる。以上の例からも読み取れるように、明治期の中国教育の実態は、同時代の中国に関して否定的と言わざるを得ない教育が行われており、そこに教員の否定的中国観が少なからず関与していたことは疑いない。

おわりに

以上、本章では明治期の中国観が当時の小学校教育にも反映しているのではないかという問題意識から、当時の小学校用教科書と教育雑誌を中心に、中国関係教材の歴史的変遷とその内実、小学校教育における中国の扱われ方の実態について検討を行った。

修身・国語科の古典世界の中国偉人教材に見られた肯定的評価（教育的価値）や、地理科の中国地理教材に見られた同時代の清国環境や風俗への否定的評価など、教科書の中国描写からは当時の中国観の反映の一端を見ることができた。本章ではそれだけに留まらず、明治期というある一定の期間を検討時期とし、中国関係教材の歴史的変遷にまで検討を深めた。教科書からの検討で重要なのは教科書の記述のみならず、中国関係教材の教材としての扱われ方やその変遷にも注目することであった。これにより、中国への眼差しに古典世界という視点が不可欠であることがわかり、その古典世界の中国偉人教材が日清戦争前からすでに軽視的傾向にあり、教材としての重要性が低下していたことを指摘した。

しかし、教科書の検討のみでは当時の小学校教育における中国の扱われ方の全容解明とはならない。そこで本章では、中央から都道府県レベルに至るまでの多くの教育雑誌を使用することで、従来困難とされていた中国に焦点を当てた教育実態の実証的把握を試みた。

その結果、日清戦争時においては、各教科を越えて日清戦争が語られていたこと、国語や歴史教科書に見られていた元寇・朝鮮出兵教材が日清戦争に結び付けられて扱われたこと、教員の中国観が否定的であったこと、それに伴い実際の教育現場では中国が否定的に扱われ、それが誌面で警鐘が鳴らされるほどに常態化していたことが明らかとなった。

日清戦争以後も、北清事変や日露戦争など、中国に関する重大時局の続発に伴い中国への関心も持続し、教育現場でもその都度、中国の扱われ方が問題となった。そして、その北清事変や日露戦争期には、日清戦争も過去の戦争となり元寇や朝鮮出兵と同様に歴史的事件教材として教育現場で否定的に扱われたことを指摘した。中国との敵対関係を扱った教材には、敵国への蔑視感や軽蔑心と表裏一体の関係にある愛国心の涵養や敵愾心の発露などが求められていたため、少なからず敵対側に対する否定観が入り込んでいたのである。また、日清戦争が日露戦争時に教材として扱われる場合、中国は敵側のロシアに関連して想起される（日本に正当性があることは両戦争の大前提）。その時点で、中国が肯定的に評価されることは皆無である。まして日清戦争の場合は、その戦争中に警鐘がなされるほど否定的に扱われたことから、日清戦争が語られる後年においても否定観が少なからず含まれることは当然の現象であったのである＊61。

以上のように、本章では明治期小学校教育における中国の扱われ方の実態を明らかにしてきたが、当時の中国観においても重要な点を示唆していた。特筆すべきは、「同時代の中国への否定観」「古典世界の中国への肯定観」という中国観の二面性が確認できた点にある。この二面性が小学校教育にだけ見られる特徴なのか、という新たな問題意識を念頭に置きつつ、次章以降の検討を進めたい。また本章では、古典世界の中国偉人教材が肯定的評価は保ちつつも、日清戦争前から軽視的傾向（教材としての量的減少）にあったことを明らかにすることができた。「中国観の二面性」という大枠を提示して終わるのではなく、枠内の内実にまで検討を深めることが、歴史学研究としても中国観という「他者理解」を追求する上でも重要となろう。次章以降も大枠の追認作業に終わることなく、枠内の内実にまで検討を深めたい。

同様の問題意識から、その枠組み内において見られる小学校教育の特筆点について若干の考察を加える。それは、過激な揶揄表現が控えられた教科書や、中国蔑視への警鐘を鳴らしていた教育雑誌などに見られた「建前としての客観的姿勢」である。ただし、実際の教育現場での中国の扱いに見られたように、その実態は否定的であり「建前」でしかなかった。さらには「敵愾心の発露＝愛国心の強さの証明」という建前が、あらゆるメディアに否定的言説を掲載する根拠を与えてしまったとも考えられる。次章以降、否定的な中国観が各種メディアで語られる場合、この「建前」に留意する必要があるだろう。教育も他メディアと同様に、否定的中国観（古典世界を除く）の一般への浸透に多大な影響を与えたことは疑いないが、建前であってもそのような姿勢が見られていたことは歴史的事実として指摘しておかなければならない。

明治期のみならず、戦前日本の教育における中国の扱われ方の検討は十全とは言い難い。例えば、一九三七年に勃発した日中戦争中の南京事件（または南京虐殺事件）に関する「もし、当時の日本軍による暴行や虐殺は中国人蔑視やアジア人蔑視といった差別教育に原点があるのなら＊62」という指摘に対し、具体的実証を伴った検討は未だ十分に行われていない状況にある。本章においては、この点を考える前提となる研究を目指しただけでなく、今後の研究視角として「古典世界」という否定的側面以外の眼差しにも言及した。

本章は、小学校教育という一側面から当時の中国観に迫ったが、教育から当時の対外観の反映を読み取るという、従来の教育史などでは行われてこなかった研究としても位置づけられる。その個別的検討課題としては、本章の手法を踏まえつつ明治期以降の変遷も追っていく必要があるだろう。明治期に小学校教育を受けた児童は、大正・昭和期には大人となり世論の一担い手となる。また、教員として次世代に教育を施す者もいたはずである。小学校教育によって形成された児童の中国観は、彼らが大人となる大正・昭和期の中国観にも反映していたと考えられるのである。

註

1 有山輝雄・竹山昭子編『メディア史を学ぶ人のために』（世界思想社、二〇〇四年）七頁。

2 伊藤彌彦「日本近代中等前期教育の形成と展開」（望月幸男編『国際比較・近代中等教育の構造と機能』名古屋大学出版会、一九九〇年）三一～一二頁。明治末期においても、中等教育機関への進学率は二割に満たない。その他、竹内洋『学歴貴族の栄光と挫折』（中央公論新社、一九九九年）など参照。

3 中学校の教科書を検討対象とした松本通孝「日清・日露戦争と国民の対外観の変化―明治期中学校外国史教科書の分析を通して―」（『教育研究』四四号、二〇〇〇年三月）も同様の指摘ができる。

4 『文部省年報』によると、男女の就学率は日清戦争後に七〇％、日露戦争後には九〇％を越える（数値の不正確さは留意する必要がある〔大門正克『民衆の教育経験』青木書店、二〇〇〇年〕）。一方で、明治前期の就学率は高くないという指摘も可能であり、明治後期と同様に考えてよいのかという疑問も出てくる。教科書のみからの検討の問題がここにも存在する。本章においては、中国関係教材の歴史的変遷を見ていくために、明治前期からの教科書も使用している。

5 田中伯知・上田太郎「日本の教科書に見られる東アジア観―内容分析の手法を基に」（『早稲田教育評論』早稲田大学教育総合研究所、一五巻一号、二〇〇一年）一三八頁。当論文は戦後の地理教科書を検討対象としている。

6 歴史研究における「教育の受容過程をていねいに分析すること」の重要性については、前掲大門書の「はじめに」を参照のこと。

7 以下、各教育雑誌の詳細については、『教育関係雑誌目次集成』第一期、第二〇巻（教育ジャーナリズム史研究会編、日本図書センター、一九八七年）「各誌解題」や、木戸若雄『明治の教育ジャーナリズム』（近代日本社、一九六二年）による。

8　例えば、日清戦争に際して『教育報知』や『大日本教育会雑誌』などは好戦的であったが、『教育時論』などは冷静であり、日清戦争後も排外思想の助長に対しては慎重であった（本山幸彦編『明治教育世論の研究　下』福村出版、一九七二年）。『教育時論』の中国を含むアジア認識やアジアに関する議論については、尾崎ムゲン「教育雑誌にみるアジア認識の展開—一九〇〇年代はじめの『教育時論』を中心に—」（前掲『近代日本のアジア認識』所収）に詳しい。

9　本章で扱う教科書は海後宗臣編『日本教科書大系近代編』（講談社、一九六二〜六五年）に所収された小学校用教科書を対象とした。ここには当時広く使用されていたとされる教科書が集められている。以下、引用中の教科書は『日本教科書大系』所収のものである。

10　中国史（東洋史）は中学校の教科である（森秀夫『日本教育制度史』学芸図書、一九八四年、前掲松本論文など参照）。

11　『小学読本』（若林虎三郎、一八八四年、嶋崎礒之烝）第三、第一八課「司馬温公の話」。

12　『小学中等読本』（木澤成粛、一八八二年）巻之一「車胤学ヲ勤ム」。

13　中国古典の教育的価値の説明としては、加地伸行氏の以下の叙述も参考になる。「古典は〈人間を支えてくれる適切なことば〉を豊かに持っている。もちろん、全世界にさまざまなすぐれた古典があり、すぐれたことばが数多くある。しかし、余分な前提をいっさい省き、東北アジア人にとって掛け値なくぴったりすることばとは何かと言えば、『論語』を代表とする、儒教関係を中心とする古典のことばである（『儒教とは何か』中央公論社、一九九〇年、二五三頁）」。

14　一八八五年創刊、一九三四年終刊の開発社発行の教育時事報道誌。発行部数も多く、当時の最も代表的な教育雑誌であった。

15　その他、孝子に「孟子（三點）」「子路（一點）」、貞女に「孟軻の母（八點）」などが選ばれている。

16　伊賀駒吉郎『回顧と七十有五年』（樟蔭女子専門学校出版部、一九四三年）や、長谷川如是閑『ある心の自叙伝』（筑摩書房、一九六八年）など参照。

17　神田修編『史料教育法』（学陽書房、一九七三年）二七頁。

18　仲新『明治の教育』（至文堂、一九六七年）など参照。

19　『教育時論』一八九一年三月五日号、滋賀県尋常師範学校教頭松尾貞次郎「国家教育ト個人教育トノ別ヲ論ス」、『信濃教育』一八九〇年一一月二五日号、会員渡辺敏氏演述「徳育論」など。『信濃教育』は、長野県信濃教育会の機関誌で、一八八六年創刊以後、今日に至るまで続刊している。

20　片山清一編著『資料・教育勅語—渙発時および関連諸資料—』（高陵社、一九七四年）一九七頁。

21　『教育時論』一八九一年四月一五日号、『信濃教育』一八九一年四月二五日号、江木千之演説「帝国小学教育ノ本旨」。学制研究会の要望に応じ演説。

22 前掲『日本教科書大系』「所収教科書解題」参照。
23 修身でも同様に、『宮城県教育雑誌』一八九四年一〇月一〇日号、雑纂「修身科教授の心得」では、宮城県尋常師範学校訓導小島信吾氏が「修身科の教授は、児童発育の度を考へ、妄りに古人言行の、難渋なるものを授くべからず」と述べている。
24 安倍磯雄編『帝国議会教育議事総覧』（一）（厚生閣、一九三二年）二六三頁。「国費を以て小学校修身教科用図書を編纂するの建議案」。小幡篤次郎の発言。最終的には可決される（『教育時論』一八九六年二月一五日号「国費を以て小学校修身教科書を編纂するの建議案」）。
25 日本と中国における忠孝の差異や日本主体の忠孝観などは、明治末においても強調されている。『教育時論』一九〇二年五月二五日号、前台湾総督府国語学校教授橋本武「台湾公学校に於ける漢文科について」の「忠孝の教は儒教の主眼とする所でありますが、支那の忠孝と我国の忠孝とは全く同一のものであるといふ訳には行かぬのであります〔中略〕その実体は従来より我国にあつたのである」、同誌一九〇九年二月五日号、広島高等師範学校長北条時敬「日本普通教育の徳教」の「余は幾百年の昔、我日本に入りたる漢学が、忠孝の哲学的解釈を与へ、或は不忠不孝なるべからずと教訓し、以てこの二道の発達に多大の貢献をなせしを否認せず、然れども根本道徳を、日本国民の心底に深く決定建設するを得たるものは、漢学にあらずして、実に過去幾千百年間に於ける祖先の道徳的行動と、模範との感化なりとす」など。
26 修身教科書では、『高等小学修身書』（文部省、一九〇三年）に「藺相如」、国語教科書では、『高等国語読本』（金港堂、一九〇〇年）で「孔子」「閔損」、『国語読本』高等小学校用（坪内雄蔵、富山房、一九〇〇年）で「孟母」「張良」、『尋常小学読本』（文部省、一九一〇年）で「張良」「韓信」「諸葛孔明」「孔子」「孟子」が見える。
27 全国的教育団体を標榜して一八八三年に創立した大日本教育会の機関誌が『大日本教育会雑誌』（一八八三年〜）、その大日本教育会が一八九六年に国家教育社と合併してできた帝国教育会の機関誌が『帝国教育』（一九〇九年〜）である。
28 孔子に関しては、他の教育雑誌でも肯定的に評価されている。『教育時論』一九一〇年一二月五日号、文学博士服部宇之吉「孔夫子に就て」、『帝国教育』一九〇九年五月一〇日号、男爵法学博士阪谷芳郎「孔子文学の日本人種徳性発達の上に及ぼせる影響」など。
29 『教育時論』一八九七年七月一五日号、足立栗園「近世教育瑣談」。
30 その他にも、『教育時論』一九〇六年二月二五日号、枢密顧問官男爵大島圭介「徳育と国民の資性」では「若し我邦に於て、昔時儒仏二道渡来して近年まで域内に普及せし教育の基礎たること無かりせば、我国の現況は恐らく現今の南洋諸島の民族の如き文明の程度にして到底猝かに欧米の新法を採り、国威を四方に宣布することは能はざりしなるべし」と肯定的に評価されている。
31 『教育時論』一九一二年一月二五日号「尋常小学修身書編纂趣意書」。

32 その他にも、『教育時論』一八九八年五月一五日号、久津見息忠「国民的感情と国家教育（下）」では徳育教材は世界の道徳からも取るべきだとの意見が述べられる。『教育時論』一八九九年一月一五日号「小学修身書の内容に就て」でも中国教材を取るべきだとの意見が見える。
33 『教育時論』一九〇四年一二月五日号、時事彙報「国定修身書に対する建言」、『信濃教育』同年同月二五日号、彙報「国定修身書に対する建言」。
34 『教育時論』一九〇五年二月五日号、時事彙報「修身書に関する答弁」。
35 松沢弘陽『近代日本の西洋経験』（岩波書店、一九九三年）、『対外観』（日本近代思想大系一二、岩波書店、一九八八年）など参照。アヘン戦争や清仏戦争の帰趨、壬午軍乱・甲申事変などの朝鮮をめぐる対外問題などに伴い否定的中国観が表れ出す。
36 『福沢諭吉選集』第二巻、岩波書店、一九八一年所収。
37 小松裕「近代日本のレイシズム―民衆の中国（人）観を例に―」（『文学部論叢』七八、二〇〇三年三月）参照。
38 前掲『史料教育法』「第二章学校制度」を参照。地理・歴史が尋常小学校の教科となるのは、一九〇七年の小学校令からである。高等小学校は、義務教育機関ではなく、当時において尋常小学校から進学する者はまだ多くはなかった（三羽光彦『高等小学校制度史研究』法律文化社、一九九三年）。
39 転じて、日本国民の愛国心の養成や国威の海外発揚を目的とした教材として評価されている（前掲『日本教科書大系』「所収教科書解題」、前掲『教科書と国際理解』参照）。
40 当時の児童雑誌は、娯楽的要素だけでなく国家の義務教育方針に従う教育の補助機関でもあったため、教養的・学問的内容の読み物を紹介・解説した記事も多かった（第二章第一節参照）。
41 第二章第五節参照。児童雑誌に限らず第五章で検討する講談などでも同様。
42 中勘助『銀の匙』（岩波書店、一九三五年）一四一頁。『銀の匙』は文学作品であるが、中勘助自身の体験をかきつづった回想録でもある。主人公の「私」の年齢（一一歳）が、日清戦争当時の作者の年齢とも合致している。
43 家永三郎『太平洋戦争』（岩波書店、二〇〇二年）でも、日清戦争当時の香川県高松市鶴屋町の小学校の様子を例にあげ、修身の時間に、教師が「傀儡的罌粟坊主」たる中国兵の根拠地を占領するまでの経過を語り、それを一心不乱に聞いている児童の様子を紹介している。
44 『千葉教育雑誌』一八九四年一〇月三一日号、教授叢話、『長崎県教育雑誌』一八九四年一一月二五日号、彙報。『千葉教育雑誌』は千葉教育会の機関誌として創刊。明治期においては『千葉教育会雑誌』（一八八二年〜）、『千葉教育雑誌』（一八九二年〜）と改名して続刊。『長崎県教育雑誌』は、長崎県有志教育会の機関誌として創刊。明治期においては『長崎県有志教育会雑誌』（一八八六年〜）、『長崎県教育雑誌』（不詳〔少なくとも一八八九年以降〕〜）となる。『千葉教育雑誌』一八九四年一一月三〇日号、山下半治「日清戦争の教育的観察」でも、日清戦争の「過激なる戦況を報告して修身談に代え」ていることがうかがえる。

45『千葉教育雑誌』一八九五年二月一八日号、教授叢話、『長崎県教育雑誌』一八九五年三月二五日号、彙報。

46 同様の指摘としては、『九州日日新聞』一八九四年八月四日付「敵愾心の養成」でも「小学生徒の敵愾心を喚起するは、国民教育に於て毫末の支障なきのみならず、寧ろ大に其必要あるを知らざるべからず。且つ夫れ今日に於ても小学校のうち、往々元寇の歴史若くは征韓の偉蹟を挙けて国民教育の材料と為せるにあらずや。今や日清の事件は実に国民教育の活資料なり〔中略〕血あり生命あるの小国民を養成せんと欲せば、今日の時事を利用して之れを薫陶するより善きはなし。然るに元寇征韓の史は引して国民教育の資料と為し、独り時事を假りて小学生徒の敵愾心を喚起する」と述べられている。

47『教育時論』一八九六年三月五日号、内外雑纂「戦後教育上注意すべき事項」、『教育報知』一八九六年三月二三日号、学務「戦後教育上注意すべき事項に就き訓令」。『教育報知』は、一八八五年から一九〇四年にかけて刊行された教育雑誌。『教育時論』『大日本教育会雑誌』と並び事実上の教育界の主導的な雑誌の一つであった。

48『教育時論』一九〇〇年七月一五日号、足立栗園「清国事件と教育家宗教家」では、北清事変を「支那国は〔中略〕常に大胆で横着で我侭で貪欲で、オマケに頑迷固陋で独りよがりをする風習を助長せしめた。これが今回の義和団のやうな匪徒の蜂起を見るに至つた根本からの遠因に相違ない。」と評価している。中国への否定観が読み取れる。

49『千葉教育雑誌』一九〇〇年九月一日号、凌雲生「清国事件と教育」でも、この機を利用し、「北清の地図を掲げて其の地の模様、航海の順路、我兵の規律厳粛にして勇敢壮烈の状態を説話」し、愛国心を養成するべきことを述べているが、いたずらな敵愾心の高揚には注意がなげかけられている。

50 例えば、『教育時論』一九〇四年三月五日号「日露戦争の意義」という記事では、中国の主権下にある満州が問題となり戦地となっているのに、局外中立の立場をとっている中国が一番滑稽だ、と中国を馬鹿にしたような記事も見えている。

51『教育時論』一九〇四年三月二五日号、文学博士中島力造「時局に関して教育者に望む」。『教育界』一九〇四年五月一五日号「時局に対し本校の執るべき方針」でも「今度の戦は日清戦争の時の如く容易に片付くことはなかるべく」と見える。『教育界』は、金港堂より一九〇一年に創刊、広く教育全般を論じ誌面を構成していた。

52『教育研究』一九〇八年年三月一日号、梯英雄「歴史教材の選択につきて」では、執筆者が「歴史の中にて、最も面白きもの二つと、嫌いなもの二つを其順に挙げよ」という尋常六学年生に行った実験において「面白いこと」の一番目が「戦争の談」であった。『教育研究』は東京高等師範学校附属小学校内初等教育研究会編集の雑誌として、一九〇四年に創刊。附属小学校訓導達の研究発表の場として多くの誌面が割かれている。
53　近代日本の教育ジャーナリズムの歩みの中で、明治三〇年代は教授法を中心にした教育雑誌が登場し、その先駆けとなったのが『教育実験界』である。一八九八年創刊、主な執筆陣は小学校の訓導。
54　一八八九年創刊、「教育の学理」を追求しようとした教育雑誌。教育学会（後、教育学術研究会）が編集を行い同文館が発行を行っていた。
55　『教育報知』一八九四年一一月一〇日号、備藤壮太郎「歴史の教授に就て」では、元寇の話をすれば「未曾有の強大国〔元〕も忠勇英武なる我邦には一歩も加ふる能はさることを知らしめて益忠武敵愾の気象を振起せしめ」ることができると指摘されている。
56　『帝国教育』一九一〇年八月一〇日号、学習院長陸軍大将乃木伯爵「小学時代の教師の感化（講演）」。
57　例えば、『教育時論』一八九〇年一〇月二五日号「教育時論ノ主義〔表紙裏〕」では「教育時論ハ、小学校、師範学校、中学校等ニ従事セル教育家ト連絡シ、益普通教育ノ完美ヲ謀ル者ナリ」とある。
58　『教育報知』一八九四年九月一五日号、教育報知「戦時の感」、『教育時論』一八九四年一〇月一五日号、社説「国の品性の貴重なる所以」、同年一二月一五日号、時事寓感「支那の教育の特性」、一八九五年三月五日号、社説「実業教育の為に普通教育を忽にする勿れ」。他の教育雑誌でも例えば『京都府教育雑誌』一八九四年一一月二〇日号、船井磐谷生「教育者今日の当務は如何」で「野蛮不霊なる奸獪奴輩」「彼蒙昧頗る狡知に富み義の何たるを知らすして」と見える。
59　『教育時論』一八九八年一月五日号、大隈伯爵「教育雑談」。前掲尾崎ムゲン論文、栄沢幸二『大正デモクラシー期の教員の思想』（研文出版、一九九〇年）においても指摘されている重要な点である。
60　『教育時論』一九〇六年九月二五日号、奈良県畝傍中学校長宗像逸郎「学校生徒職員満洲旅行所感」では「清人殊に苦力輩の不潔且つ無恥無知なること、又想像外なるには驚きたり」、『教育広報』一九〇二年二月一五日号、高等師範学校教授矢津昌永「清国漫遊談」では「国家的観念公共的観念は無いのでありますから駄目」、『帝国教育』一九一一年三月一日号、帝国教育会会員真田鶴松「教育眼を以て見たる清国」では「清国に国民教育無し」など。
61　明治期の教育雑誌ではその実例を発見できなかったが、大正期の『教育時論』一九二二年六月一五日号、後藤朝太郎「手抜かりのまゝを押通せる支那方面の教へ方」では教科書を教える時の傾向として「日清戦争のところの話にしてもたゞ一がいに弱国としてけなしてかゝる何かにつけてよく思つてゐないからつい児童に正直に心をうつす。児童のあたまにはそのまゝそれが映ずる。それが社会的に他の方からも影響をうけていつしか支那を侮る心になつてしまふ」と述べられている。
62　南京大虐殺の真相を明らかにする全国連絡会『南京大虐殺　日本人への告発』（東方出版、一九九二年）二五頁。

第二章
✽日清戦争前後の児童雑誌に見る日本の中国観

はじめに

本章では、児童雑誌というメディアに注目し、日清戦争前後の一般的な中国観の反映を誌面から読み解く。第一章で明らかとなった「同時代の中国」「古典世界の中国」という時間軸によって異なる眼差しにも注目しつつ、それぞれの中国観の内実にまで検討を深め、その時間的変化をも明らかにする。雑誌という媒体の性格を考えると、定期的な刊行物であり、時事の事柄も定期的に誌面に反映されるため、誌面に表れる中国評価（中国観）の時間的変化がつかみやすいという点が第一に指摘できる。児童雑誌はこの点に加え、一般民衆層の中国観を検討する上での重要な要素を備えている。これは、児童雑誌を検討する意義、と言い換えることができるが、その意義を児童雑誌関連の先行研究批判とともに次に示す。

第一節　先行研究批判と児童雑誌を検討する意義

児童雑誌から中国観を検討している先行研究はあまり多くないが、久保田善丈「欲望としての近代中国イメージ」（『歴史評論』六三八号、二〇〇三年六月）や、泉陽一郎「明治中期の子ども向け雑誌に描かれた〈中国偉人〉像の変遷―博文館発行『日本之少年』と『少年世界』を中心に―」（『児童文学論叢』第一一号、二〇〇六年）などが確認できる*1。久保田論文では、日清戦争中に刊行された『少年世界』という児童雑誌から、「野蛮」「不潔」などの否定的な中国イメージが見られることを指摘し、泉論文では、日清戦争前後に刊行された『日本之少年』と『少年世界』の中国偉人像に、否定的評価と肯定的評価が見られることを明らかにしている。しかし、前者においては日清戦争以後の清国・清国人への否定的側面に論点が限定され、日清戦争前の状況についてはふれられておらず、後者においては「孔子」などの中国偉人に検討の対象が限定され、肯定的評価の具体的内容の検討も不十分である。また、両者とも、一般民衆層の中国観を明らかにするという問題意識から児童雑誌を扱っているわけではなく、検討に使用している児童雑誌も『日本之少年』『少年世界』に限られている。

以上の研究状況を踏まえ、本章では複数の児童雑誌を史料として、日清戦争前後の日本社会一般において漠然と共有されていた中国への評価の内実とその時間的変化を明らかにする。

児童（小学生）期というものは、国策の指導層から一般民衆層に至るまで誰しもが体験するものであり、その重要性は「人幼き時習ひ覚えたる事は、其の脳裏に深く印着して殆ど磨滅するの期なかるべし*2」と、当時の児童雑誌上でも指摘されている通りである。日清戦争前後期は小学校卒業後の進学率も低く*3、児童期に形成された中国観がその人物のその後の中国観にも大きな影響を与えていたと考えられる。児童雑誌とは、その重要な時期に人々が享受していたと考えられるメディアの一つなのである*4。

日清戦争前後期の児童雑誌は、学校教育の補助的役割も果たす総合的学習雑誌であり、この教育的要素は大人向けの新聞や雑誌には見られない児童雑誌特有のものであった＊5。そのため、児童雑誌にはこれからの日本を担っていく児童のために有益と考えられた内容が凝縮されており＊6、中国に関する記事についても、当時の日本社会一般で適切だと思われた中国に対する見方・評価が表れていたといえる。また、『太陽』などの大人向け雑誌のように＊7、大人（編者・記者）が大人（読者）に向けて提供したものではなく、大人（編者・記者）が児童（読者）に向けて提供したものであったことから、児童雑誌には大人から児童にまで通じる最大公約数的な中国観が表れていたと考えられる。実際の読者の中国観についても、児童雑誌の読者投稿欄から確認することが可能である。

新聞も一般民衆層が享受しえるメディアの一つと考えられるが、右と同様に大人向けのメディアであり、紙面に見られる中国観も一般的な中国観を示しているものとは必ずしもいえなかった（序章参照＊8）。

児童雑誌においては、新聞や大人向け雑誌の持つ時事的要素と娯楽的要素に加え、「学校教育の補助的役割」という教育的要素も備えていることから、新聞や大人向け雑誌よりも多角的な視点をもって中国観を見ていくことができる。

第二節　本章で扱う児童雑誌と検討時期

実証的把握の難しい対象を検討する場合、可能な限り多くの史料を用いる必要性があることはいうまでもない。また、本章では時間的変化の検討も重要な課題であることから、なるべく息の長い児童雑誌を扱う必要もある。

日清戦争前後期において、その条件を満たしている児童雑誌は、『少年園』『小国民』『少国民』『日本之少年』『幼年雑誌』『少年世界』の六誌である。いずれも、教訓や道徳などを説いた「論説欄」、小中学校の教科に即した「教育欄」、お伽噺や小説などの「娯楽欄」、時事や雑報などをまとめた「雑録欄」、読者が作文や笑い話などを投稿する「読者投稿欄」などから構成されており、日清戦争が始まると「戦記物欄」が特設されたものもある。

『少年園』は、一八八八年に創刊、一八九五年に終刊した月二回発行、一冊五銭の児童雑誌である。山縣悌三郎が発行主宰、高橋太華が編集主任、明治期における近代児童雑誌の先駆者であり、欧化主義的教養の摂取を重視していた。主な読者対象は小中学生であり、六誌の中でも程度の高い内容の記事が多い。一八九五年四月、時の政府に批判的な論説を掲載したため、発行停止処分となり終刊した。

『小国民』は、一八八九年に創刊、一八九五年に終刊した月二回（初年は月一回）刊行、一冊三銭（初年は二銭五厘）の学齢館発行の児童雑誌である。石井研堂が編集主任、高橋省三が主宰、主な読者対象は小学生であり、『少年園』『日本之少年』に比べて、低い年齢層の読者に焦点をあてていた。一八九五年九月に、「嗚呼露国」という三国干渉に関する記事を掲載し、この記事の内容が政治的発言にすぎるとして発行禁止処分を受けた。

『少国民』は、発行禁止となった『小国民』が誌名を変え、一八九五年一一月に創刊され、一九〇四年まで続いた児童雑誌である。発行所や編集者、雑誌体裁なども引き継いだが、一八九六年に発行所が北隆館に変わっている。

『日本之少年』は、一八八九年に創刊、一八九四年に終刊した、月二回刊行、一冊八銭の博文館発行の児童雑誌である。編纂者は早稲田専門学校生の阪齋道一（後、中川整爾）で、博文館が児童出版に関係した最初のものであった。読者対象は主に小中学生であり、『少年園』と同程度であった。

『幼年雑誌』は、『小国民』に対抗した小学生向けの雑誌として一八九一年に創刊、一八九四年に終刊した月二回刊行、一冊四銭の博文館発行の児童雑誌である。編纂主筆は奥山千代松（後、坂下愛柳）であった。

『少年世界』は、右の『日本之少年』や『幼年雑誌』など、博文館発行の児童雑誌を統合して一八九五年に創刊された（月二回刊行、一冊五銭）。編集主任は巌谷小波で、明治期児童雑誌の最大手であった。読者対象は、主に小中学生が対象であったが、『日本之少年』のような高度な雑誌も合体させたので、不合理が生じるのは免れがたく、程度の低いことに対して不満・失望する読者も存在した。そのため、一八九八年、同社から『中学世界』が創刊され、『少年世界』は性格を大きく変えることになる＊9。

以上の史料状況から、日清戦争前後の時期を「一八八八年から一八九八年まで」とする。一八九八年以降には、北清事変など中国観に大きな影響を与える事件が起きるため、中国観を検討する上でも一区切りとなる時期区分である。さらに、一九〇〇年代に入ると、児童雑誌の男女分化が進み、児童雑誌界においても大きな転換期を迎える＊10。また、児童雑誌が次々と発刊される背景には第一章で見てきた教育の影響があった。先行研究では「中学校令（明治十九年）公布後に少年雑誌が、そして、高等女学校令（明治三十二年）公布後に少女雑誌が簇生した」と指摘され＊11、明治期に『少年世界』の記者であった木村小舟も、当時を回顧して「明治二十三年十月、教育に関する勅語の下賜と共に、茲に我が国教育界の方針は確定し、欧米模倣の旧夢より覚め、古来の伝統なる忠孝彜倫の大道を闊歩するに至り、邃然として其の面目は全く一変した。而して此の聖勅の御主旨に規りて、未来の大国民を教養すべき目的の下に其の旗幟を鮮明ならしめた者が、「少年園」と「小国民」とである＊12」と述べている。児童雑誌と教育の強い結びつきがここからもうかがえよう。

右に列挙した児童雑誌は、児童文学史的視点からも重要な児童雑誌と位置づけられており、多大な影響力を有した児童雑誌であった＊13。発行部数も『警視庁統計書』によると『小国民』（一八九四年）の一冊平均が約五千部、『少年世界』（一八九五年）は約八万部と多く、特に『少年世界』の発行部数は、同統計書にある一般諸雑誌と比較しても一、二を争う＊14。

第三節　中国関係記事の概要

右の児童雑誌を用いた具体的な検討方法であるが、日清戦争前後期における中国関係記事（中国・中国人に関する記事）のうち、中国への評価を考えるという点から、肯定・否定といった何らかの評価が見られる文章記事を抽出する＊15。「豚尾」「ちゃんちゃん」などの蔑視表現や、「不潔」「野蛮」「怯懦」「不忠」などの否定的イメージを想起する語句・文章は否定的評価を、「豪傑」「勇敢」「義烈」「強国」などの肯定的イメージを想起する語句・文章は肯定的評価を示していると考えられる＊16。

また、本文記事と実際の児童の中国観の兼ね合いを考える上で、読者投稿文も同様の検討方法で抽出する。読者投稿文は、投稿者が児童とは限らず（『少年世界』の規定「満六才以上十七歳以下の少年」）＊17、投稿の採否を決定するのも編集者なので、読者の中国観が単純に反映しているものとは限らない。しかし、読者の相当数が投稿を行っていることから＊18、読者の見解の一部を示すものであることは間違いない。また、投稿文を一種の記事として読んでいる読者も存在しており、本文記事と同様に扱う必要がある＊19。

以上の前提のもとで抽出を行うと、児童雑誌の中国関係記事は、「同時代」の中国王朝である清国・清国人に関する記事と、孔子や孟子などに代表される「古典世界」の中国・中国偉人に関する記事に大別することができる。抽出した記事を同時代と古典世界に分け、年度別に整理したものが巻末にある表5である。紙幅の関係上、全ての記事名を掲げることができないので、記事数のみを記載した。また、【　】内の数字は内数を示すものではなく、読者投稿文の数を示すものとする（以下、同様に略記する）。

本章の軸となる日清戦争期（宣戦布告の一八九四年八月から一八九五年四月の講和条約締結まで）に注目してみると、同時代の中国に関する記事が激増し、古典世界の中国に関する記事が激減している。日清戦争中はその敵対関係にある清国・清国人（兵）への関心が劇的に高まったため、誌面の多くを同時代の中国関係記事が占めるようになる。

一方、古典世界の中国に関する記事であるが、孔子や諸葛亮など、現代においても馴染み深い古代の中国偉人を扱った教育的記事が多く、特に同時代の中国への関心が集中する日清戦争より前に多く見られている。

江戸時代における儒教の日本独自の発展や、四書五経などの漢籍を用いた子弟教育、日本の近世文学に影響を与えた『三国志』や『水滸伝』など、近世日本において古典世界の中国文化は多大な影響力を有していた＊20。その影響力が明治期においても強く残存していたことは、第一章で見てきた当時の小学校用教科書に教材として扱われていた中国偉人の存在や、第五章・第六章で詳述する寄席や演劇で親しまれていた「三国志」や「水滸伝」などの演目の存在などからも明らかである＊21。ここで注意すべきは、「学校教育の補助的役割を果たす」という児童雑誌の教育的要素であり、小学校用教科書に見られていた中国偉人を記事として取り上げることは、中国文化の影響力が残る明治という時代性を鑑みても当然の現象であったということである。この古典世界の中国に関する記事の存在は、新聞などの時事的記事を中心としたメディアでは見られない児童雑誌ならではの特徴である＊22。

以上の中国関係記事とは別に、時期的には同時代と古典世界の中間に位置する「元寇・朝鮮出兵」記事についても論じる必要がある。記事数は、日清戦争前六【一三】件、日清戦争中七【七】件、日清戦争後四【六】件と、同時代や古典世界の記事と比べると少数ではあるが、本章ではこれを無視することなく、当時の中国観を考える上でその位置づけを試みたい。

表5について、若干の補足が必要なのは『日本之少年』と『少年園』の記事数のバラつきであろう。まず、『日本之少年』の中国関係記事数が他誌に比べ多いのには、中学生を読者対象として含んでいることが一因と考えられる。当時の中学校の必修教科には、小学校では教授されない漢文や東洋史（主に中国史が大半を占める）があった＊23。つまり、中学生は小学生より中国について学ぶ機会が多く、その中学生を読者対象に含んでいる『日本之少年』の中国関係記事も同傾向を示していると考えられる。

一方で、『少年園』も中学生を読者対象として含んでいるが、中国関係記事は『日本之少年』に比べ少ない。これは、『少年園』の性格として「欧化主義的教養の摂取を重視＊24」していることが一因と考えられる。本書の課題に即せば、そのような性格の雑誌においても、中国関係記事が見られていることに注目する必要がある。日清戦争前には、古典世界の記事が比較的多く見え、日清戦争中に同時代の記事が激増する点は、他誌と同様の傾向を示している。

以上、本節では各児童雑誌に見られた中国関係記事の概要を示した。以下、日清戦争前後期の中国観を同時代と古典世界の視点から見ていくこととする。その際、「日清戦争前（一八八八年一一月～一八九四年七月）」「日清戦争中（一八九四年八月〜一八九五年四月)」「日清戦争後(一八九五年五月〜一八九八年九月)」と時期区分し、同時代と古典世界それぞれにおける評価の内実や時間的変化について、可能な限り多くの史料を掲げ実証的に検討する。「元寇・朝鮮出兵」記事については、その後に論じることとする。

第四節　日清戦争前の児童雑誌に見られる中国関係記事

(一) 同時代の中国に関する記事

日清戦争前の時期にあって注目すべきは、各誌に共通して、同時代の中国、すなわち清国・清国人への否定的評価が見られる点である。日清戦争を目前に控えた一八八九年頃から否定的評価を確認することができる*25。その具体的評価内容は「不潔*26」「卑屈*27」「頑固・固陋*28」「未開・野蛮*29」などであり、「豚尾*30」「チャンく*31」などの激しい蔑視表現も見られる。これらは、各誌の中国に関する雑録記事や中国文化の紹介記事、読者投稿文などに見え、日清戦争前の同時代の中国に関する記事の七四【二一】件中五五【一七】件を占めている。

当時の日本の対外情勢は、一八八二年から一八八四年にかけて勃発した壬午軍乱・甲申事変以来、清国との対立関係が深まっており、新聞論調などにおいても、対清対決論が清国への「固陋頑迷」「頑陋」などの否定的評価を伴って表れていた*32。児童雑誌の中国関係記事は、新聞論調のように対外問題にまで踏み込んだものではなく、清国という国そのもの、あるいは清国に関する文物を紹介する文脈上で否定的評価が見られていたが、その評価自体は当時の日中関係を如実に反映したものと考えられる。

一方、否定観だけでなく、当時の新聞論調では一八八五年の定遠・鎮遠の回航など、軍事力の強大化に伴う清国強国観も見られていたが*33、この点も児童雑誌において確認することができる。例えば、『日本之少年』一八九〇年七月一五日号の読者投稿文、羽前・吉田喜久治「尚武論」では「未ダ頑固旧守ヲ脱セズト嘲ルモノアリト雖学術兵備ノ進歩シタル頗ル見ル可キアリ」と、清国への一定の肯定的評価が見られ、『少年園』一八九四年七月三日号・一八日号「支那の兵備」においても、清国の陸・海軍の兵力に対し総体として限定的な評価が与えられつつも「訓練、編制、兵器ノ完全ナルト、其士卒ノ勇壮ナルトニ因リ、強固ナル戦闘ノ能力ヲ有シ」などのように、一部に肯定的評価が与えられている。また、『少年園』一八九一年八月一八日号の読者投稿文、長崎・河野厳男「通信」では、長崎に来航していた清国艦の定遠・鎮遠などについて「有力ナル者」と評価し、乗艦していた清国将校の「丁汝昌」についても「優柔ノ風無ク」と記している。

しかし、右の肯定的評価が見られる記事は、七四【二二】件中一九【四】件と少なく*34、また、読者年齢の高い『日本之少年』や『少年園』にしか見られていない。これに対し、否定的評価は、全児童雑誌に共通して見ることができ、かつ記事数も多いことから、同時代の中国に対しては、否定的に扱われる傾向が強かったと考えられる。また、この後の日清戦争による日本社会一般への否定的中国観の浸透を考えた場合、日清戦争前に、すでに同時代の中国への否定的評価が見られていたことから、ゼロからの急激な浸透ではなく、段階的な浸透であったことがわかる。

(二) 古典世界の中国に関する記事

古典世界の中国に関する記事のうち、各誌に共通して必ず見られるのが、古代の中国偉人を扱った記事である。古典世界の中国偉人は、当時の教科書教材に扱われていたことからもわかるように(第一章)、彼らの逸話・格言、著書などが、児童の人格涵養に寄与するものとして、その教育的価値が評価されていた*35。そのため、教育的要素を含む児童雑誌においては、中国偉人の伝記や美談など、道徳的教訓を説いたものが多く見られる*36。児童雑誌によっては、中国偉人の逸話や漢籍などを紹介する常設の記事欄が設けられており、例えば、漢籍の格言を紹介した『小国民』の「少年三誦文」という記事は、一八九〇年から一八九三年までに二六件見え、中国偉人の逸話が立志の一例として紹介された『日本之少年』の「立志小談」という記事も、一八八九年から一八九二年までに四一件見られる。特にその名が多く見られる中国偉人は、「孔子」「孟子」「孟母」「司馬光」「車胤・孫康」「韓信」「張良」「項羽」「劉邦（高祖）」「諸葛亮」「関羽」などである。

孔子は、全雑誌に共通して最も頻繁に登場する中国偉人であり、儒家の祖「大聖」として、孔子に関する記事は、その大部分が肯定的評価を与えられている*37。読者年齢の高い『日本之少年』では、孔子の教え（儒教）が、今の時勢に適さないとする記事なども少数存在するが*38、孔子個人については「大聖大智」として、その事績には一定の肯定的評価が常に与えられている。また、孔子への直接的な評価ではないが、「孔子曰く」などの格言が様々な記事の文章に多用されていることも、孔子への間接的な肯定観の現れといえる。偉人の言葉を引用することで文章に説得力を持たせる手法は、文章を書く際の常套手段であるが、当時の児童雑誌の文章を見ると、「孔子曰く」などに代表される中国偉人の格言が頻繁に引用されている*39。

孟子も、児童雑誌に多く見られる中国偉人であり、孔子と同列に「孔孟」などと扱われることが多く、「亜聖」として同様の肯定的評価が与えられている*40。孟母〔孟子の母〕は、賢母の代表例として「孟母三遷の教え」や「孟母断機の教え」などの有名な故事を引用したものが多く見られ*41、司馬光・車胤・孫康も、それぞれの教訓的逸話に基づき*42、同様の教育的価値から本文記事・読者投稿文に多く表れている*43。

その他の中国偉人は、楚漢戦争に関係する人物と、『三国志』に登場する人物が多く見られる。楚漢戦争に関する人物として、項羽は「抜山蓋世」の「英雄豪傑」として評価され*44、その項羽を倒した劉邦（高祖）は「絶世ノ英雄」として*45、さらに、その劉邦を助けた韓信・張良なども「功臣」「俊傑」として肯定的に評価されている*46。また、韓信は「韓信の股くぐり」の故事に代表されるように、「忍耐」「立志」の象徴例として記事に引用・紹介されている。明治期においては、立身出世を論じた投稿文が児童雑誌に多く掲載されていたが*47、その際、韓信を題材にしたものも多かった＊48。

その他、『三国志』に登場する諸葛亮や関羽も「忠臣」「豪傑」という肯定的評価が与えられている＊49。これらの記事は、関羽らの活躍を楽しむという娯楽的要素だけでなく、主君に忠実な「忠臣」としての逸話が、教育勅語の示した「忠君愛国」の涵養にも役立つという、教育的要素をも備えていた。

以上、古典世界の中国偉人について、具体的な評価内容を見てきたが、その評価の根本にあるのは児童に対する教育的価値といえる。児童雑誌の教育的側面が中国偉人から読み取れ、第一章の小学校教育との関連性が見て取れる。その他、漢籍を紹介・解説している記事についても、中国偉人の著作として同様の肯定的評価が見られる＊50。これら古典世界の中国に関する肯定的な記事は、二九四【一六二】件中二八二【一四二】件を占めている。

残りの一二【二〇件】が、否定的な記事であり、前述の孔子に限らず、紂王や高祖などの中国偉人に「残酷」「無情」という否定的評価が与えられている＊51。しかしながら、否定的評価の見られる記事（一二【二〇】件）は、肯定的評価の見られる記事（二八二【一四二】件）に比べ少なく、日清戦争前の古典世界の中国関係記事においては、肯定的に扱われる傾向が強かったといえる。

また、ここで注意すべきは、同時代と古典世界という異なる枠組みの中国観が、混合することなく併存していたという点である。これを如実に示しているのが、「昔は良かったが今は駄目」といった中国評価の存在である。例えば、『日本之少年』一八九〇年六月一五日号、福井県・勝村甚八郎「諸君よ異議あれば駁論山の如く来れ」という読者投稿文では「支那古来英雄豪傑〔孔子、孔明、関羽〕の士輩出したる亦驚くに堪へたり〔中略〕支那近時を見るに上に俊雄の士を見ず下に愛国の人少なく文事振はず武備幼穉にして〔中略〕古来の支那現今の支那其差異天淵月鼈又甚しからずや」と述べられており、同時代の中国への否定観と古典世界の中国への肯定観の併存が見て取れる＊52。

第五節　日清戦争中の児童雑誌に見られる中国関係記事

（一）同時代の中国に関する記事

一八九四年八月一日に宣戦布告がなされると、各誌において日清戦争に関する記事や、それに付随した清国・清国人（兵）に関する記事を掲載するようになる。

代表的な例が、新聞などにも見られる、日清戦争の戦況を伝える戦記記事である。例えば、『幼年雑誌』一八九四年一一月一五日号「黄海の激戦」、『小国民』一八九四年一一月一五日号「豊島沖海戦」などでは、記事名からもわかるように、各地での戦闘の様子が詳細に記されている。さらに、『幼年雑誌』においては、一八九四年一〇月二五日付と一一月三〇日付で、戦記記事を主体とした臨時増刊号を出し、一八九五年一月に創刊された『少年世界』においても、「征清画談」という戦記記事を日清戦争中に毎号掲載しており、その関心の高さがうかがえる。これらの戦記記事を見てみると、清兵が戦闘となるとすぐに逃走してしまう様子を愛国心や忠国精神の欠如として紹介したり（「不忠＊53」「怯懦＊54」）、報償のために日本の死傷者と見れば片端から手首を切り取って持ち去る行為を「残酷・野蛮＊55」、軍旗を掲げなかったり奇襲を仕掛けることを「卑劣・卑怯＊56」、服装や風貌などを「不潔＊57」と評し、その清兵を「豚尾・豚軍＊58」などと蔑視表現で呼称しているものばかりである。

一方で、『少年園』や『日本之少年』には、右のような日清戦争を直接的に扱った戦記記事は見られない。両誌は、読者年齢が高いために、戦争に対する一定の冷静さを備えていた。『少年園』では一八九四年八月一八日号の「日清開戦に就て日本少年の覚悟」という巻頭記事で「今の少年は、沈着に其身を持し、其務むべき所を務めて以て時機の来るを待つべし。紛々擾々新聞の号外に驚かされて、高言放論戦略を評し軍機を難じ、剣を撫し地図を睨み、身既に戦地に在るが如き心地して、我が課業を一擲顧みざるが如きは、国に益なくして身に害あり、慎まざるべからず。」と論じ、『日本之少年』同年九月一日号でも「今や日清兵を交へ国家正に多事なり、少年諸君も時に或は中夜起坐して雄剣を撫し、荒鶏の夜を徹して鳴くを聴くことあらん、苟くも敵愾愛国の精神あるものは誰れか這般の感慨なからん、されど諸君は少年なり、諸君は修学の時代に在り、諸君は其の従事に専心ならざるべからず、未だ筆を抛ちて戎軒に従はんなど勇み立つべからず」と、あくまで児童雑誌の持つ教育的側面が強調されており、直接的な戦記記事の掲載は避けられていたと考えられる。しかし、両誌のように戦争に対して一定の冷静さを示していた雑誌においても、否定的な中国関係記事は多分に見られるのである。

その一つが、敵愾心宣揚のために作られた軍歌の紹介記事である。例えば、陸軍参謀本部編輯官横井忠直が作った「討清軍歌」は、『少年園』『日本之少年』『小国民』に掲載され*59、その歌詞の中で清国は「傲慢無礼」「蒙昧頑固」と評されている。

また、雑録記事などにも、日清戦争に関連して清国に関する記事が掲載されるようになり、戦地でのこぼれ話や、清国の地理・環境・文化を紹介した記事などで、清国への否定的評価を見ることができる。例えば、『少年園』一八九四年一〇月一八日号「北京」や、同年一一月三日号「芝罘」などでは、その土地の環境や住民の一部が「不潔」であると紹介され*60、『日本之少年』一八九四年一一月一日号「支那風俗一班」では、支那人の刑罰が「残酷」であることなどが紹介されている*61。

日清戦争による否定観の対象は、実際に戦地で敵対している清国兵だけでなく、清国の地理・環境・文化・制度にまで及んでおり、清国に関するものは総じて否定的評価が与えられている。戦時において、敵国に対する敵愾心から否定観が見られるのは当然の現象であり、それによる清国への関心の劇的高まりが、各誌に共通した傾向としてうかがえる。また、日清戦争前の否定的記事と比べると、「不忠」「怯懦」などの新たな否定的評価が表れ*62、戦前から見られた「野蛮」「不潔」などの評価も戦地での事例が伴うことにより、具体的な評価として再確認されている。

また、児童雑誌において注目すべきは、娯楽的要素の強い小説やお伽噺などの読み物にも、日清戦争を当て込んだものが見られるようになる点である。

お伽噺というと、『少年世界』の主筆である巌谷小波が有名であるが、彼が『少年世界』に執筆した「日の丸」「鳶ほりよ、りよ」「駄法螺」「降参龍」「あやまり小法師」などのお伽噺は*63、登場人物が日本と清国のアレゴリーとして見えており、日本は「日の丸」「ラッパ」「武者のおきあがり小法師」、中国は「鳶〔＝豚尾〕」「駄法螺」「黄龍〔＝降龍〕」「豚のおきあがり小法師」などに隠喩され、これらの登場人物が、日本の強さ・優秀性を誉め称え、清国の弱さ・愚かさを非難する内容となっている。寓意は、「日本の強さと清国の弱さ」で一貫しており、清国・清国人について「豚尾漢」「チャン〳〵坊主」「頑固」「野蛮不潔」「遅鈍」「無精」などの否定的評価が与えられている。当時、『少年世界』の一読者であり、後に童話作家として活動した安倍季雄は、巌谷のお伽噺を回顧して「今でも猶ほ私の頭に残つて居る先生の作品は、「鳶ほりよりよ」である。日清戦争をあてこんで、豚尾捕虜々ときかせた先生の当意即妙なる命題と、平易軽妙なる筆致は、当時一小学生であつた私の敵愾心、愛国心をどれだけ強く煽つたか知れなかつた。*64」と述べており、読者の中国観への影響も大きかったと考えられる。

以上のような小説やお伽噺は、『幼年雑誌』や『小国民』にも存在し、右と同様に日清戦争が当て込まれ、否定的な中国描写も見られている*65。前述した戦記記事や風俗・文化の紹介記事などは、ある程度事実に即した一次的清国情報であったが、小説やお伽噺などの創作物は、日清戦争による否定的な清国評価を利用した二次的清国情報であったといえる。どの記事も否定的内容であったことに、日清戦争における否定的中国観の浸透ぶりが示されている。

この本文記事における否定観の浸透ぶりは、読者投稿文においても同様である。日清戦争開戦に触れられた投稿文（作文・詩歌）が激増し、清国・清兵に対する「怯懦」などの否定的評価や、「豚尾」「チャン〳〵」などの激しい蔑視表現も多く見られる*66。

特に注目すべきは、否定表現の定例句化である。全児童雑誌の日清戦争開戦に関する読者投稿文に共通していることであるが、例えば『少年世界』一八九五年一月一五日号、井上鑽荘「従軍者に与ふるの書」という読者投稿文の「彼の蠢爾たる頑清尊大自ら誇り敢て兇逆を恣にして東洋平和の〔欠字〕を破る我皇赫怒王師茲に西して其罪を問ふ威武〔欠字〕々満清を壓し連戦連勝一虎の千羊を駆るが如し」などのように、日清戦争の起源と日本軍の連戦連勝の様子が、清国への否定的評価を交えて決まり文句のように使用されている。その際、清国・清国兵を修飾する語として「驕慢無礼」「暴慢不遜」といった否定表現が付け足されていたり、「頑清」「暴清」などのように否定語が頭に付されていたり、清兵を「豚尾漢」「豚尾兵」「チャン〱坊」などといった蔑視表現に置き換えたものが多く見られる*67。

さらに、読者の否定観の浸透をよく示しているものが、清国・清国人を笑いの対象として扱っている投稿文の存在である。読者投稿欄には、作文欄とは別に笑い話を投稿する欄も設けられており、例えば、『小国民』には「笑林」、『少年世界』には「幼年笑話」などの記事欄がある。その一例をあげれば、『小国民』一八九五年四月一日号、上総・木原正作「開化」では「二人の小国民が、頻に日清戦争の話をして居る所へ、老婆側より声をかけ、お前達ハ大層トンビ〱といふが、一体何のことだい。小供対て、豚尾とは毛唐人のことです。老婆驚いて、開化すればするもんだ。毛唐人の畜生めが、鳥に成ツた。」というように、これまでに見てきた清国・清国人（兵）への否定的評価をもじった笑い話が、日清戦争中に散見するようになる*68。これは、否定的中国観が一般に浸透していたからこそ、笑い話として機能するのである。

以上、日清戦争中の同時代の中国、すなわち清国・清国人（兵）に関する記事を見てきた。否定的評価の見られる記事は、一七一【一〇九】件中一五六【一〇九】件であり、当該期における否定的傾向の強さが改めて確認できる。勿論、否定観のみが見られたわけではなく、清国提督である「丁汝昌」などには、「天晴の名将」「悼惜」に足る人物、というような肯定的評価が与えられているものも見られるが、その数は否定的なものに比べ、一五【〇】件と圧倒的に少ない*69。また、戦前と比べると、記事数の増加だけでなく、日清戦争を経験したことによる新たな否定的評価の表出や、清国・清国人が創作物の題材や笑いの対象となっていることなど、否定観の内実が大きく変化していることがわかる。

ここで注意すべきは、清国への否定観は、敵愾心の発露として一定の評価が与えられている点である。『小国民』一八九四年一二月一日号「清人の面目」では、日本の児童達が来日した捕虜清兵に対し「チャン〳〵坊」と巡査憲兵の制止もきかずに怒鳴っている様子を「カアイらしき敵愾心の発顕なり」と誉め、「本邦人ハ、大人となく小児となく、一般に愛国心の強きこと斯の如くなるに、翻ツて清国人を見る時は、実に笑止に堪へざる者あり」と述べている。「チャン〳〵坊」などの蔑視表現が敵愾心の発露であり、愛国心の強さの一端として好意的に評価されていることがわかる。読者投稿文でも同様に、『幼年雑誌』一八九四年一一月一日号、東京・井出連峰「喜ばしき事」では「あゝ敵愾の言、敵愾の語、我国至る所に称へらる、何等の吉祥ぞ、何等の好識ぞ」と、日本の到るところで敵愾の言葉が聞かれることを「喜ばしき事」と論じている。

つまり、日清戦争中において、清国への否定観は、敵愾心の発露であり、愛国心の強さの証明なのである。ここで想起されるのが、第一章の小学校教育で指摘した「敵愾心の発露＝愛国心の強さの証明」という建前である。愛国心の養成という建前があるからこそ、教育的要素を持つ児童雑誌の中国関係記事にも否定的評価が多く見られていたと考えられる。敵愾心の発露や尚武の気性などは、当時の日本において肯定的に評価されるものではあるが、それは敵国への蔑視感や軽蔑心などと紙一重なのである。

(二) 古典世界の中国に関する記事

一方で、古典世界の中国に関する記事であるが、右で見てきたように日清戦争に関する記事が誌面を埋め尽くしていたため、戦前に比べ記事数は激減している。しかし、記事数の減少は見られても、評価そのものに変化は見られず、「聖人」孔子の教育法を紹介している記事や、孔子や項羽、韓信などの中国偉人の例を引きながら文章の功績を論じた投稿文などが、計九【一一】件確認できる*70。少ない記事の中においても、古典世界の中国偉人が戦前と変わらず肯定的に扱われていることは注目すべき点である。

日清戦争による中国への否定観の浸透とは、同時代の中国、すなわち清国・清国人に対する否定観の浸透であり、戦前肯定的であった古典世界の中国偉人までもが否定的に扱われることはなかったのである。さらには、戦前から見られていた同時代と古典世界という中国観の枠組みそのものを変えるものでもなかった。例えば、『少年園』一八九四年一二月一八日号の読者投稿文、信濃・山口菊十郎「軍旗」で「世にも名高き清の国、昔は聖人賢哲の、教もあり し古国にて〔中略〕今早や言はん事もなし」と述べられているように、「昔は良かったが今は駄目」という二つの中国観の併存が戦前と同様にうかがえるのである*71。

また、それぞれの推移を見てみると、同時代の中国に関する否定的記事は激増し（一五六【一〇九】件）、古典世界の中国に関する肯定的記事は激減している（九【一一】件）。それぞれの記事数の大幅な変動からも、日清戦争の中国観の変化に関する影響力の大きさがわかる。

第六節　日清戦争後の児童雑誌に見られる中国関係記事

（一）同時代の中国に関する記事

一八九五年四月、講和条約が調印され、日清戦争は一応の終結を迎えた。日清戦争後は、時間の経過とともに戦争熱が冷め、過激な蔑視表現の見られた日清戦争関係記事も減少していく。しかし、記事数の減少は見えても、同時代の清国・清国人に対する否定的な評価は誌面に表れ続けており、日清戦争後の同時代の中国に関する記事の八一【一二九】件中、否定的評価の見られる記事は七三【一一七】件を占めている*72。日清戦争によって浸透した同時代の中国への否定観は、戦後において定着の傾向に向かうのである。

その一例として、日清戦争中に見られた清兵の「怯懦」「弱さ」などの否定的評価が、マイナス要素の象徴として小説やお伽噺に引用されている点があげられる。例えば、『少年世界』一八九六年二月一五日号、西井翠山「鼠の敵」という読み物では、鼠が逃げ惑う様を「チャン〳〵坊主のやうに人の知らぬ間にコソ〳〵と働き若し見つかったときは三十六計逃ぐるに如かずチウ〳〵と逸足いだして逃る」と、中国人を例に表現されている*73。これは、日清戦争中における清国兵の「遁走に巧*74」という否定的評価が、読者の共通認識となっていることが前提にあってはじめて成立する表現方法である。日清戦争前において、孔子などの中国偉人の格言の引用が文章表現を豊かにしていたように、日清戦争後においては、清国兵の否定的評価が、小説やお伽噺の滑稽さをより際立たせるものとして引用されるようになっている。日清戦争中の小説やお伽噺にも、否定的表現は見られていたが、それらは、戦争中の激しい敵愾心からくる直情的な否定的表現であったといえ、戦争熱も冷めてきた日清戦争後の否定的表現は、否定観の定着を表している。

さらに、日清戦争の体験談や回顧記事が、日清戦争から数年後に記事として掲載されていたことも、否定的中国観の定着に大きな影響を与えたと考えられる。『少国民』では中島竹窩、『少年世界』では尾上新兵衛という人物が、日清戦争での体験談をそれぞれの雑誌に発表している*75。日清戦争関係記事に多くの否定的評価が見られていたように、これらの体験談にも、清国人に対する「不潔」「無情」などの否定的評価や、「豚尾」「チャン」などの蔑視表現が見え、日清戦争中と同様の追体験が行われている*76。以上のように、日清戦争後も、日清戦争の影響を感じさせる中国関係記事が存在しており、否定観も誌面に見え続けていたのである。

同様に、読者投稿文においても同時代の清国・清国人への否定観は見え続けている。日清戦争中と同様に「彼蠢爾たる頑清尊大自ら誇り敢て兇逆を逞ふして東洋平和の誼を破る」、「遠征ノ百師速戦連勝遂ニ傲慢無礼ノ清国モ敵スル能ハス」など*77、否定的な語句が多く見られる。日清戦争後の時期にあっては、戦勝後の戒めを論じる際や、凱旋兵士や戦死者を称える際に、右のような日清戦争の起源と連戦連勝の様子が決まり文句のように述べられている*78。以上のような読者投稿文が見え続けていることからも、同時代の中国に対する否定観の定着がうかがえる。

日清戦争の影響力を考えた場合、実際に戦火を交えたという意味合いは大きく、例えば、清兵に国家観念がなくすぐ逃げる（「不忠」「怯懦」）といった評価は、戦前には見られなかった評価であり、実際に戦争を経験したことによって初めて誌面に表れた否定的評価であった。さらに、戦前から見られていた「不潔」「野蛮」などの評価も、戦地の中国環境や清兵の死傷者に対する行為などにより、具体的事例を伴った確かな事実として再確認されていた。日清戦争による中国体験は、メディアを介した間接的なものであっても身近な体験として強い印象を残したといえる。

その影響力は、戦争終結後も根強く残存することとなり、小説・お伽噺における否定的評価の引用や、日清戦争の体験談や回顧記事による追体験などから、否定観は最早当然の事柄として定着の傾向にあったことがうかがえる。

（二）古典世界の中国に関する記事

一方、古典世界の中国に関する記事であるが、日清戦争の影響から、大幅に数を減らしていた中国偉人の記事が、再び各誌面に散見されるようになる。その評価も、日清戦争による同時代の中国への否定観の浸透・定着の影響を受けることなく、孔子や孟子などの古典世界の中国偉人達に、戦前と同様の肯定的評価が与えられている*79。中国偉人に与えられていた教育的価値は、日清戦争を経ても損なわれることはなかったのである。

これは、読者投稿文も同様であり、日清戦争に関する投稿文に混ざって、忍耐の必要を説く際に韓信の逸話を紹介したものや、苦学立志を説く際に車胤・孫康の蛍雪の功の故事を引用したものなどが見られている*80。古典世界の中国に関する記事の四二【五五】件中、肯定的評価の見られる記事は四〇【五二】件であり、日清戦争後においても古典世界の中国は肯定的に扱われる傾向が強かったといえる。

以上、日清戦争前後期の時間的変化を追ってきたが、結果として同時代と古典世界という中国への異なる眼差しは明確に併存しており、「同時代の中国への否定観」と「古典世界の中国への肯定観」が戦前と同様に誌面から読み取れる。ただし、同時代の中国への評価の内実が日清戦争によって変化したことは留意すべきである。日清戦争はあくまで同時代の中国王朝である清国との戦争であったため、その直接的な影響は同時代の中国に対してのみ見られ、古典世界の中国偉人の肯定的評価・教育的価値は、日清戦争前後を通し変化が見られていない。

この古典世界の中国に関する記事が、一貫して肯定的に扱われる理由として、日中間の歴史的交流関係の深さも大きな要因として考えられる。例えば、江戸時代の日本偉人に関する記事を見てみると、貝原益軒は「経史百家の書を講究すること十余年に及びけれ」と紹介され、橋本左内も「十歳の頃に至りては、能く三国志を通読且つ理解して誤まらず〔中略〕十二三歳にして藩儒吉田東篁の門に入り、専念経史を講習し」と紹介されているように、日本偉人達の儒教や漢籍への造詣の深さが必ずといってよい程触れられている*81。

歴史上の日本偉人を肯定的に評価することは、愛国心の養成という当時の歴史科が持つ教育目的上からも必要不可欠であるが、その際、古くから日本と密接な関係にある古典世界の中国についても一定の肯定的評価を与えざるをえない。ここで重要となるのが、「同時代の中国への否定観」と「古典世界の中国への肯定観」という中国観の異なる枠組みの存在である。同時代と古典世界の差異化が図られているからこそ、矛盾を起こさずに古典世界の中国へ一定の評価を保つことができ、古典世界への造詣が深い日本偉人への評価を高める一助ともなっている*82。

第七節　「元寇・朝鮮出兵」に関する記事

最後に「元寇・朝鮮出兵」記事についてふれたい。「元寇・朝鮮出兵」は愛国心の養成や国威の海外発揚を目的として、明治期の小学校用教科書にも必ず取り上げられる歴史的事件である*83。教育的要素を含む児童雑誌においては、歴史教材記事として扱われている。注目すべきは、事件の中心人物となる北条時宗や豊臣秀吉といった当時の日本偉人の優秀性を強調するために、中国（元・明）が比較対象として否定的に扱われている点である。

日清戦争前の児童雑誌において具体的記述を見てみると、元寇の場合は、日本に服属を求めた元の書状が「無礼」「不遜」であることや、元兵の「残暴」な行為に否定的評価が見られ*84、朝鮮出兵の場合は、慶長の役の原因となる「爾を封じて日本国王となす」という明の書状が「無礼」であり、そのような書状を寄こした明を「傲慢不遜」と評価している*85。これらの「元寇・朝鮮出兵」記事は、日本の愛国心や尚武の気性を強調する歴史教材であって、中国（元・明）を否定することに重きが置かれているわけではないが、具体的な否定表現が見られることは注目に値する。

日清戦争が勃発すると、この「元寇・朝鮮出兵」は、「日本対中国」という敵対構図の類似から、その過去の出来事が日清戦争という同時代の情勢に結びつけられて語られるようになる。日清戦争中の教育現場でも同様の現象が見られていたが（第一章）、これは「元寇・朝鮮出兵」が、日本の優秀性の強調に適した歴史的事件であり、中国への否定的評価が元来含まれていたことも無視できない要因である。

日清戦争中の『日本之少年』一八九四年一〇月一五日号、松井広吉「豊公の外征を論ず」では、朝鮮出兵時に敵対した明兵への否定観も見られるが、この明兵と清兵を比べ「清国兵の尫弱にして節制なき、彼の明兵に於るや天淵の如し、〔日清戦争の〕勝敗の決豈多言を待んや」と、否定的評価が重ねられている*86。読者投稿文においても、『幼年雑誌』一八九四年一二月一日号、北総・小川惣三郎「撃剣会を見るの記」では「往昔忽必烈十余万の精兵を遣はし我が国を併呑せんとす時宗あり之を西陲に鏖殺す今又豚尾奴国大に衆多きを恃負して我神州の小なるを軽侮し敢て兵を構ふ我之を陸に海に撃退沈没せしめ彼をして魂悸胆寒ならしむ」と、日清戦争と元寇が同列に語られている*87。ここでは、漢民族王朝（明）と征服王朝（元・清）に評価の優劣はなく、日清戦争の勃発にあたり、あくまで日本と敵対関係にあったか否かが問われている。

そして日清戦争後も、「弱い」「傲慢」などの否定的評価を含む「元寇・朝鮮出兵」記事は紙面に表れ続けている*88。

ここで重要なのは、「元寇・朝鮮出兵」記事に否定的な中国評価が存在し、同時代に勃発した日清戦争に結びつけられていたことである。この点から、「元寇・朝鮮出兵」記事を同時代の中国の枠組み（中国観の否定的側面）に近いものとして位置づけることができる。また、時代が進むにつれ、「日清戦争」が「元寇・朝鮮出兵」と同様に歴史教材の一つとして扱われるようになることも、その類似的傾向を示している*89。

おわりに

本章では、一般民衆層の中国観、すなわち、当時の日本社会一般で漠然と共有されていた中国への評価を実証的に検討するにあたり、児童雑誌というメディアに注目し、その誌面の中国関係記事から当時の中国評価を明らかにした。

中国関係記事は、同時代の中国を対象として書かれたものと、古典世界の中国を対象として書かれたものとに大別することができ、同時代の中国に関しては、主に同時代の清国・清国人（兵）への否定的評価が、古典世界の中国に関しては、主に古典世界の中国偉人への肯定的評価が、各誌に共通した傾向として見られていた。「元寇・朝鮮出兵」記事は、否定的評価を含み、日清戦争に結びつけられていたことから、同時代の中国の枠組みに近いものとして位置づけることが可能であった。当然ながら、当該期の中国観は否定的あるいは肯定的一辺倒という単純なものではなく、同時代と古典世界の中国それぞれについて、否定的な評価もあれば肯定的な評価も見られていた。しかし、数種類の児童雑誌を分析することによって、各誌で共通した総体的評価を浮き彫りにすることができ、「同時代の中国への否定観」「古典世界の中国への肯定観」という二つの中国観の併存が読み取れた。つまり、第一章で提示した中国観の二面性というものが、児童雑誌からも確認することができたといえる。

古典世界の中国偉人に対する肯定的評価の内実は、教育的価値にあり、児童を教育するという雑誌の目的に合致していたため誌面に多くの記事が見られ、「忍耐」「立志」「忠臣」などの肯定的評価が与えられていた。日清戦争はあくまで同時代の中国王朝である清国との戦争であったため、古典世界の中国に対する評価にまで影響を及ぼすことはなく、中国偉人への肯定的評価・教育的価値は日清戦争前後を通し変化は見られなかった。この一貫した肯定的評価は、歴史的事実として古典世界の中国が、古くから日本と密接な関係にあり、大きな影響力を有していたこと、その影響力が明治期においても強く残存していたことなどが要因として考えられる＊90。前掲泉論文でも、日清戦争前後を通じ中国偉人像が「もっぱら肯定的に語られている」ことを指摘しているが、同時に「〝中国は文明化・近代化が遅れている〟といった認識を基軸とした否定的な〈中国偉人〉像が構築されていた」ことも指摘している＊91。これは、検討の対象を中国偉人に限定したことによる誤謬であり、同時代の中国という視点がないため、同時代の清国への否定観と古典世界の中国偉人への肯定観を分けて認識できていないのである。

同時代の清国・清国人（兵）への否定的評価については、日清戦争を契機として、その内実に大きな変化が見られている。「頑固」「不潔」「野蛮」「豚尾」などの否定的評価は日清戦争前から見られていたが、日清戦争が勃発すると、戦前には見られなかった「不忠」「怯懦」などの評価が誌面に初めて表れ、戦前から見られていた「不潔」「野蛮」などの評価も戦地での具体的事例を伴い再確認されていた。読者投稿文における否定表現の定例句化や、否定的評価をもじった笑い話などから、否定観の浸透ぶりがうかがえ、日清戦争後の小説・お伽噺における否定的評価の引用や、日清戦争の体験談・回顧記事による戦争の追体験などから、否定観の定着傾向が読み取れる。この否定観の内実の変化だけでなく、同時代の中国に関する否定的な記事数の増加も、日清戦争が同時代の中国への否定観に与えた影響力を示す証左となる。日清戦争前の清仏戦争や壬午軍乱・甲申事変なども日本の否定的中国観に影響を与えた事件といえるが、実際に清国と戦闘行為を交え、激しい敵愾心の高揚が見られた日清戦争とは比較にならず、明治以降の各種メディアの発達とともに、敵国として清国が身近な存在となったことの意味は大きかったと考えられる。

以上の「同時代の中国への否定観」「古典世界の中国への肯定観」という中国観の二面性については、次章以降も各種メディアから実証的把握を試みる。本章では、日清戦争前後の時間的変化にも注目し、同時代と古典世界それぞれの評価の内実と、その変化にまで検討を深めることができた。日清戦争による否定的側面ばかりが、当時の中国観の実態ではないのである。

また、特定の個人・知識人層に焦点が当てられた従来の先行研究では、同時代と古典世界という視点から中国観を扱ったものは見られない。そのため、一般民衆層と知識人層の乖離ないしは共通点を考える際には、特定の個人・知識人層の中国観についても双方の視点から捉え直す必要がある*92。この点については、実際に本書の第八章で検討を行う。

日本の中国観を考える場合、日本と歴史的交流関係の深い中国がその眼差しの対象となっているため、同時代と古典世界という双方の視点から検討を行う必要がある。すなわち、日清戦争などの同時代の時局による影響だけでなく、古典世界の中国文化が教育や娯楽などに与えていた影響も考えなければならない。この点は、第五章・第六章で講談・演劇などの娯楽メディアに注目した本書の問題意識に繋がる。

註

1 その他、成田龍一「『少年世界』と読書する少年たち―一九〇〇年前後、都市空間のなかの読者共同体―」(同著『近代都市空間の文化経験』岩波書店、二〇〇三年)でも、日清戦争中の『少年世界』における清国・清国兵への否定的描写がふれられているが、中国観を主眼に置いた研究ではない。続橋達雄『児童文学の誕生―明治の幼少年雑誌を中心に―』(桜楓社、一九七二年)も同様で、日清戦争中の否定的中国描写にふれられている箇所があるが、限られた時期の部分的紹介に留まっている。

2 『少年園』一八九一年三月三日号、田中芳男「少年教育上注意すべき事」。

3 伊藤彌彦「日本近代中等前期教育の形成と展開」(望月幸男編『国際比較・近代中等教育の構造と機能』名古屋大学出版会、一九九〇年)三一一〜一二頁。日清戦争前後期の就学率は、『文部省年報』によると約七〇%であったが、その中で中等教育機関への進学率は五%程度。中途退学者や不就学者の存在などから、『文部省年報』の数字が必ずしも正確ではなく、当該期における初等教育がいまだ普及の段階にあったことは注意が必要である(大門正克『民衆の教育経験』青木書店、二〇〇〇年)。

4 児童雑誌の購読者は、経済力・向学心を持った中流家庭の者が多かったが、雑誌のまわし読みなどの例もあり、実際の読者は幅広い児童層に存在していた(菅忠道『日本の児童文学』大月書店、一九六六年、四四頁。回し読みの例は、大杉栄『自叙伝・日本脱出記』岩波書店、一九七一年、五六頁、木村毅『私の文学回顧録』青蛙房、一九七九年、一四頁)。

5 前掲『児童文学の誕生』二三一頁。木村小舟『明治少年文学史』(復刻版第三巻、大空社、一九九五年、原典は『少年文学史』

明治篇、童話春秋社、一九四二年～四三年）でも、当時を回顧し「当時の少年雑誌の編輯方針は、専ら教育の補助機関を以て任じ（五七頁）」と述べている。同時代の史料からも、例えば『小国民』一八九二年一月三日号、研堂「筆始め」という記事でも「第二の学校を以て自ら任じ」とある。

6　『幼年雑誌』一八九二年二月一日号「幼年諸君を誡む」では、「小学校令の大趣旨」に基づいて児童を「忠良の民たらしめんを主とする」ことが述べられ、『少年園』一八八八年一一月三日号「発刊の主旨を述べ先づ少年の師父に告ぐ」では、児童雑誌の教育的機能の重要性を主張している（その他、『少年世界』一八九五年一月一日号「発行の主旨」など）。

7　『太陽』は博文館が一八九五年に創刊した総合雑誌。先行研究に、銭鴎「日清戦争直後における対中国観及び日本人のセルフイメージ―『太陽』第一巻を通して」（鈴木貞実『雑誌『太陽』と国民文化の形成』思文閣出版、二〇〇一年）があるが、日清戦争による否定的側面に焦点が当てられ、検討時期も一八九五年度のみに限られている。『太陽』については、第八章で改めて検討する。

8　檜山幸夫「日清戦争と日本」（前掲『近代日本の形成と日清戦争―戦争の社会史―』所収）、有山輝雄『近代日本のメディアと地域社会』（吉川弘文館、二〇〇九年）、山本武利『近代日本の新聞読者層』（法政大学出版局、一九八一年）なども参照。

9　以上、各誌については、『「少年園」解説・総目次・索引』（不二出版、一九八八年）、『「小国民」解説・解題・総目次・索引』（不二出版、一九九九年）、杉本邦子『明治の文芸雑誌―その軌跡を辿る―』（明治書院、一九九九年）、前掲『明治少年文学史』、前掲『児童文学の誕生』を参照。少年の概念については、田嶋一「「少年」の概念の成立と少年期の出現」（『國學院雑誌』九五巻七号、一九九四年七月）参照。

10　日清戦争後については、第三章参照。

11　北村三子「『少年世界』の創刊と子どものゆくえ」（『名著サプリメント』四巻三号、一九九一年四月）参照。少女雑誌については次章で詳述する。

12　前掲『明治少年文学史』五四頁。

13　E．H．キンモンス、広田照幸ほか訳『立身出世の社会史―サムライからサラリーマンへ』（玉川大学出版部、一九九五年）では、立身出世の一手段として当時の児童雑誌が熱狂的に受け入れられていたことを指摘している。また、当時を生きた人々の回想録や伝記においても『少年世界』などの誌名が度々見られている（生方敏郎『明治大正見聞史』中央公論社、一九七八年、四二頁、谷崎潤一郎『幼少時代』岩波書店、一九九八年、一五四頁、杉原四郎・一海知義『河上肇自叙伝（一）』岩波書店、一九九六年、七〇頁、恒藤恭著・山崎時彦編『若き日の恒藤恭』世界思想社、一九七二年、一九九頁など）。

14　『明治前期警視庁・大阪府・京都府　警察統計［第二期］Ⅰ』（柏書房、一九八六年）。その他の児童雑誌の発行部数は不明。

15 児童雑誌の巻頭などに見られる写真や挿絵からの検討は、文字情報ではなく視覚情報を扱うため研究手法が本書とは大きく異なる。視覚情報からの中国観形成も重要な視点であるため、別稿で改めて検討したい。絵画や錦絵については、JohnClark「日本絵画にみられる中国像—明治後期から敗戦まで」(『日本研究』一五号、一九九六年一二月)や姜徳相編著『カラー版錦絵の中の朝鮮と中国—幕末・明治の日本人のまなざし』(岩波書店、二〇〇七年)などの先行研究が参考となる。

16 否定・肯定の評価の判断が、語句・文章から明確に読み取れないものはここでは取り上げない。例えば、『小国民』一八九三年一月一日号「支那暦」「支那人名刺」は、中国の暦と名刺の紹介に留まっていると判断できるため、否定的評価・肯定的評価を含んだ中国関係記事として採用しない。

17 『少年世界』一八九五年二月一五日号「名誉賞牌贈与規則」。『小国民』は「年齢満十五歳以下」(『小国民』一八八九年七月一〇日号目次)、『幼年雑誌』は「懸賞文は小学生徒に限ると雖も其他の雑文は何人にても投書することを得」(『幼年雑誌』一八九三年三月一五日号「投書の心得」)と見える。田嶋一「『少年世界』と明治中期の少年たち(3)」(『名著サプリメント』三巻五号、一九九〇年四月)なども参照。読者投稿欄は、文・詩・歌の懸賞課題を中核とし、あわせて自由な意見を述べた投稿が掲載された。当時の児童達は投書に熱中しており、他雑誌からの剽窃が指摘され度々問題になっているなど、やらせではなかったことは明らかである。

18 岩田一正「明治後期における少年の書字文化の展開—『少年世界』の投稿文を中心に—」(『教育学研究』第六四巻第四号、一九九七年一二月)一頁。一八九五年二月一日号で七七〇件、同年三月一五日号で一三九九件の投稿があった。

19 例えば、『日本之少年』一八九一年九月一日号(読者投稿)、広島県・若月是一郎「欲?何?」では「此雑誌〔日本之少年〕には種々な欄が設けてあります、が私が第一番に注目致します所は、群芳集欄〔読者投稿欄〕です」と述べられている。

20 村山吉廣『漢学者はいかに生きたか』(大修館書店、一九九九年)、渡辺和靖『増補版 明治思想史—儒教的伝統と近代認識論』(ぺりかん社、一九八五年)など参照。

21 詳しくは第五章・第六章を参照のこと。例えば演劇に関しては、『近代歌舞伎年表』(国立劇場近代歌舞伎年表編纂室、一九八六年〜)などの上演年表で、一八八六年五月一三日・東京新富座「水滸伝のだんまり」、一八九〇年七月三一日・大阪新町座「三国誌」などの演目を確認できる。

22 新聞に見られる中国関係記事は同時代の清国に関するものが大半であるため、新聞を扱った以下の先行研究などには古典世界の中国という視点がない。『対外観』日本近代思想大系一二(岩波書店、一九八八年)、古屋哲夫編『近代日本のアジア認識』(京都大学人文科学研究所、一九九四年)所収の各種論文や、小松裕「近代日本のレイシズム—民衆の中国(人)観を中心に—」(『文学部論叢』七八、二〇〇三年)など。

23 森秀夫『日本教育制度史』（学芸図書、一九八四年）五一〜五三頁。
24 前掲『「少年園」解説・総目次・索引』一八、二二頁。
25『少年園』一八八九年一一月三日号「少年園の第二年」では「支那」を「因循」と評し、『日本之少年』同年五月三日号「独逸の妖怪」では、不潔の代名詞として「支那人」が文章中に見える。

26『幼年雑誌』一八九三年一〇月一五日号「支那国」、前掲『日本之少年』「独逸の妖怪」など。

27『小国民』一八九三年一月一日号「教育幻燈会」、『幼年雑誌』一八九二年九月一五日号「万国百図絵」など。

28『幼年雑誌』一八九二年一〇月一五日号「支那の小供」、『日本之少年』同年四月一日号（読者投稿）、麻布・山根良吉「頑固者ヲ戒ム」、『少年園』同年七月一八日号「支那風俗一班」など。

29『小国民』一八九一年二月三日号（読者投稿）、富山県・室谷鉄次郎「交易」、『日本之少年』一八九三年五月一日号「支那の電信」、同誌一八九〇年八月一日号（読者投稿）、小貫一郎「金力派論者」、『幼年雑誌』一八九三年一月一五日号「支那奇談」、前掲同誌「支那の小供」など。

30『小国民』一八九三年六月三日号「熱爐及第」、『日本之少年』一八九〇年九月一日号、高槻純之助「智識より貴きはなし」、同誌一八九二年五月一日号（読者投稿）、伊勢鈴鹿・中西長嘯子「自負心」、『少年園』一八九四年七月一八日号（読者投稿）、羽場愿一「いぶかし」など。

31『小国民』一八九四年七月一五日号「馬乗ごッこ」、『日本之少年』一八九二年一一月一五日号、文廼家主人「畫とき諺草」など。
32 小島晋治『近代日中関係史断章』（岩波書店、二〇〇八年）一三七〜三八頁、芝原拓自「解説　対外観とナショナリズム」（前掲『対外観』所収）五二六頁（『対外観』「Ⅲ新聞論調（二）―中国をめぐって」の新聞記事から具体的評価も確認できる）。その他、清仏戦争による帰趨も清国への否定観に影響を与えていた。
33 伊藤之雄「日清戦前の中国・朝鮮認識の形成と外交論」（前掲『近代日本のアジア認識』所収）参照。
34 その他、『日本之少年』一八九〇年五月一五日号、紫山浪人北村三郎「海陸連合大演習記事」で「清国」が「英国」と同列に「権略に長たる」と評価されている記事や、『少年園』一八九四年七月一八日号「李鴻章」、同誌一八八九年九月一八日号（読者投稿）、京都府高等小学校生徒・金谷亮太郎「李鴻章ノ伝」で李鴻章が「東洋の豪傑」「世界三大英雄ノ一人」と肯定的評価が与えられているものなど。
35 当時においては「論語ノ書タル、教訓ノ書トシテハ、世界無双ナリ」と指摘する学者もいた（『教育時論』一八九〇年一二月一五日号、西村茂樹「修身教科書ノ説」）。
36『少年園』一八八九年一一月三日号、饗庭篁村「少年の才智」、『日本之少年』一八九二年一月一日号「大聖孔夫子之伝」や、日本と中国の偉人を交互に紹介した『小国民』一八九三年六月一八日号～一八九四年七月一日号、太華「和漢忠烈伝」、『幼年雑誌』一八九三年一月一五日号「和漢美談幼年立志編（後、東西幼年立志談）」など。

37 『小国民』一八九二年九月一八日号「孔子の廟」、『少年園』同年一月三日号、宮崎八百吉「大英雄出でよ世界の恩人出でよ」、前掲『幼年雑誌』「支那の小供」、『日本之少年』一八九二年七月一日号、幸福散史訳補「万国百偉人」など計四七【二七】件。

38 『日本之少年』一八九一年一〇月一五日号・一一月一日号、法科大学学生・織翠学人「孔子の二欠点」、同誌同年一月一五日号（読者投稿）、野州・亀山清吉「孔孟ノ修身学ハ今日ノ倫理学トナスベカラズ」、同誌一八九二年一二月一五日号、農学士宮崎太郎「専門」など計三【一】件。

39 『少年園』一八九二年一月一八日号、宮崎八百吉「責任」の「孔子曰く、堯の服を衣堯の言を言ひ堯の行を行ふものは皆堯なりと」や、『幼年雑誌』同年四月一日号（読者投稿）、佐賀県尋常小学校生徒・梶原留三「父母ノ温」の「孔子曰ク五刑ノ属三千罪不孝ヨリ大ナルハナシト」、『日本之少年』一八九〇年二月一日号（読者投稿）、岩手県・大森繁「紀藤房諌龍馬事」の「孔子曰ク志士仁人ハ生ヲ求メテ仁ヲ害スコトナシ身ヲ殺シテ以テ仁ヲナスコトアル」など枚挙に遑がない。

40 『小国民』一八九〇年八月一八日号「少年三誦文」、『少年園』一八九二年四月三日号、君山居士「上杉鷹山公の遺文」、『幼年雑誌』同年五月一五日号（読者投稿）、茨城県・吉田一「孟軻ノ説」、『日本之少年』一八八九年三月二三日号「断機教子」など計二四【二〇】件。

41 『小国民』一八九三年五月一八日号、石井研堂「家に入る心得」、『日本之少年』一八九一年九月一日号、帝国大学々生石川武之「人類の三大教育者」、『少年園』一八九三年一月一八日号、中村惕斎「鄒孟母（古錦繍）」、『幼年雑誌』一八九二年四月一日号（読者投稿）、静岡県・尋常小学校寺田惇作「孟母断機ノ図ニ題ス」など計四【一〇】件。

42 司馬光は、幼少時の賢さが有名な人物として、車胤・孫康は「蛍雪の功」の故事に代表される苦学立志の象徴例として取り上げられている。

43 司馬光は、『小国民』一八九〇年九月一八日号（読者投稿）、府下日本橋・秋山鏵治「警枕」、前掲『少年園』「少年の才智」、『幼年雑誌』一八九一年五月一七日号、漣山人「手枕草紙」、『日本之少年』一八八九年六月三日号「瓶命孰貴」など計八【五】件。車胤・孫康は、『幼年雑誌』一八九二年九月一五日号「古人の苦学」、同誌一八九一年一〇月二日号（読者投稿）、徳島県尋常小学校四年生三木彌一「車胤」、『日本之少年』一八九〇年五月一日号（読者投稿）、伊勢国・林栄蔵「反響ニ就テ少年諸子ニ望ム」など計二【九】件。

44 『幼年雑誌』一八九三年三月一五日号（読者投稿）、肥前・森龍太郎「一の字に就て感あり」、『日本之少年』一八九一年四月一五日号、涌井武次郎「利用」、『少年園』一八九〇年二月三日号「勇気」など計五【九】件。項羽に関しては、最後は劉邦に負けている「敗将」であるので、否定的評価も見られる（『日本之少年』一八九一年二月一日号（読者投稿）、備後・速記狂郎苅屋亀「姑ラク狂郎ガ言ヲ容レヨ」、同誌一八九〇年一月一五日号（読者投稿）、越後・神戸泉「才徳何レカ先ス可キノ説」）。しかし、敗者の教訓を学び今に活かすという点で、教訓的価値も高い。

45『幼年雑誌』一八九三年三月一日号、坪谷水哉「鴻門の会」、『日本之少年』一八九一年一〇月一日号（読者投稿）、石川県・岡谷庸吉「天ハ人ノ上ニ人ヲ造ラズ」、『少年園』一八九〇年三月三日号「学問乎将人物乎」など計六【六】件。

46韓信は、『小国民』一八九一年五月一八日号（読者投稿）、府下日本橋区・梶川大一郎「題韓信出胯下図」、前掲『少年園』「勇気」、『幼年雑誌』一八九一年九月一七日号、坪谷善四郎「堪忍」、『日本之少年』一八九〇年四月一日号、少年子「木村長洲之逸事」など計一〇【一二】件。張良は、『小国民』一八九三年四月一日号（読者投稿）、愛知県・種田保彦「卒業後ノ心得ヲ記ス」、『幼年雑誌』一八九四年四月一日号・一五日号、太華「張良」、『日本之少年』一八九三年一二月一五日号、橡樟舎主人「憤るべきによく憤れ而してよく志を確立せよ」など計九【八】件。

47前掲『立身出世の社会史』参照。実際に、『少国民』一八九七年一一月一五日号、芋仙（石井研堂）「投書棚」でも、明治期の児童雑誌の投稿文には「立志の説に忍耐の説の無い時は無い」と述べられている。

48前掲註以外にも、『幼年雑誌』一八九二年四月一五日号（読者投稿）、福井県・岡村鐵太郎「韓信伝」、『日本之少年』一八九一年二月一日号（読者投稿）、信州・關宇一郎「忍耐」など。

49諸葛亮は、『小国民』一八九三年一一月三日号、太華「和漢忠烈伝」、『幼年雑誌』同年一月一五日号、坪谷水哉「諸葛亮孔明」、『少年園』一八九二年二月三日号、中村正直「少年ノ誡」など計一一【九】件。関羽は、『小国民』一八九三年九月三日号、太華「和漢忠烈伝」、『幼年雑誌』同年一一月一五日号、愛柳生「虎威将軍」、『日本之少年』一八九〇年一一月一五日号、菜花園主人撰「立志小談」など計五【五】件。

50『小国民』一八九四年五月三日号、露伴「史記の作者」では、司馬遷とともに『史記』が肯定的に評価され、『幼年雑誌』一八九二年一〇月一日号「幼年群書一覧」では、四書五経が幼年の読書力養成によいとされ、『少年園』一八九四年六月一八日号「読書」では、四書が「修身の管鍵」と評価、『日本之少年』一八九三年二月一五日号～五月一五日号、不涅廬主人「水滸伝略評」では、水滸伝がその登場人物とともに肯定的評価を与えられている。

51『少年園』一八九一年一二月三日号（読者投稿）、美濃・樋口竹三郎「闘牛戯ノ画ヲ見テ感アリ」、『幼年雑誌』一八九三年五月一日号（読者投稿）、東京・井出哲「漢の高祖丁公を斬る論」など。

52その他、『日本之少年』一八九三年二月一日号（読者投稿）、如松生「支那之学説及文字ニ就テ」でも「今日ニ至リ豚尾奴輩ト嘲セラレ亦大人寝ルガ如シト弄セラル、ナリ然リト雖モ往古隆盛ヲ極メシ国ナレバ」と同様の中国観が読み取れる。

53『幼年雑誌』一八九四年一一月三〇日号「鴨緑江と第一軍」など。
54 前掲『小国民』「豊島沖海戦」、同誌一八九四年一二月一日号「大連湾の占領」、『幼年雑誌』同年一二月一五日号「九連鳳凰二城の陥落」など。
55『小国民』一八九四年一二月一五日号「旅順口占領」、『幼年雑誌』同年一〇月二五日号、江見水蔭「平壌の残月」、『少年世界』一八九五年一月一五日号「征清画談」など。

56『幼年雑誌』一八九四年一一月三〇日号「日本魂」、『少年世界』一八九五年三月一五日号「征清画談」など。

57『小国民』一八九五年四月一五日号「牛荘の市街戦」、『幼年雑誌』一八九四年一一月三〇日号「広島に於ける大本営」「支那玉」など。

58『小国民』一八九五年二月一日号「戦地雑聞」、『幼年雑誌』一八九四年一一月三〇日号「花園河口と第二軍」、『少年世界』一八九五年四月一日号「征清画談」など。

59『少年園』一八九四年九月一八日号、『日本之少年』同年一〇月一日号、『小国民』同年九月一五日号。『幼年雑誌』においても、「討清軍歌」ではないが、前掲臨時増刊号の「戦争文学」という記事で、否定的描写の見られる詩歌が多数掲載されている。

60『小国民』一八九五年三月一五日号「清国探検」でも、清国の人家について「穢き」「悪臭」などの否定的評価が見られる。

61『幼年雑誌』一八九四年一〇月一五日号「支那の警察」では、中国の警吏について「野蛮」「残酷」といった評価が見られる。
62 前掲の戦記記事に限らず、「不忠」に関する評価は、『小国民』一八九四年一二月一日号「教育幻燈会」「清人の面目」、『幼年雑誌』同年一一月一五日号「清兵の無規律」、『少年世界』一八九五年三月一五日号「日本人と清人」など、「怯懦」については『小国民』一八九五年三月一五日号、霞翁「大きくなれよ」、『幼年雑誌』一八九四年一一月一日号「清兵逃走の醜状（征清余談）」などにも見える。
63『少年世界』一八九五年一月一日号～四月一五日号。
64 木村小舟編『小波先生：還暦記念』（出版者木村定次郎、一九三〇年）一五四頁。
65『幼年雑誌』では同じく巌谷のお伽噺である、一八九四年一一月一五日号、漣山人「日清戦争地獄聞書」に「卑怯極むる支那亡者奴」などの否定描写が見え、『小国民』同年一〇月一日号、鹵男「地獄の沙汰」では登場人物の台詞に「葱くさきチャン〱共」などと激しい否定的描写が見られる。

66『幼年雑誌』一八九四年一一月一日号、千葉県・岩村成中「題日清海戦図」の「彼清人の怯懦にして狡猾なる、今更怪むに足らず」など。

67『少年園』一八九四年一二月三日号、備中・鈴江勇三郎「垂死の喇叭卒」、『幼年雑誌』同年一二月一日号、常陸・東海漁夫「天長節之祝詞」、『日本之少年』同年一二月一五日号、長崎・小芙蓉軒「続庚哉漫語」、『小国民』同年一〇月一五日号、熊本県・本田孫太郎「日清韓交渉事件ヲ聞テ感アリ」など。

68 その他、『小国民』一八九四年一一月一五日号、根岸・加藤清「独語」、『幼年雑誌』同年九月一日号、後志・凸のや凹「田舎の人と豚尾」など。

69 清兵や清国提督に肯定的評価が与えられているものとしては、『小国民』一八九五年二月一日号「義烈の清兵」「鳳凰城の逆襲」、同誌同年三月一日号「敵艦降伏始末」「丁汝昌」、『少年園』同年三月三日号「丁汝昌の末路」、『幼年雑誌』一八九四年一二月一日号「裸体槍を揮つて突貫し来る」など。

70 『少年園』一八九四年一〇月三日号、稲垣満次郎演説「教育談」、『幼年雑誌』同年九月一日号（読者投稿）、宮城県・松岡新造、愛知県・高等小学校石井信吉「文章論」など。

71 その他、『幼年雑誌』一八九四年八月一日号の読者投稿文、下総・荒川雄四郎「華僊先生筆趙雲之図を見て感あり」では、『三国志』で有名な趙雲の勇猛ぶりを肯定的に紹介すると同時に、日清戦争中にあたり清国に趙雲のような人物はどこにいるのか、という疑問で文章を締めくくっている。

72 一方、丁汝昌や李鴻章などに対し「英雄」「壮なり」などの肯定的評価が見られる記事は八【一二】件ある（『少国民』一八九六年五月一八日号（読者投稿）、京都府・大槻安藏「丁汝昌は英雄なるやの説を読で」、『少年世界』一八九七年八月一〇日号「東西の両傑」など）。

73 その他、『小国民』一八九五年五月一日号、西翁「猿蟹合戦新話」、『少年世界』一八九七年三月一日号、森愛軒「ボーイ辰吉」、同誌同年九月一日号、森本石童「奉公」などでも、中国人が負の象徴として登場。

74 『幼年雑誌』一八九四年一一月一五日号「清国応募兵の試験法」。

75 中島竹窩は中央新聞社から派遣されて従軍、尾上新兵衛（久留島武彦）は関西学院卒業後、軍隊へ入隊し、日清戦争へ従軍した。

76 『少国民』一八九八年一月一日号、中島竹窩「負剣笑話」、同誌同年八月一日号・一五日号、中島竹窩「征衣余塵」、『少年世界』一八九七年一月一日号、尾上新兵衛「屯営の元旦」など。

77 『少国民』一八九七年四月一日号、陸奥国・古川勝雄「征清従軍兵士を慰問する文」、同誌同年二月一五日号、茨城県・柴沼貞治郎「元旦ノ記」。

78 『少年世界』一八九五年九月一日号（読者投稿）、南濃・能戸学秀「凱旋兵士に謝す」、千葉県・元吉亮「凱旋兵士歓迎の文」、『少国民』一八九八年六月一日号、広島・伊藤栄太郎「軍人諸士に希望す」など。

79 『少国民』一八九八年三月一五日号「孔子（「英傑」）」、同誌同年一月一日号「孫康の雪燈（「忍耐」）」、『少年世界』一八九六年七

月一日号、京の藁兵衛「川柳点稚講釈〔孟子・孟母「三才の童子も知らぬものもない儒者の「長」」「健気」〕」、同誌一八九七年八月一日号、闕梅痴「寝てからの課業〔司馬公「大賢君子」〕」など。

80 『少国民』一八九五年一二月一五日号、泉州堺市・上林愛松子「韓信跨下を出るの図に題す」、同誌一八九八年八月一日号、山口県・中田佐七「忍耐」、『少年世界』一八九五年九月一五日号、大阪府・木下薫「韓信の図に題す」、同誌一八九六年八月一日号、東京・秋庭勇「奮起せよ貧困の少年」など。

81 『少国民』一八九八年五月一五日号、浅田梨園「景岳先生の性行」、同誌一八九六年三月二〇日号、岳仙「貝原益軒」など。その他の児童雑誌でも同様。

82 日本偉人の評価を高めている例として、『日本之少年』一八八九年一二月一五日号（読者投稿）、栃木県・和知金太郎「羽柴秀吉鞋ヲ挈ノ図ニ題ス」では、「呂望」や「韓信」に「其績偉ナリ」「其功大ナリ」と肯定的評価を与えた後に「遠ク呂望韓信ノ上ニ超出スル」と秀吉を位置づけ、その優秀性を強調している。

83 第一章参照。『日本畧史』（文部省、一八七五年）から『尋常小学日本歴史』（文部省、一九〇九年）まで一貫して見えている（海後宗臣編『日本教科書大系近代編』講談社、一九六二～六五年所収）。

84 『日本之少年』一八九〇年四月一日号、紫山居士「震天動地護国美談」、『幼年雑誌』一八九四年二月一五日号（読者投稿）、埼玉高等小学校第三学年生・早船大亮「北条時宗元寇を殲す事を記す」など計二【一一】件。

85 『幼年雑誌』一八九三年三月一日号「外国征伐」、『日本之少年』一八九〇年七月一五日号（読者投稿）、勝島浣太郎「尚武論」など計四【二】件。

86 その他の「元寇・朝鮮出兵」記事は、『少年世界』一八九五年四月一日号、依田学海「英武蒙求」、『幼年雑誌』一八九四年九月一日号、大和田建樹「北条時宗伝」、同誌同年九月一日号・九月一五日号、坪谷水哉「加藤清正」など計七件。

87 その他の「元寇・朝鮮出兵」読者投稿文は、『少年世界』一八九五年三月一五日号、北総・成宕大次郎「振起せよや愛国の精神発揮せよや敵愾の気象」、『幼年雑誌』一八九四年一〇月一五日号、千葉県・松下秀夫「日本刀を見て感あり」、『日本之少年』同年一一月一日号、広島県・和多野流水「元寇図巻ノ後ニ書ス」など計【七】件。

88 『少年世界』一八九八年五月一〇日号、依田百川「豊臣太閤」、『少国民』一八九八年二月一七日号、藤園主人「壹岐対馬」など計四【六】件。

89 第一章参照。『小学国史』（普及社、一九〇〇年）や『小学日本歴史』（文部省、一九〇三年）などでは「明治二十七八年の役」「明治二十七八年戦役」と見えている。

90 註二〇～二一参照。広田照幸「近代知の成立と制度化」（『近代の成立』東京大学出版会、二〇〇五年所収）では、明治中頃まで漢学的教養が社会的上昇における有効性を保っていたことを指摘している。

91 前掲泉論文、三五、三七頁。

92 例えば、東洋史学者の内藤湖南が、中国文化に深い敬愛の念を抱く一方で、現実の中国に辛辣な評価を下すといった中国観は、「古典世界」と「同時代」の視点から捉えなおすことができる（並木頼寿『日本人のアジア認識』山川出版社、二〇〇八年、二二頁、野村浩一『近代日本の中国認識―アジアへの航跡―』研文出版、一九八一年、五九～六八頁）。

第三章
＊日露戦争前後の児童雑誌に見る日本の中国観
―男女別児童雑誌を素材として―

はじめに

本章では、第二章から引き続き児童雑誌に注目し、日露戦争前後の時期の中国観を明らかにしていく。対象期間は、日清戦争終結後の一八九五年から、辛亥革命前の一九一一年までとする。清国から中華民国へと中国王朝が変わるこの時期を区切りとすることは、同時代の中国観という観点からも適当であろう。辛亥革命前後の時期における中国観の時間的変化については今後の課題としたい＊1。

本章の意義は、まさしく日露戦争前後の時期を検討することにある。これは即ち、従来の研究において日清戦争後の中国観研究が手薄であることを意味する。日清戦争を契機とした否定的中国観の一般への浸透に関しては、第二章のように内実にまで迫った実証的検討は行われてはいないものの、多くの先行研究で触れられている点ではある＊2。それに比べ、日清戦争後の中国観については言及が少なく＊3、特に日露戦争の影響から中国観を検討した研究はほとんど見あたらない＊4。中国観研究においては、中国観に直接的な影響を与えたと考えられる日清戦争ばかりが注目されているが、その後に勃発する北清事変も中国が紛争相手国であるし、日露戦争もその原因の一つに中国権益の問題があったことや、戦地が中国大陸であったことからも、中国観に大きな影響を与えていたことが予想される。一般民衆層の中国観の全容を明らかにしようとする本書の問題意識にあって、当該時期の検討は必要不可欠である。また、検討にあたっては、「同時代の中国への否定観」「古典世界の中国への肯定観」という中国観の二面性に留意する。日清戦争前後に見られた中国観の二面性が、日露戦争前後期に見られていたのか否かの実証的把握も本章の重要な課題となる。

また本章においては、第二章との時間的連続性を加味し、同時代の中国に対する否定観の深化過程にも注目する。すなわち、否定観が日清戦争と日露戦争を経て、どのように深化していたのかを明治期という大きな時間軸の中で改めて捉え直すのである。これは、古典世界の中国に対する肯定観の内実（教育的価値）に時間的変化が見られなかった一方で、同時代の中国に対する否定観の内実は、日清戦争を境に如実な変化が見られていたためである。もちろん、日露戦争前後期にあって、古典世界の中国への肯定観の内実にも変化が見られる場合は、その変化も論じる。第二章で明らかにしたように、日清戦争前の同時代の中国に対する否定観は、否定観と同時に中国（清国）に対する恐れや強国意識も同時に存在していたため、「①否定観一辺倒ではない段階」とここでは位置づけられ、日清戦争を経験することにより、「②否定観の一般への浸透」、「③否定観の定着」にまで至ったと現段階で結論付けることができよう。本章では、その後の深化過程を追う。

第一節　児童雑誌の影響力

本節の検討に入る前に、本節では児童雑誌の影響力について考えてみたい。これは日露戦争前後期に入ると、その実態の裏付けが史料により可能となるからである。児童雑誌の影響力、特に受け手側の問題を考える場合、この点を押さえておく必要が出てくる。これは近年、有山輝雄氏が提唱する「下からのメディア史」の試みとの関連であり、メディアを扱う本書においても看過できない問題である＊5。本書では、検討に使用する各種メディアの見解（表象）が、一般的観念を代表するものであることを序章で予め説明しておくことで、その問題を解決した。しかしながら、問題の棚上げという批判も当然考えられ、その他の判断、検討手法が存在することも確かである。

例えば、児童雑誌の読者層たる児童を一般民衆層の一端として捉えることで、その児童の中国観を一般民衆層の中国観として論じる方法である。具体的には、その児童の中国観を読者投稿欄から直接的に読み取る以外に、児童雑誌の持つ影響力を前提とすることで、児童雑誌に掲載された中国関係記事が読者たる児童の中国観にも影響を与えたと判断し、その中国関係記事の中国評価を児童の中国観と同一視して論じる方法である。この検討方法において最も重要なのは児童雑誌が持つ影響力を立証することにある。安易に、誌面の中国観＝児童の中国観と同一視してはならないことは言うまでもない。

第二章の日清戦争前後期においては、その影響力を立証する史料が存在しないことに加え、児童が児童雑誌の中国関係記事と同様の中国観を受容したか否かの問題は、結局の所、確率の問題（全員が同様の中国観を有したとは断言できない）になるという問題意識から、受け手ではなく、メディアそのもの、児童雑誌であれば「児童から大人にまで通じる最大公約数的見解とみなせる」などのメディアの特性に注目した。一方で、本書もメディアを扱っている以上、「メディアが送り手と受け手を媒介する機能である以上、メディア研究は受け手（読者・視聴者）を究明しなければ成立しない＊6」という有山氏の指摘を無視することはできない。本書が、安易に新聞を使用しないのも「受け手研究の不十分さのために、新聞の論調をもって輿論の表れだと短絡的に理解したり、多数の読者を得ていた新聞雑誌だから読者の意識を反映しているとする見方が出てきたりするのは残念だ＊7」という同様の問題意識からであり、受け手に関する史料が存在するのであれば、受け手に対する言及も真摯に行う必要がある。

児童の雑誌購読率については、『児童研究』一九一一年五月二五日号の「児童ノ読ミ物（日本児童研究会第六回総会）」という記事に、文学士倉橋惣三*8が本郷区内公立小学生徒五三七二人の雑誌読書について調査した報告がある*9。この調査によると、尋常小学六年において、男子は六十七パーセント、女子は八十パーセントもの児童が雑誌を読んでおり、一九一一年の全国就学率が男女平均で九十八パーセント*10であることから、この学校の大半の児童が雑誌を読んでいたことがわかる。また、明治三〇年代になると、雑誌が全国的に販売されるようになり、その出版部数も増加傾向にあった*11。

その様子は、一八九八年から一九〇〇年にかけて文学投稿雑誌『文庫』（復刻版、第一一巻〜一四巻、不二出版、二〇〇五〜〇六年）に誌上掲載された「地方の読書界」と題する読者投稿シリーズから如実に読み取れる。このシリーズは全国各地のさまざまな都市の読書状況が、その都市に住む読者自身の手によってきわめて詳細に紹介されている*12。例えば、岐阜の大垣では「雑誌では博文館から出る、『少年世界』『中学世界』其他『小国民』等はよく売れる」という状況が報告され、富山では「雑誌では博文館が一番能く捌けるですね、『太陽』『文藝倶楽部』『中学世界』『少年世界』などは二三度取寄ても品切のことが沢山ありますね」、琉球では「雑誌では『文庫』、『少年世界』、『太陽』、『中学世界』などがよく売れる」というように、児童雑誌が各地方都市レベルで読まれている様子がうかがえる。特に『少年世界』は、右の例以外にも大阪、岡山、和歌山、高知、三重、福岡、京都、石川、滋賀、山口、山形、大分、長崎などでも「よく売れている」と報告されている。

この様子は、実際の『少年世界』誌上でも確認することができる。『少年世界』一八九六年一〇月一日号においては、「本誌寄書欄投書家諸君の参考に供せん為め」に「第二巻第一号（一八九六年一月号）より第十五号（一八九六年八月号）までに登載せし文章詩歌の回数を調査し」たものが、府県別に整理され表として掲載されている。そこによるとほとんどの都道府県から投書が行われていることが確認できる。

また、一冊を大勢で読むなどの読書方法が存在した点も見逃せない。例えば、無政府主義者として著名な大杉栄は自伝において「僕は「少年世界」の投書欄にあった臥薪嘗胆論というのをそのまま演説した。みんなはほんとうに涙を流して臥薪嘗胆を誓った。」と回想していたり、明治文化研究家の木村毅も「〔投書が入賞しなかったことに〕失望した私は、その雑誌をよく見もせず、仲間に貸し与え」ていたと回想している＊13。この大杉などに代表されるように、児童雑誌の読者層は比較的裕福な中流家庭の児童達であるが、彼等は児童層のなかでも中心的存在であり、彼らの中国観が周りの児童の中国観に影響していることも十分考えられる。菅忠道氏は、児童雑誌の読者層について「児童文化が利潤の実現と結びついている限り、親の経済的能力で、その享受圏の大きさがきまる。全小学生〔明治四〇年度の尋常小学校児童数四，三四四，三六〇人（就学率九七・三八％）〕の五％に当る中等学校生徒の二十万という数字は、各種の少年少女雑誌の発行部数と、ほぼ一致するのではないかと推定され、それが児童文化の一般的な享受圏を示すものと考えられる＊14」と指摘しているが、回し読みという実態を考えれば発行部数の何倍もの読者がいるということになり、影響力は五パーセントの数倍から数十倍は考えられ、少なくとも都市部ではかなり高いと推定できる＊15。

この影響力に加え、児童雑誌には第二章で詳述したようなメディア特性があるという点が、本章で児童雑誌を扱う理由になる。

第二節　本章で扱う児童雑誌

では、具体的に児童はどの雑誌を最もよく読んでいたのであろうか。第二章においては、日清戦争前後期の児童雑誌を網羅的に扱ったが、本章においては受け手への問題意識から、読者たる児童が最もよく読んでいたであろう児童雑誌に注目したい。日露戦争前後の時期にあって一番有力であり、最も読まれていたと考えられる児童雑誌は『少年世界』である。同誌は、一八九五年一月創刊、一九三三年一〇月終刊の月二回刊行、定価五銭の博文館発行の雑誌である。日清戦争の時運に乗り、それまで博文館が発行していた子供向けの数種類の雑誌などを統合して創刊され、少年文学の創始者といわれる巖谷小波が主筆となり、この巖谷が書く御伽噺や小説が特に人気を博していた＊16。同誌は当時にあって、児童雑誌のみならず他の雑誌と比べても驚異的な部数を誇っており＊17、また後年、著名人の回想や自叙伝にも頻繁に登場する児童雑誌であり＊18、前節の「地方の読書界」でも最も多くその誌名が見られていたので、当時の児童に広く読まれていたと考えられる。本章ではまず、この『少年世界』から日露戦争前後の中国観を見ていく。

日露戦争前後期の児童雑誌から当該期の中国観を明らかにしているものは少ない。中国観研究同様、日露戦争前後期への関心の薄さがうかがえよう。唯一、日清戦争後を対象とした久保田善丈「欲望としての近代中国イメージ」（『歴史評論』六三八号、二〇〇三年六月）が見られるが、中国観の否定的側面への注目に留まり、日露戦争前後の時間的変化を明らかにしたものでもない。

そして次に注目すべきが、日露戦争前後の時期になると、性別雑誌、つまり少女向けの児童雑誌が刊行されるという点である。これは、高等女学校令などに見られるように、明治三〇年代が日本近代教育史上、女子教育の振興した画期的な時期であったことと深い関係がある＊19。教育界の女子教育振興に合わせた形で、少女向け雑誌が出されるようになっていた＊20。

この点は、日本の中国観を検討する上で、新たな課題を提示することとなる。それは、男女による中国観の差異はあるのか、という問題である。先行研究でも、「日本人」の中国観と一括りにされているように、男女の差異を問うことなく、その中国観が論じられている。確かに多くの先行研究では、その対象が国策の指導層や特定の個人・知識人層だったため、ここから排除されていた女性の中国観は度外視することができたのである。しかし、一般民衆レベル、児童レベルの中国観を見る場合、女性が重要な構成要素を占めており、さらに差異を検討できる史料が存在する以上、その検討を行うことは必要不可欠である。

児童雑誌の男女差異を扱った先行研究は、前掲の成田龍一「『少年世界』と読書する少年たち―一九〇〇年前後、都市空間のなかの読者共同体―」や、久米依子「少女小説―差異と規範の言説装置」（小森陽一、紅野謙介、高橋修編『メディア・表象・イデオロギー：明治三十年代の文化研究』小沢書店、一九九七年）などが見られるが、中国観の男女差異に焦点が当てられたものではないため、本章で検討を行う意味が出てくる。

比較検討のために扱う児童雑誌の男女の組み合わせとして、第一に『少年世界』と『少女世界』があげられる。『少女世界』は『少年世界』と同じく博文館発行で、一九〇六年九月創刊、一九三一年一一月終刊の月一回発行、一〇銭の少女向けの児童雑誌である。同じ博文館系の『少年世界』と同様、当時の有力な児童雑誌の一つであった*21。

しかし、『少年世界』と『少女世界』を対象とする比較検討は、『少女世界』の発刊が一九〇六年であることから、日露戦争後の検討に限らざるをえなくなる。そこで、日露戦争前の児童の男女差異を検討するために、金港堂の『少年界』『少女界』を扱う。この二つの雑誌は、一九〇二年に創刊された、月一回発行、一〇銭の日本初の少年専用・少女専用の雑誌であり、読者対象も『少年世界』と同じく小学生程度である。詳細な発行部数はわからないが、『少年世界』の記者木村小舟が、当時の『少年界』『少女界』の発刊を回顧して「多年第一位の「少年世界」に取りては、真に由々しき大敵国の出現*22」と述べているように、当時において有力な児童雑誌であったことがうかがえる。日露戦争前の男女別児童雑誌はこの両誌だけであり、唯一日露戦争前後期を通した男女の差異を見ることができる。この二つの雑誌を用いた研究も管見の限りでは見当たらない。

以上のことから、本章では『少年世界』・『少女世界』と『少年界』・『少女界』を取り扱うこととする。この四誌を扱うことで、日露戦争前後期の中国観の実証的把握を総体的に試みるだけでなく、男女差異についてより深い考察ができると考えられる。ちなみに、四誌ともに、御伽噺や小説、教養的な内容の読み物、学校案内、英語などの学問的記事、読者投稿欄などから構成されており、その構成に大きな差異は見られない。

第三節　同時代の中国への否定観

（一）日露戦争前

この時期は、日清戦争が終結した一八九五年五月から、日露戦争が始まる一九〇四年一月までとし、その時期に見られた『少年世界』の同時代の中国に関する記事を見ていく。

同時代への否定観が一般に浸透したと言われる日清戦争後も、否定的な中国評価が与えられた記事（以下、否定的記事）が散見し、五一件程の否定的記事を確認することができる。ただし、日清戦争中のような高い関心を戦後も維持していたわけではなく、一八九五年以降になるとその記事数自体は減少傾向になる。これは、戦争という興奮状態からの冷却、異常なまでに高かった同時代の中国（清国）への関心が通常レベルに戻ったということに加え、常に新しい話題を提供し続けなければならない雑誌という媒体上の性格（定期刊行）が影響していると考えられる。

しかし、否定的記事は減少するものの、姿を消すことはない。それは第一に、日清戦争を回顧する記事が表れるからである。例えば、『少年世界』一八九六年六月一日号、菟道木花園の「日米戯戦」という記事では「さきに我国が一たび清国と戈を交へしより、国民こぞりて敵愾の心を奮起し、固有の尚武思想をあらはしゝは、桜花と共に外邦に誇りて、我国の特有となす」などと、本題の前口上として先年の日清戦争が語られている。続けて日清戦争時における児童の敵愾心の高揚の様子が回想され、「清兵との軍遊びを事とし、泣く児をチヤン〳〵とあざけり、弱き児を清兵とさげしみしは、ツヒ此程の事なりしが、今の世の幼童等が、かりそめの遊びにも、おのづから尚武の思想をあらはし、敵愾の心に富めるをみれば、〔中略〕未来の国民たる幼年諸氏の行末いと頼母しくぞ思はれける」と、日清戦争中における児童の否定的中国観を誌面から改めて確認することができる。第一章や第二章で、敵愾心が愛国心の強さの証明として肯定的に評価されていたが、当該史料からも「チヤン〳〵とあざけり、弱き児を清兵とさげしみし」ことが、尚武の思想として「頼母しく」思われる程に評価されていたことがうかがえる。

一八九九年になると尾上新兵衛*23の「戦塵」と題する日清戦争の回顧記事が連載される。この「戦塵」は、尾上の日清戦争体験談であり、その記事内には多分に否定的中国観が含まれており、具体的で生々しい記述が目立つ。例えば、一八九九年七月一五日号の「戦塵」では、空腹を満たすため中国現地の民家に入り、勝手にその家の粥を食す場面が見られるが、その中国人への殴る蹴るといった行為、また逃げ出さないように、弁髪を柱に括り付けておいたり、毒が入っているかもしれないとして、その中国人に毒見をさせたりする描写は具体的で生々しい*24。日清戦争の勝利から、戦前の強国として恐れていた中国観は全く見られず、否定観が「④人間以下の存在として扱われる段階」にまで深化していることがわかる。このように、戦地に赴いた人々の中国体験は日清戦争中のみならず、日清戦争後も回想記事としてより自覚化され、その記事には多分に否定的中国観が含まれており、それを読んだ児童にも相当な影響を与えたと考えられる。

さらに一九〇〇年に入ると、北清事変（義和団事件）が勃発するため、その関係記事が掲載されるようになる。日本を含む八ヶ国の連合軍が大沽に上陸した七月には『少年世界』内にも、その状況に素早く反応して「北清戦記」なる記事が表れる*25。『少年世界』一九〇一年六月一日号の「北京籠城談」は北清事変関係の記事であるが、その記事を見ると「［北京の道路や街について］凸凹で其歩行きにくひ事と云つたら、お話になりません（中略）雨量が尠いから塵埃は立ち放題、溝は埋まり放題、汚い事もまた一通りでありません。只立派に見えるのは家屋の構造で、有繋大国だけに大きな建物もあり、彫刻を施した門なぞもありますが、中に這入つて見ますと矢張建てツ放しの修繕なしで、からもう意久地はありません、これが即ち支那の支那たる以所で、制度文物凡て此通りなのです」というように、北京の環境が「不潔・未開」であると否定的に紹介され、同時代の中国・中国人（兵）への否定観だけでなく、中国環境にまで否定観が深化していることがわかる。また『少年世界』の目玉である巌谷小波の小説、一九〇〇年九月一五日号、漣山人「悔し涙」や、一九〇一年三月一日号、さゝなみ「龍吐水」は、北清事変に直接関係する内容ではないが、「悔し涙」は字の読めない主人公が中国人だといって馬鹿にされる描写がみえ、「龍吐水」は中国を龍に模した笑い話となっている。これらの小説の否定的な中国描写は、北清事変に敏感に反応したものであったと考えられる。

このように日清戦争が終わったあとも、一貫して中国（清国）に対する関心が持続しており、否定的記事の内容も一段と深化していることがわかる。

また、日清戦争から数年経つと、同時代の中国への否定観を戒めるような記事が見られている点も興味深い。一八九七年一〇月一五日号「島国的人民と世界的人民」という記事には「彼の支那人は、我国民の之を鄙みて以て豚漢と為し、弁髪奴と為す所。然れども、其民族が五大陸に奔走して以て利益を蚕食しつゝあるは、現下の状態に非ずや。商業的国民としては、堅忍質実、到処其信用を博しつゝあるは、彼等の特色に非ずや」とある。この後に、弱敵を侮り強敵に屈するような人間は、世界の第一等国民になれないと論じており、否定的中国観の蔓延に警鐘を鳴らしている。このような記事が誌面上に表れていたことは歴史的事実として紹介しておかなければなるまい。一方で見方を変えれば、この記事の存在はある意味で否定的中国観が日本人に浸透している事を示唆しているともいえる。第一章の教育雑誌誌上での警鐘と同じ事例である。またこのような内容の記事は、この後も頻繁に見られるわけではない。この種の警鐘は、日露戦争時に非戦論を唱えた内村鑑三の如く少数意見であり、「同時代の中国に対する否定的評価傾向」という大勢を変化させるほどの影響力を有していたわけではなかったのである。事実、次の日露戦争中・日露戦争後に至っても、同時代の中国への否定観は誌面に表れ続けている。どちらに力点を置くかで、歴史の叙述は大きく変わってくるが、本書では日本社会一般で漠然と共有されている中国観を検討するという目的上、大勢的・主潮的意見に専ら注目する。

(二) 日露戦争中及びその後

この時期は、日露戦争開戦の一九〇四年二月から、辛亥革命が始まる一九一一年までとし、その時期に見られた

『少年世界』の同時代の中国に関する記事を見ていく。

日露戦争は、日本とロシアとの戦争であったが、その原因が、遼東半島を中心とする中国権益の取り合いであったことや、戦地が中国大陸であったため、中国に一定の関心が集まることとなる。これを立証するように、日露戦争時（一九〇四年〜一九〇五年）において、否定的な中国関係記事は七件程見えている。以下、日露戦争において中国がどのように語られていたのか見ていく。

日露戦争が児童に対しどのように説明されていたのかは、『少年世界』の主筆である巌谷が、小説という形でわかりやすく説明している。以下は、一九〇四年三月五日号の「弱い者いぢめ」という記事の引用であるが、登場人物の魯太郎、日之助、清二郎はそれぞれロシア、日本、中国を指している。

魯太郎は、一番体が大いので、いつも二人を馬鹿にして居りましたが、中にも清二郎は、背はなか〳〵高いのですが、まことに力の弱い子だものですから魯太郎はこの清二郎を、よくいぢめて居りました。〔中略〕日之助は、弱い者を助けて、強い者を抑へやうと云ふ、ほんとーの男ですから、忽ち魯太郎を打ち据ゑて、さんざん酷い目にあはせました。

つまり、日露戦争のレトリックは、日本が弱い中国を助けるために、強いロシアを倒すというものなのである。中国が弱いという否定的な前提は、これまで見てきたように、日清戦争による否定観の浸透の上に成り立っている。つまり、日露戦争によって否定的中国観は一段と深化し、「⑤日本の保護を必要とするほどに自立力のない国と捉える段階」に達するのである。

また、今度の戦争相手であるロシアとの比較対象として、前の戦争相手国である中国（清国）が取り上げられている記事の存在も、その深化の様を示している。例えば、一九〇四年三月五日号、大町桂月「父の出陣」というロシアの敵愾心を煽る歌の歌詞には「坊が泣く時や、弱い奴、日本男子は泣かぬもの、泣くは、ロシヤツ坊か、チャン〳〵ぞ。チャン〳〵いやだ、ロシヤいやだ。」と、ロシアと一緒に中国も蔑視され、子守歌に「チャン〳〵」という蔑称を用いるところにも、否定観の深化が見られる。また、一九〇五年二月一日号、長谷川天溪*26の「ステツセル将軍」という記事では「旅順口は、天嶮ともいふべき地ですが、清人に持たして置けば、僅に一日で陥落しちまつた。これは支那人が、此の立派な要害を、守ることを知らなかつたからです。所で露西亜人が守つて居ると、十箇月も籠城したのです。」と述べられており、旅順口の陥落は要塞の築造法や戦法にも原因があるが、日露戦争でロシアと比べられる事により、中国（清国）の弱さが改めて露見していることがわかる。日露戦争という全日本国民が認知しているであろう大事件にさいして、この否定観はより広い意味で浸透していたのである。

先行研究では、日清戦争ばかりが注目されてきたが、このように日露戦争における影響も看過できない。日清戦争が一般に否定的中国観を浸透させたとすれば、日露戦争は否定的中国観をさらに「深化」させることに大きな役割を果たしたのである。

また、戦地が中国領土の一部である満州にあり、ポーツマス条約で満州を含む関東州の租借権及び南満州鉄道を得た事によって、戦中は勿論、戦後も満州・満州人、満州文化に関心が寄せられることとなる。その反映も含み、日露戦争後の『少年世界』においては一七件程の否定的な中国関係記事が見られる。

満州関係の代表的な記事を見ると、一九〇六年三月一日号、西村酔夢「満洲風俗」という記事に「元来支那人―殊に満洲人は汚ないことが平気であつて、幾日立つても少しも入浴をしない。垢が溜まつて、一寸位積つて、掻くとぼろ〳〵落ちるやうになつても、一向平気の平左衛門でゐる。〔中略〕〔満州の食べ物は〕何れも日本などのよりは不味くて、食ふ気にならない」と、満州人の不潔さや、満州の生活環境をもとに「人種的劣等」視を印象づけるという深刻な点にまで否定観が及んでいることがわかる*27。これは、否定観の拡大とも考えられる。また、「元来支那人―殊に満洲人は」という叙述から、満州人が中国人（「支那人」）の枠内に位置づけられていることも読み取れる*28。

満州への関心は、児童雑誌に限ったことではない。中国研究者の竹内実は、一九〇九年に夏目漱石が中国の満州や朝鮮を旅行し「満韓ところ〴〵」というルポルタージュを書いたことを紹介し「日露戦争の結果、四年前のポーツマス条約において、新しく日本の植民地となった満洲の風土を、漱石のルポルタージュによって知りたいという好奇心が、ひろく日本国民のあいだにあったように想像される*29」と指摘する。満州への関心拡大は、一般民衆レベルでの傾向であったことが考えられ、『少年世界』においては、その満州関連の記事にも否定的評価が読み取れるのである。

また、日清戦争の場合と同様、日露戦争も数年経過すると陸軍関係者が執筆した回想記事が見られるようになる。それらの記事には深化された同時代の中国への否定的評価が読み取れ、例えば、一九一〇年四月二十二日号の「人喰ひ犬」という記事では、猪谷赤城という陸軍少佐が、日露戦争時に満州地方に駐屯していた時のことを述懐して、児童の死体を野外に捨てるという「迷信陋習」「蛮風」に「余は素より此新屯に居る我将卒は、実に少なからず辟易せしめられた」と否定観をあらわにした記述が見える*30。これは、中国人を文明人としての尊敬に値しない、軽蔑すべき対象と見る価値観を示している。このように、日露戦争後も否定的中国観は表出し続けている。

さらに、明治末期における同時代の中国への否定観に関して注目すべき点は、冒険小説に登場する中国人像である。明治後期になると、『少年世界』では押川春浪*31の書く冒険小説が人気となるが、その冒険小説の中に中国人が登場する。一九一一年一〇月一日号の「冒険小説骨島」という押川の冒険小説に登場する中国人は次のように描写されている。

　この支那人船長の人相の悪いには驚いた。弁髪を頭の頂辺へクル〱と巻き付け、顔色はドス黒く、金壺眼の底には眼玉がギラギラと光つて、黄い汚い歯を現はし、毛だらけの手でゴリ〱と尻を掻いて居る有様などは、まるで狒々の再生かと思はれる様な怪漢である。

冒険小説上に登場する中国人は他にも「野蛮、残酷、卑怯」などと評価され、まるで「狒々」＝人間以下の存在（④段階）として描かれている。日本人の同時代の中国に対する否定観は、日清戦争で直接の戦闘を経て中国兵の弱さ・愚かさ等が、多少誇張が入り混じりながらも世間一般に浸透したことに端を発する。それが明治末期になると、戦争とは関係のない創作上の世界に登場する中国人の代名詞となっている。これは否定的中国観の定着・深化を意味しており、作り手（大人）も読み手（少年少女）も「中国人＝人間以下的存在」といったような激しい否定的中国観を共有していたからこそ、面白い小説として成り立っていたのである。この否定観の定着・深化は、日露戦争の影響に加え、明治後期を通して否定的中国観が常に表出し続けていたことが要因であったといえる。

第四節　古典世界の中国への肯定観

以上、同時代の中国への否定観を日露戦争前後の時間的変化とともに追ってきた。本節では、中国観の二面性のもう一方の眼差しである古典世界の中国についても見ていく。

（一）日露戦争前

日清戦争の影響が残存し、北清事変の勃発のため、否定的記事が一貫して見られていたこの時期にあっても、古典世界の中国に対して肯定的評価が与えられている記事（以下、肯定的記事）は二七件程確認することができる。その肯定的評価の対象となっていたのは、ほとんどが古典世界の中国偉人であり「東洋思想の偉人」「軍事的・政治的英雄」「孝子、節婦、賢母」などが「名高い人」「英主」として肯定的に扱われている。『少年世界』においては、孔子（一八九九年四月一日号、高島嘉右衛門翁「孔子と易」）や閔子騫（一八九六年五月一五日号、京の藁兵衛「川柳点稚講釈」）などの「東洋思想の偉人」や、項羽（一八九八年四月一日号、岸上質軒「東西廿四傑項羽」）や藺相如（一八九八年九月一日号、宮城野小萩「藺相如」）などの「軍事的・政治的英雄」の肯定的記事が多く見られる。これは、古典世界の中国偉人の訓話や逸話が、日露戦争前後期においても未だ児童の人格涵養に寄与する所が大きいと考えられていたからである。

例えば、一八九七年一〇月一五日号、小中村義象の「家庭夜話」という記事には、北宋の政治家である司馬光を

「小供の時から、未だ充分に書籍などもよまぬ中から、大層にかしこい智恵のある人があります」「生れつきから違つてあつた故に、遂にはえらい人になられました」と評し、子ども達の見習うべき「かしこい」人物の例として紹介されている。当時の国語の国定教科書にも「張良と韓信」「諸葛亮孔明」「孔子と孟子」といった昔の中国偉人が教材として取り上げられており（第一章参照）、「教育の補助機関」たる児童雑誌も同様の傾向を有していたといえる。

第一章では、小学校教育レベルにおいて、中国偉人教材の軽視化が見られつつも、その教育的価値は明治期一貫して肯定的であったことを指摘したが、当該時期の児童雑誌における中国偉人記事の存在はそれを裏付けることにもなる。古典世界の中国偉人記事は、当時の日本の教育方針である教育勅語が示した「忠君愛国」などの徳目の宣伝に役立つものであったと考えられる。

「同時代の中国への否定観」「古典世界の中国への肯定観」という中国観の二面性を示すものとして興味深いのが、同時代の中国偉人と古典世界の中国偉人の評価の差である。一八九八年度の『少年世界』では、「東西廿四傑」という東洋と西洋の偉人を紹介する記事が連載されるが、そこに唐の太宗（古典世界の中国偉人）と李鴻章（同時代の中国偉人）が見える。太宗は「啻に唐朝にて抜群なるのみならず、支那歴代に於ても嶄然頭角を見せる英主なり＊32」と専ら肯定的評価が与えられているのに比べ、李鴻章は「米国の前大統領グランド将軍曾て李鴻章を以て東洋随一の人物なりといひ、欧人多く李を称揚するより、李の名声特に高し。然れども李は果して傑物なりや否や＊33」と、一定の肯定的評価は与えられているものの、その評価に疑問符がついていたり、「李鴻章は一種清人的頑硬の処あり＊34」などの評価も与えられている。同時代と古典世界の差異が、ここにおいても見受けられる。

（二）日露戦争中及びその後

当該期においても、孔子や許衡〔元初の儒者〕といった古典世界の中国偉人に対し一貫して肯定的評価が与えられており、肯定的記事も九件程見られる＊35。一九〇四年二月五日号、森桂園＊36の「王陽明」という記事では次のように叙述される。

支那は、今でこそ国がおとろへて、世界の諸強国にあなどられて居るけれど、最も古い文明国で、ある時は、世界中に巾をきかせたこともあつた。だから、大むかしから今日にいたるまでの間には、英雄豪傑といはれるえらい人も、少なからず出たのである。まづ儒教をはじめた孔子や、東洋哲学の親玉ともいはれる荘子に老子、その外、学者、軍人、政治家、事業家、あるとあらゆる方面で、世界に名をあらはしたえらい人たちが、指をり数へるに遑がないくらゐだ。

「孔子、荘子、老子」といった古典世界の中国偉人に対し、肯定的眼差しが向けられている。同時的に、冒頭部分に同時代の中国に対する否定観も語られており、「同時代の中国への否定観」「古典世界の中国への肯定観」という中国観の二面性が確認できる貴重な記事でもある*37。

以上見てきたように、古典世界の中国偉人は日露戦争前後を通して肯定的に扱われていたことがわかる。また、中国観の二面性も日露戦争前後一貫して見えていたといえ、第二章からの時間的変遷を鑑みれば、日清戦争前から明治期末期まで一貫していたと結論づけることもできる。また、同時代と古典世界、それぞれの中国観の変遷を考えた場合、日清戦争を契機に肯定観から否定観へ劇的に変化したのではなく、同時代と古典世界、双方の中国観が併存していたことが指摘できる。

また、第一章の小学校教育において、古典世界の中国偉人教材の軽視化を指摘したが、この点は児童雑誌においても同様の傾向が見られていたと考えられる。記事数の数量的傾向からも判然としているように、第二章の日清戦争前には誌面に多く見られていた中国偉人を扱った記事が、日露戦争後の時期には明らかに数を減らしている。この要因は、児童雑誌の「教育の補助機関」としての側面から、小学校教育（教科書）で中国偉人教材を多量に扱わなくなったことと無関係ではない。その教育的価値は失わずとも、重要性自体は低下している。その一方で、同時代の中国への否定観については、日清戦争後も北清事変や日露戦争など、中国への関心が持続しており、その否定観も持続し定着にまで至っている。この持続・定着・軽視化が、明治期の中国観の変遷を考える上で重要な要素であり、時間軸によって異なる二つの中国観のそれぞれの盛衰を表していると考えられる。

第五節　男女別児童雑誌に見る中国観の共通点と差異

前節までは、『少年世界』から中国関係記事の変遷を見てきたが、本節では『少女世界』『少年界』『少女界』と検討雑誌を増やし、中国観の男女差異について検討していく。児童レベルでの男女差異を見る場合、男女別の児童雑誌（『少年世界』『少女世界』『少年界』『少女界』）が発刊される日露戦争前後のこの時期を取るのが適当である。

（一）男女に共通する中国観

前節までに見てきた『少年世界』では、日露戦争前後も一貫して同時代の中国への否定観が表出され、それが深化・定着の傾向にあったが、『少年世界』以外の三誌を見ても、同様の傾向が読み取れる。否定的と捉えられる記事は、『少年世界』（一九〇六年〜一九一一年）一六件、『少女世界』（一九〇六年〜一九一一年）七件、『少年界』（一九〇二年〜一九一二年）二〇件、『少女界』（一九〇二年〜一九一一年）一四件となっており、『少年世界』以外の三誌にも、否定的記事が少なからず掲載されていたことが見て取れる。

その一例として、冒険小説内における否定的な中国描写があげられる。前掲の『少年世界』において、押川春浪の冒険小説に登場する中国人を取り上げ、同時代の中国に対する否定観の定着・深化を論じたが、『少年世界』以外の三誌においても、中国人を否定的に描写している冒険小説が確認できる。

例えば、同じ少年向けの『少年界』一九〇四年三月号、榎本杏村の「従軍少年」という小説は、漂流先の中国が物語の舞台となっており、現地の中国人が主人公の船を奪おうとする場面が描かれ、その蔑視表現も「二三十人の豚尾漢奴等（ちゃんくめら）」と直接的である。

これは、少女向けの『少女世界』『少女界』でも同様で、『少女世界』一九〇八年七月号、押川春浪の「冒険小説露子の旅行」や、『少女界』一九〇九年四月号、米光闗月の「後の初子」でも、中国人は子供の誘拐犯役として否定的に描かれている。

四誌全ての冒険小説内で中国人が悪人として描かれているという点は、当該期における否定観の定着・深化を改めて裏付けるものといえる。また、男女に関しても、両者ともに同時代の中国への否定観を共有していたと考えられる。古典世界の中国への肯定観についても、男女に共通（四誌共通）して、主に古典世界の中国偉人記事に肯定的評価が与えられ、見習うべき素晴らしい人物として取り上げられている*38。その記事は『少年世界』六件、『少女世界』六件、『少年界』一〇件、『少女界』八件である。

例えば、『少年界』一九〇三年四月号、静廼舎の「藺相如と廉頗」という記事には「趙に藺相如と云ふ賢い大臣と廉頗と云ふ豪い大将とが居て（中略）諸子さんも何卒、国に何か大事の興った時には、藺相如のよーに、また何か自分に思違ひや仕損ひの有った時には、廉頗将軍のよーに、為て頂きたい」というように、藺相如と廉頗が模範的人物として取り上げられている。『少女界』同年六月号、自適生の「賢母の話」では「[魯国の公父穆伯の妻、季敬姜は]学問もあれば礼義も正しく婦人の徳は申すまでもなく、裁縫のことや料理のことや何んでも家事向一切出来ぬことはありませんのです。かう云ふえらいお方でございますから、子供の育て方もそれは行届いて居ましたので、家庭教育の摸範となるやうな事が澤山にあります」と、こちらは少女雑誌という性格上、季敬姜という昔の中国偉人女性が模範的人物として取り上げられている。

以上のように、日露戦争前後期の児童雑誌四誌において古典世界の中国偉人は一貫して肯定的に扱われていた。また、同時代の中国への否定観の存在を踏まえて考えると、「同時代の中国への否定観」「古典世界の中国への肯定観」という中国観の二面性も男女に共通した傾向であったといえる。

例えば、『少女世界』一九〇七年一一月号、沼田笠峰の「昔の留学生」という記事では、中国人留学生に関して「支那の学生が日本へ来るのも、やはり支那より日本の方が、文明が進んで居りますから、その進歩した学問や制度を習ひに来るのです。ところが、今より千五百年ばかりも前には、ちやうど現今とは反対で、日本の方が支那よりも劣つて居たのです、いや支那ばかりではありません、今日われ〳〵が軽蔑する朝鮮よりも、わが日本帝国の文明の方が劣つて居たのです。今から考へると、実に馬鹿らしいやうに思はれますけれども、これが実際のお話です。」と述べられ、「昔は良かったが今は駄目」という中国観の二面性が読み取れる。『少年界』一九〇二年四月一一日号、高野常雄の「修養小言」では「武士道といふのは武士の行ふべき道である。武士道をわきまへた人は武士の品格をそなへた人である」と武士道に関する教養的記事が見える。この武士道が「支那とか朝鮮とかの弱き国をたすけ、これに仇なす強き国をくぢかんとするにあるのだ」と述べる一方で「この武士の品格といふものは日本のはじまりからだん〳〵と仕上たもので、親が子につたへ、子が孫につたへて三千年間鍛ひ上げ磨き上げたもので、其の間には支那の儒教とて孔子さんの教をうけ、又、仏法とてお釈迦さまの教もうけて、ます〳〵武士の品格を上げ、徳川時代の武家になつて立派な花がさいたのである。」と、武士道の発展に儒教（孔子）の果たした役割を認めている。

第一章の小学校教育で指摘したように、日本における中国文化（古典世界）の歴史的影響力は歴史的事実として認めざるを得ない点であり、完全否定されない要因である。「孔子さんの教をうけ」た武士道が「支那」のような「弱き国」を助けるという何とも皮肉めいた叙述であるが、同時代と古典世界で評価が異なるが故に矛盾にはならない。中国観の二面性を如実に示している記事といえる。

中国観の二面性については、『少年界』『少女界』の読者投稿欄でも同様の傾向が読み取れる。同時代の中国への否定観に関しては、『少年界』一九〇三年一二月号「ものは附」の「詰らぬもの」というお題に対する「現今の清国（小寺慶造）」という読者回答や、『少女界』一九〇九年二月号「なぐさみ懸賞ころ〳〵」の「日本人が支那人に向ひ日「あなた日本語が出来ますか。」　支「はい、私はランプと云う日本語を知つてます。」」という中国人の無知さを笑い話として創作した投稿文などが見える。古典世界の中国への肯定観に関しては、『少年界』一九〇二年九月号、東京・渡辺道三郎「司馬温公の頓智」という読者投稿文に「司馬温公は幼児より機敏の人なりき」という肯定的評価が見え、『少女界』一九〇六年一一月号、金澤市・山本あや子「通信」では、一九〇六年八月号の「虞美人」という記事に対する読者感想が「虞美人のお話し大層面白うございましたどうでせう鴻門の会か赤壁の戦をくわしくかいて下すつては」と見え、虞美人に対する肯定観だけでなく、中国文化への関心が高い読者の存在も確認できる。

（二）中国観の男女差異

以上、男女に共通した中国観を『少年世界』で得られた検討結果の再確認を兼ねて見てきたが、以下、本章の問題意識の一つである中国観の男女差異について考えたい。結論から述べると、この差異は「同時代の中国への否定観」「古典世界の中国への肯定観」という中国観の二面性の枠組みの、その内部に見ることができる。

まず、少年雑誌と少女雑誌の大きな差異として、戦争関係記事の有無があげられる。少年用には戦争関係記事が多く、少女用には少ないといったことが指摘できるのである。この傾向は、日露戦争中における『少年界』『少女界』の目次を比較してみるとわかりやすい。

一九〇五年一月号の記事目次（懸賞や口絵を除く）

『少年界』…弁天ケ池（上）、新年の山（唱歌）、靴掛の猫大臣、巳の新年、旅順の今昔、森の三郎、霊犬パーリー、水雷艇の大攻撃、花くらべ、軍隊のお正月、東天紅、狂言戦地追送品、紙鳶

『少女界』…よく勉めよく遊べ、小手鞠物語、若水、弁天さま、うれしさ、初夢、鶯のはなし、萩山直女、少女新歌会、お伽噺落窪物語、雑録、春遊び

右の目次からわかるように、戦争中であっても『少女界』には日露戦争に関する記事は少なく、『少年界』の「旅順の今昔」「水雷艇の大攻撃」のような具体的な戦争関係記事は見られない。そして、この戦争関係記事にこそ、同

時代の中国への否定観が強く打ち出されているのである。

まずは、戦争関係記事の代表的なものとして、日露戦争期の記事を見てみる。右の目次に見えた『少年界』一九〇五年一月号、陸軍少佐寺家村朔月「旅順の今昔」という記事では、日露戦争時の旅順攻略において日本軍が苦労した事実について、以下のように述べられている。


日清戦争の当時〔中略〕〔旅順を〕僅か二日間で攻落したのであります。是れは支那の兵隊が弱かったのには違ひありませんが、如何に支那の兵隊が弱くて露西亜の兵隊が強いからといって、日清戦争でたつた二日で攻落したものが、五六ヶ月もかゝつて抜けないとは、不思議に思はれるではありませんか〔中略〕露西亜人は支那人よりも遥に強ゐには違ひありませんが、決してそればかりではありません。露西亜の将校兵士は文明の軍事教育を受けて、殊に将校は相応に学問をして居りますから、堡塁を築いたり又之を防御するにも、学問智識を応用しまして、種々の工夫を凝らして中々人の力では攻取ることが出来ない様に堅固にするのであります

日露戦争が始まると、ロシアの比較対象として、以前の戦争相手国である中国が、否定的に取り上げられるようになる。右の史料からは、露西亜の「文明」「強さ」が指摘される一方で、その比較対象として取り上げられている中国〔清国〕が劣位に位置づけられ、「弱さ」や「非文明」といった否定的評価も読み取れる。これは、『少年世界』においても見られた傾向であり、中国の弱さが改めて露見し否定観の定着に至っていると考えられる。

また、戦争関係記事は日露戦争にのみ見られるものではない。『少年界』一九〇三年五月号、生田葵山人の「暗夜の銃声」は、一九〇〇年の北清事変が時代背景となった冒険談であり、捕虜となった友人を助けにいく内容となっている。その冒険談の中で登場する中国兵は「支那兵の不規律な、総ての事を投遣りにする気質は此処にも顕れて居る」、「支那兵の残酷さは、憐な捕虜の口の中に綿を押し込んで置いてある」、「卑怯な支那兵は追懸けて来る勇気なく」などと否定的に描かれている*39。以上のように、戦争関係記事には否定的中国観が多分に含まれているのである。

一方、少女雑誌の方はどうかというと、前述の通り、総じて戦争関係記事は少ない。『少女界』一九〇四年一二月号、中島董子の「編襴衣」という記事では、日露戦争中にあって少女達が日本の兵隊を心配する場面があり、「露西亜は支那のよーでもないつて言ひますから日本の兵隊さんも、沢山死ぬだろうか知らと思ふ」と述べられている。ロシアとの比較で中国が劣位に扱われていることが確認できるものの、先に見た『少年界』『少年世界』と違い、その弱さの具体的な説明もなく、直接的な蔑視表現も見えない。注目すべきは日露戦争における女性のあり方である。この記事に登場している少女二人は出兵兵士を送迎する立場にある。男性においては戦地が主な舞台であるのに対し、女性は銃後の立場が重要視されている＊40。そのため、同時代の中国への否定観を多分に含む直接的な戦争関係記事の表出量が、少年雑誌よりも少なくなっていると考えられるのである。

また、「直接的な蔑視表現も見えない」と述べたが、この点も大きな男女差異であると指摘できる。実際にそれぞれの雑誌の表現や記述内容を見てみると、「豚尾・豚尾漢」などの中国人に対する蔑称は、少年雑誌にしか見ることができず＊41、また「憎い畜生」「蛆虫」などの辛辣な否定表現も少年雑誌にしか見えない＊42。中国に対し否定的眼差しを向けているという点では同じでも、その表現方法や記述内容には大きな差異が見られるのである。

以上のように、否定観を多分に含む記事の有無（多い少ない）だけでなく、その否定的な記述内容・表現によっても男女で差異が見えている。これらから、誌面に表れた同時代の中国への否定観は、少年雑誌の方に強く表出していたといえるのではないだろうか。そして、その受容を考えた場合、少年の方は戦争関係の記事の多さから、少女より否定的中国観を受容する機会が多かったものと考えられ、蔑称や具体的な否定的記述に関しては、少女より激しい否定観を受容する機会の多さに繋がったのではないかと考えられる。

一方、同時代の中国に関する否定的記事だけでなく、古典世界の中国に関する肯定的記事にも男女差異は存在している。前述した点であるが、『少年世界』『少年界』の少年雑誌では、「東洋思想の偉人」「軍事的・政治的英雄」に類する中国偉人記事が多いのに対し、『少女世界』『少女界』では「孝子、節婦、賢母」に類する中国偉人記事が多い。

つまりは、取り上げられる中国偉人が男女一律ではない点が男女差異であるといえる。例えば少女雑誌の場合は、前掲『少女界』の「賢母の話」や、『少女世界』一九〇七年一〇月号、海賀篤磨「形名の妻」の孟母などが、良妻賢母の代表例として取り上げられているように、「孝子、節婦、賢母」に類する「女性」の中国偉人が比較的多く見られる。

以下、このような男女差異が見られる要因について考察を行う。

（三）男女差異の要因

考えられる要因として、男女に求められる文部省の教育方針と、それに従って求められる徳目の差異があげられる。例えば『少年世界』の発刊の趣意に「日本帝国を双肩に担ふべき、我少年諸君は、今より大に剛健雄大の気象、克己耐忍の徳性、明截透徹の智識を発揚せんことを要す＊43」とあるように、少年は将来の戦争の担い手としての立場を期待されており、それが戦争関係記事の多さに繋がっている。また、そのような立場から、多少の否定観は愛国心の強さの証明として許容されていたと考えられる（第一章参照）。これは、前掲『少年世界』一八九六年六月一日号「日米戯戦」で、日清戦争時に流行した軍隊遊びの際の「泣く児をチャン〳〵とあざけり、弱き児を清兵とさげしみし」行為を「尚武の思想をあらはし、敵愾の心に富める」と肯定的に評価していたことからも明らかである。

一方、少女はというと「少女が少年のやうに荒々しい性質をもつて、威張り散らすやうになツては困ります（中略）少女は何処までも少女らしく、温順、貞淑、優美の性情をそなへて＊44」というように、「少女らしさ」が求められる。これは、『少女世界』『少女界』の記事に看護や造花などといった記事が多いことや、日露戦争時であっても、戦争に関する具体的な記事が少なく、銃後の役割が強調されていることからも明らかである。この貞淑などといった「少女らしさ」を考えると、確かに敵愾心や否定観を表に出すことは少女らしくない。例えば『少女世界』では、少女の嗜みとして「言葉遣は優雅して粗野らぬ様」心掛けることが肝要であると説いた記事が見えるが＊45、このような「少女らしさ」も露骨な中国人に対する蔑称が少女雑誌に見えない一因と考えられる。当時の少女にとって最も大切なことは、「少女らしさ」を身につけることであった。

このような考え方は、当時出された教育法令にも如実に表れている。小学校についてみると、一九〇〇年八月に改正小学校令が出され、その実施のための「小学校令施行規則」が、同月に文部省令として公布された。その第一条に「男女ノ特性及其ノ将来ノ生活ニ注意シテ各〻適当ノ教育ヲ施サンコトヲ務ムヘシ」と見え、男女それぞれの特性に合った教育をすることが求められている*46。同規則第二条以降はその具体例が示され、例えば少女の修身については「女児ニ在リテハ特ニ貞淑ノ徳ヲ養ハンコトニ注意スヘシ」と記されている。また、当時の女子教育が良妻賢母主義を強調する時代にあったことも重要な点である*47。少女雑誌における古典世界の中国偉人記事の多くが「孝子、節婦、賢母」であった理由は、「教育の補助機関」たる児童雑誌が、その教育方針に従っていたためと考えられる。

この男女の徳目の差異が、誌面に表出された中国観の男女差異となり、結果として中国観受容の差異にも繋がったのではないかと考えられる。しかし、それが実際の男女の中国観の差異となって表れていたのかどうかは判断が難しい。日清戦争後の否定的中国観の浸透・定着傾向を考えれば、激しい蔑視感をもった少女がいても不思議ではない。また、少女が辛辣な否定観を有していたとしても、貞淑といったような少女らしさを求められる当時にあっては、思っていても表に出さない可能性が考えられる。

以上の点も含め、否定的中国観の強弱（否定的記事や激しい否定描写の有無）といった男女差異は、中国観の二面性という大枠内における差異であり、本章までに検討してきた明治期日本の中国観の枠組みを越えたものでないことは改めて強調しておく。

おわりに

以上の内容をまとめた上で結論を述べたい。

まず、同時代の中国への否定観であるが、日清戦争後も北清事変や日露戦争など、中国に関係する事件が立て続けに勃発したため、中国への関心は途切れることなく維持されることとなった。児童雑誌においても、その関心の高さは記事に反映され、中国関係記事には多分に否定観が見られていた。また、児童雑誌においては、その時々の事件がリアルタイムで記事になるだけでなく、数年後に回想記事という形でも表れていた。その回想記事からも否定観をうかがうことができ、その対象や内容も深化していた。日清戦争以後も同時代の中国への否定観は一貫して表出しており、日露戦争前後の時期は、その持続性という意味で、同時代の中国への否定観の深化の時期であったといえる。前章までの検討結果を踏まえれば、明治期における同時代の中国への否定観は、浸透・定着・深化など、否定的傾向をより強める方向に変遷していったと結論づけることができる。

一方、古典世界の中国への肯定観も、日露戦争前後期において一貫して誌面に表出していた。前章までの検討結果を踏まえれば、明治期一貫して古典世界の中国、主に古典世界の中国偉人は肯定的評価を与えられていたといえる。そして、その価値基準は教育的価値にあり、日清戦争やそれ以後の北清事変、日露戦争を経ても、否定的評価に転じることはなかった。ただし、肯定的評価の内実に変化はなくとも、第一章で指摘したように、時代が下るにつれ、古典世界の中国偉人を教養的観点から教材や記事として積極的に扱わなくなるという重要性の低下（軽視化）については、明治期以降の検討を行う際などには留意する必要がある。

以上の結果、「同時代の中国への否定観」「古典世界の中国への肯定観」という中国観の二面性が日露戦争前後期にも見られていたことが実証的に明らかとなった。前章までの検討結果を踏まえれば、これが明治期日本における中国観の実態と結論づけられる。

また本章では、当該期から検討が可能となる中国観の男女の差異についても検討を深めた。『少年世界』以外の『少女世界』『少年界』『少女界』からも検討を加え、中国観の二面性が男女共通のものであったことを立証し、さらにその枠組みの中ではあるが、男女の徳目の差異からくる中国関係記事の男女差異の存在を指摘できた。日露戦争前後期においては、日清戦争前後期のような大きな変化は見られないものの、中国観の二面性が脈々と引き継がれている様子が確認できる。またその確認に留まらず、同時代の中国への否定観に関しては深化過程にまで言及することができ、さらに男女別児童雑誌に着目することで、男女の共通点と差異にまで中国観の検討を深めることができた。第一節で児童雑誌の影響力、すなわちメディアの受け手の問題にふれた点も含め、本章が第二章の補論ではなく、本章独自の意義があることを改めて強調したい。

以上、本章では日露戦争前後期の中国観について、日露戦争の影響、男女別雑誌の登場など、当該期における中国観検討の重要性を指摘した。中国観の全容を明らかにするには、中国観の変化が容易に考えられる日清戦争前後期の検討だけでなく、その後の時期の検討も重要となってくるのである。特に、今後の課題となる辛亥革命以後の大正・昭和期の中国観を考える上でも前提となる基礎的な作業になると思われる。

註

1 辛亥革命期の日本の中国観を扱ったものとして、清水唯一朗「辛亥革命と日本の反応—近代日本と「崛起する中国」」(『歴史の桎梏を越えて—20世紀日中関係への新視点』千倉書房、二〇一〇年所収)や、馬場公彦「辛亥革命を同時代の日本人はどう見たか—日本で発行された雑誌を通して」(『アジア遊学』一四八、二〇一一年一二月)などを参照されたい。

2 序章「第二節」参照。白井久也『明治国家と日清戦争』(社会評論社、一九九七年)や檜山幸夫編著『近代日本の形成と日清戦争—戦争の社会史—』(雄山閣出版、二〇〇一年)などの日清戦争関係の先行研究でも、日清戦争が日本人の中国観に大きな影響を与えたことについてはふれられているものが多い。

3 伊藤之雄「日清戦争以後の中国・朝鮮認識と外交論」(『名古屋大学文学部研究論集』通号一一九号、名古屋大学文学部、一九九四年)、滝沢民夫「日清戦争後の「豚尾漢」的中国人観の形成」(『歴史地理教育』通号五六二号、歴史教育者協議会、一九九七年）など。
4 管見の限りでは、原剛「日露戦争の影響―戦争の矮小化と中国人蔑視感―」（軍事史学会編『二〇世紀の戦争』錦正社、二〇〇一年所収）、川島真「「日露戦争と中国」をめぐる議論の変容」（日露戦争研究会編『日露戦争研究の新視点』成文社、二〇〇五年所収）程度である。
5 有山輝雄『近代日本のメディアと地域社会』（吉川弘文館、二〇〇九年）の序章「メディア史における読者・視聴者研究の方法」や、同「下からのメディア史の試み―メディア史研究の読者・視聴者研究の方法」（『メディア史研究』三三号、二〇一三年三月）など参照。
6 有山輝雄「地方小都市における新聞読者と販売店」（『日本歴史』七五八号、二〇一一年七月）一〇六頁。
7 同右。
8 日本の児童心理学者（一八八二年～一九五五年）。『倉橋惣三選集』（学術出版会、二〇〇八年）などを参照。
9 日本児童学会編『児童研究』第一四巻（復刻版、第一書房、一九七九年）三五五頁。
10 『日本帝国文部省年報』第三九年報下巻（復刻版、宣文堂、一九七〇年）「第四表　学齢児童百人中就学累年比較」による。
11 橋本求『日本出版販売史』（講談社、一九六四年）、年永嶺重敏『雑誌と読者の近代』（日本エディタースクール、一九九七年）、永嶺重敏『〈読書国民〉の誕生』（日本エディタースクール、二〇〇四年）を参照。明治二〇年代は以下の状況であることが指摘されている。木村小舟『明治少年文学史』（復刻版第三巻、大空社、一九九五年、原典は『少年文学史』明治篇、童話春秋社、一九四二年～四三年）では「此の当時〔明治二〇年代〕の少年雑誌は、其の発行部数甚だ微々たるものにて、事実恐らく一万部を上下せる程度と見られ、従つて、全国少年にしてこれを購読する者は、大都市は知らず、地方の僻陬に至りては、一町二三名、一村一二名を数ふるに過ぎざりしやに想はれる（五五頁）」、前掲『日本出版販売史』では「〔元上田屋小酒井の明治二〇年代の雑誌普及についての回想〕店へ行ってその雑誌を買おうと思っても店にはないんで、あらかじめ注文して東京から取寄せてもらわなければならないのでした。新潟県では長岡などは大きい町だし、「幼年雑誌」も「小国民」も子供雑誌としては最も有力なものだったのに、そうだったのですから、地方ではおそらく雑誌を店にならべて売っておるなどということはなかったのではないでしようかね。（八六頁）」。
12 前掲『〈読書国民〉の誕生』三頁。
13 大杉栄『自叙伝』（岩波書店、一九七一年）五六頁。木村毅『私の文学回顧録』（青蛙房、一九七九年）一四頁。
14 菅忠道『日本の児童文学』（大月書店、一九六六年）四四頁。前掲『近代日本のメディアと地域社会』では大正期においても、雑誌の読者層は社会の上層であることが指摘されている。北村三子「『少年世界』の創刊と子どものゆくえ」（『名著サプリメント』四巻三号、一九九一年四月）なども参照。

15 地方への影響力に関しては一定の留保が必要である。地方への流入という大きな潮流が見え始めていたとしても、児童雑誌の普及率という点にまで考慮するのであれば、明治後期にあっても新聞の普及率が劇的に高いわけでなく、雑誌はさらに遅れていたとする最近の研究状況（有山輝雄『近代日本ジャーナリズムの構造—大阪朝日新聞白虹事件前後—』東京出版、一九九五年、前掲『近代日本のメディアと地域社会』など）などから、全国的な普及には至ってなかったといえる。

16 鳥越信『日本児童文学』（建帛社、一九九五年）、前掲『少年文学史』などを参照。一九〇〇年になると月一回刊行、一九〇一年になると定価一〇銭となる。

17『明治前期警視庁・大阪府・京都府　警察統計[第二期]Ⅰ』（柏書房、一九八六年年）による。これによると一八九七年には一部あたりの発行部数が七九三〇〇部とわかる。ただし当史料の数値が実際の発行部数より若干水増しされており、この点については、浅岡邦雄「明治期博文館の主要雑誌発行部数」（国文学研究資料館編『明治の出版文化』臨川書店、二〇〇二年）参照。

18 例えば、前掲大杉栄『自叙伝』に「僕は友人のほとんどだれよりも早くから「少年世界」を読んでいた（五四頁）」と見え、森銑三『森銑三著作集』続編第一四巻（中央公論社、一九九四年）の「少年雑誌の思ひ出」にも「私のある所には、いつでも『少年世界』があった（四九五頁）」と見える。その他第二章にあげた以外のものとしては、大西伍一『明治44年大正元年生意気少年日記』（農村漁村文化協会、一九八七年）一六、三二、三四、五六、六四、六九、一三五、一七〇頁。

19 片山清一『近代日本の女子教育』（建帛社、一九八四年）八四頁。

20 本田和子『子どもの領野から』（人文書院、一九八三年）、前掲北村論文など参照。

21『少年世界』の記者であった木村小舟は「その力殆ど「少年世界」と伯仲し」ていた、と述べている（前掲『少年文学史』第二巻、二七九頁）。

22 前掲『少年文学史』第二巻、一八三頁。

23 一八七四〜一九六〇。口演童話家、童話作家。関西学院卒業後徴兵検査で甲種合格となり、近衛師団に入営。日清戦争において、軍隊生活を体験し、その見聞を『少年世界』に投稿、兵営・戦記ものの作家として世にでる（大阪国際児童文学館『日本児童文学大事典』大日本図書、一九九三年）。

24 その他にも、『少年世界』一八九九年三月一五日号、尾上新兵衛「戦塵」では、「清人〔「ちゃん」とルビ〕」「豚尾」といった同時代の中国人への蔑視表現が見られる。

25『少年世界』一九〇〇年七月一日号、鶯塘「北清戦記」。

26 一八七九〜一九四〇。評論家、英文学者。本名誠也。一八九七年に博文館に入社、『少年世界』の記事の執筆をする（前掲『日本児童文学大事典』)。

27　その他、『少年世界』一九〇四年三月五日号、松原二十三階堂「満洲風物談」では満州人の不潔さについて否定的記述が見え、同誌一九〇七年一月一日号、尾上新兵衛「満洲の小学校」では、教師と生徒がだらしないいびきと涎を出しながら居眠りしている様子を紹介している。

28　日本に引きつけた満州の特殊性が殊更強調されるようになるのは、中国ナショナリズムの台頭以降と考えられる(加藤聖文「日露戦争と帝国の成立―満州経営の内部矛盾―」〔東アジア近代史学会『日露戦争と東アジア世界』ゆまに書房、二〇〇八年所収〕)。

29　竹内実『日本人にとっての中国像』(春秋社、一九六六年)二九九頁。

30　その他、『少年世界』一九一一年三月一日号、陸軍少佐猪谷赤城「陸軍記念日」という記事では、日露戦争時の奉天会戦を回想した部分で「随分欲の深い戦場盗賊の上手な支那人」などの現地中国人への否定的記述が見られる。

31　一八七六～一九一四。作家、編集者。一九〇四年、巌谷小波の推薦で博文館に入社、のち『冒険世界』の主筆にもなる。日本の児童文学における冒険小説というジャンルを確立、第一人者となる(前掲『日本児童文学大事典』)。

32　『少年世界』一八九八年一〇月一日号、柳井絅斉「東西廿四傑唐太宗」。

33　『少年世界』一八九八年一一月一日号、柏軒学人「東西廿四傑李鴻章」。

34　『少年世界』一八九八年一一月一五日号、柏軒学人「李鴻章(承前)」。

35　『少年世界』一九〇五年六月一日号、文学士結崎孤舟「孔子」、同誌一九一一年一月八日号、佳水生「東西英傑の少年時代」など。

36　一八五六～一九二九。教育者、作家。東京高等師範学校卒、三高教授、学習院教授を歴任。金港堂書籍の雑誌『青年界』の編集主任となり、『少年界』『少女界』にも執筆(前掲『日本児童文学大事典』)。

37　『少年世界』一九〇九年一一月一日号、浅田江村「最近の出来事(張之洞の薨去)」という記事も、昔の中国は偉い人が多くいたが今は偉い人がおらず、外国人から馬鹿にされていると述べる。

38　各児童雑誌には、記事執筆者の漢学の素養が反映したと思われる記事も多い。『少年界』一九一〇年二月号、神谷鶴伴「少年の今昔」という記事は、当時の不良少年の増加を嘆き、孝行の大事さを説いた内容となっているが、その際に孔子の『孝経』を引用した説明がなされている。

39　『少年界』一九〇五年一〇月号、山中天生「西比利亜軍事探検」も同様に北清事変が時代背景にある実歴談であり、中国の環境については「北京の騒々しい塵だらけな臭い道」、中国人の形容も「卑し気に見える」と、こちらにも否定的描写が見られる。

40　『少女界』一九〇五年八月号、神谷鶴伴の「そゞろ言」という記事では、慰問袋を送ったという通信が紹介されている。

41『少年界』一九〇四年三月号、榎本杏村「従軍少年」の「二三十人の豚尾漢奴等（ちやんくめら）」など。

42『少年界』一九〇二年一二月号、曉花「姫宮丸漂流譚」、同誌一九〇四年四月号、榎本杏村「従軍少年」。

43『幼年雑誌』一八九四年一二月一日号「少年世界発刊の主意」。

44『少女世界』一九〇九年一月号「少女の力」。

45『少女世界』一九〇六年一〇月号、山脇房子「少女の嗜」。
46 神田修編『史料教育法』（学陽書房、一九七三年）「第三章　教育課程、教科書制度」参照。前掲『近代日本の女子教育』一一八頁。
47 前掲『近代日本の女子教育』一一二頁、金井景子「自画像のレッスン―『女学世界』の投稿記事を中心に」（前掲『メディア・表象・イデオロギー』所収）など参照。

第四章
＊明治期の児童雑誌に見る日本の対外観
―中国観との比較を軸に―

はじめに

本章では、第二章・第三章の検討結果を基礎とし、中国以外の他国への対外観を検討し、中国観との対比を行う。当該作業を行う理由として、ここまで中国観の検討を進めると、中国観だけでなく日本の他国への対外観はどうであったのかという単純な疑問が生じてくる。それだけでなく、この作業には大きな意義が存在する。それは、他国への対外観との対比から、日本の中国観ならではの特徴を浮き彫りにし、中国観を研究することの意義を明らかにできるのである。

最近の研究の潮流として、世界史的視点ないしは国際情勢を念頭に置いた多国間関係という視座・超域的視座の重要性が強調される＊1。一方で、大局的見地に至るまでには、個々の精緻な実証研究の蓄積が必要不可欠であり、日本国内に焦点を絞った上でも検討すべき課題は多い。本書もそのような問題意識から構成されているが、前者の視点を無視するものではない。日本の対外観を多国間関係から明らかにする意義は前述の如く明らかである。

検討史料は児童雑誌である。つまり、児童雑誌から読み取れる中国観と対外観の比較が本章の目的となる。児童雑誌を使用する理由については、序章や第二章で詳述した通りであるが、簡単にまとめれば、①児童が一般民衆層を形成する基礎段階と考えられること、②その児童が児童雑誌に掲載された外国関係記事を読み、対外観を受容していたと考えられること、③雑誌という性格から時事の事柄が雑誌記事に即座に反映しており、対外観の変遷がつかみやすいこと、④当時の児童雑誌は娯楽的側面だけでなく、国家の義務教育方針に従う「教育の補助機関*2」であったことから相互補完的検討が可能であること、⑤児童雑誌の執筆者・編者が大人であることから、児童から大人にまで通じる最大公約数的評価が誌面から読み取れること、などがあげられる。

児童雑誌から、中国観以外の日本の対外観を検討している研究は少なく、大竹聖美「明治期少年雑誌に見る朝鮮観—日清戦争（一八九四）〜日韓併合（一九一〇）前後の『頴才新誌』・『少年園』・『小国民』・『少年世界』—」（『朝鮮学報』一八八号、二〇〇三年）や、丸尾三保「明治期「少年世界」にみるロシア—昔話および翻訳作品の考察—」（『梅花児童文学』九号、二〇〇一年）程度で、検討の対象が一国に絞られており、全体的な対外観の検討とはなっていない。児童雑誌から中国観を検討した先行研究については、第二章・第三章を参照されたい。

第一節　本章で扱う児童雑誌と検討時期・検討方法

検討時期は、第二章でも明らかにしたように、日本の中国観が大きく変容した日清戦争前後の時期とする*3。中国観の変化が如実に見られた当該期に設定することで、中国観と中国観以外の対外観との差を明確に打ち出すことができる。使用する児童雑誌は、当該期の有力児童雑誌として位置づけられる『小国民』と『少年世界』とし、その史料状況から日清戦争前後の時期を「一八八九年〜一八九八年」とする*4。発行元の違う二誌を扱うことの利点は、中国観に最も影響を与えたであろう日清戦争中（一八九四年八月〜一八九五年四月）の期間を、両誌から検討を行うことができる点にある。どちらか一方の検討だけでは、その雑誌の性格・特徴に引っ張られた中国観である可能性を免れず、また、『少年世界』だけでは、日清戦争前の中国観を検討できない。

また、中国観と対比する他国の対外観であるが、本章では主に「西洋観」を取り扱いたい。これは、当時の外国史教育で「日本史」「支那史（後、東洋史）」「万国史（後、西洋史）」が課せられているように、当時においても「西洋」「東洋」という枠組みが取られていたことによる*5。右の児童雑誌で「西洋」と「東洋（主に中国が対象）」がどのように描写され、どのような関係にあったのかを明らかにしていく*6。近代における西欧列強の存在が、中国観を規定する一つの要因であったことを改めて見ていくことにもなろう。

具体的な検討方法であるが、右の検討時期における児童雑誌の対外関係記事（外国・外国人に関する記事）のうち、外国への評価を考えるという点から、肯定・否定といった何かしらの価値判断が見られる論説・小説などの文章記事を抽出することとする。挿絵や写真、それに付随する文章、一つの記事として独立していない数行の記事などは雑誌に占める割合も少ないので検討外とする*7。本章では「豚尾」「ちゃんちゃん」などの蔑視表現や、「不潔」「蒙昧」「傲慢無礼」「野蛮」「不忠」「弱国」「未開国」などの否定的イメージを想起するもの、対象への非好感的な語句・文章を否定的表現とし、「豪傑」「勇敢」「勤勉」「義烈」「富強」「強国」「先進」などの肯定的イメージを想起するもの、対象への好感的な語句・文章を肯定的表現とする。

また、児童雑誌には読者投稿欄が設けられており、受け手の問題を考える上でこちらも検討記事として抽出した。使用に際しては、特定の一人が述べている特異な意見ではなく、多くの人間に共通した所見を、雑誌本文記事との関係性を考えながら慎重に検討する。

以上の前提のもと、抽出を行った結果、中国関係記事が『小国民』一三三件、『少年世界』九六件、西洋関係記事が『小国民』九五件、『少年世界』一三三件となった。また、読者投稿文は、中国関係が『小国民』七〇件、『少年世界』八九件、西洋関係が『小国民』五七件、『少年世界』八一件となった。

中国関係記事を見てみると、同時代の中国王朝である清国・清国人に関する記事と*8、「孔子」「孟子」「諸葛亮」「項羽」などの古典世界の中国偉人が記事に見えており*9、中国関係記事全体から「同時代の中国」と「古典世界の中国」という時間軸による二面性が浮き彫りになっている。以上の問題意識と同時代と古典世界の区分が中国関係記事に見られたことから、本章では中国観を「同時代の中国」「古典世界の中国」といった枠組みで検討する。

また、その記事数であるが、右のように、中国一ヵ国で、数カ国を対象とした西洋関係記事と同程度の記事数を示しており、児童雑誌の対外関係記事においては圧倒的な数を占めている。これは、歴史的交流の長い隣国であるという理由の他に、検討時期が日清戦争前後期のため、日清戦争関係の記事が多く見られたことが一因と考えられる*10。

一方、西洋関係記事であるが、多く見られるのは米国、英国、仏国、独国、露国などの当時の列強に関する記事である。西洋という枠組みで抽出した記事には、『小国民』一八九三年四月一日号、拙誠生「米国の開化」という記事名のように、米国、英国など一国に対する記事もあるが、『少年世界』一八九五年二月一五日号、大孤山人「西洋武者譚」のように「西洋」あるいは「欧米」といった枠組みで叙述されている記事も散見している。

また、先の中国偉人に対して、西洋偉人はどうであるかというと、米国初代大統領のワシントン（一七三二～一七九九）や英国の提督ネルソン（一七五八～一八〇五）など、当時（明治期）から見て比較的同時代に近い偉人が多い*11。特に、先にあげた古典世界の中国偉人などの多くが紀元前の人物であったのに対し*12、紀元前の西洋偉人は『小国民』一八九二年一一月三日号「豪傑の節倹（アレキサンダー大王（前三五六～））」、『少年世界』一八九八年一月一五日号、長谷川天溪「東西廿四傑ハンニバル将軍（紀元前二四七年～）」、同誌同年二月一五日号、浅田空花「東西廿四傑シーザル（カエサル、紀元前一〇〇年～）」程度しか見ることができない。つまり、西洋観には同時代と古典世界の区別が中国ほどにはないことが明らかとなり、時間軸による区別の必要性は中国観にのみあることがわかる。これには、日本との歴史的交流の長短の差が大きな要因として考えられる。

以上の対外関係記事をもとに、日清戦争前後期をさらに「日清戦争前（一八八九年一一月～一八九四年七月）」「日清戦争中（一八九四年八月～一八九五年四月）」「日清戦争後（一八九五年五月～一八九八年九月）」と区分して、その対外観の変遷を中国観との比較を軸に見ていく。中国観については、第二章で詳細に論じたが、ここでは第二章とは異なる史料を掲げることによって、実証性をより高めることとする。

第二節　日清戦争前の日本における対外観

（一）中国観

まず、同時代の中国、つまり当時の清国・清国人に関する記事を先に見ていくと、本文記事は一一件、読者投稿は二件見られる。

その一一件の記事は否定的内容の記事である。また、掲載時期は日清戦争前年（一八九三年）以降のものであり、知識人層レベルでは、清仏戦争や朝鮮をめぐる壬午軍乱・甲申事変などで、すでに清国への否定観が見えていたことに比べると*13、大きな差異である。つまり、『小国民』本文においては創刊の一八八九年から四年間は否定的記事が見られないのである*14。

そして、実質的に戦争が始まっていた宣戦布告の時期になると、『チヤン〱を、斯うふんづかまいて、馬乗ごツこは面白いです。シッ！シッ！、此畜生、馳せろ〱。エ、埒あかない』鞭の音『パチッパチッ』。豚尾の泣き声『ア痛ア痛。』『ざま見ろう』『こんな奴らの大根首に』、『日本刀は利き過る。銀紙張ッた木刀で、サック〱。*15』というように、「チャン〱」などの蔑視表現を含み、敵愾心を露わにした記事が見えるようになる。この記事の上段には、日本児童が中国人に馬乗りになり、弁髪を引っ張りながら鞭打つという挿絵が見えており、視覚的にも否定観が読み取れる記事である。江戸時代以来、一般民衆レベルにおいて否定的な中国観が大勢を占めてはいなかったことも併せて考えると*16、これは大きな変化であり、それだけ日清戦争が中国観にマイナスの影響を与えたことを示している。

一方、古典世界の中国に関する記事については、五七件程の記事が見られ、特に「関羽*17」や「諸葛亮」といった古典世界の中国における特定の個人（以下、古典世界の中国偉人とする）について、肯定的評価の見られる記事が散見している。例えば、『小国民』一八八九年一二月一〇日号「義仲と田単」という記事では、田単が「支那国の、昔し戦国時代に、齊の国に田単といへる勇将あり。〔敵国との戦いにおいて、知略を巡らした田単のおかげで〕縦横無尽に敵陣を蹴散らし、またゝく間に自国の七十余城を取返せしことあり。」と、肯定的評価を伴いつつ紹介されていることが読み取れる。

古典世界の中国偉人などは、その人物像や嘉言善行が児童の人格涵養に大きく寄与するものとして、当時の教科書の教材として取り扱われている（第一章参照）。当時の児童雑誌が「教育の補助機関」であった性格を考えると、肯定的に扱われている理由がわかる。

また、読者投稿文でも、一七件もの記事が見え、その多くは、立志や勤勉を説く際、「司馬光（北宋）」「韓信（漢）」「蘇秦（戦国）」「張儀（戦国）」などが、その象徴例として肯定的に引用されている*18。注目すべきは、同時代の中国王朝である清国（人）の多くは、当時の情勢から否定的に扱われ、清国より前の時代の中国偉人の多くは、教育的・道徳的側面から肯定的に扱われている点である。また、その記事数も、本文記事・読者投稿文ともに古典世界の中国に関する記事が多く占めており、日清戦争前の時期は古典世界の中国への肯定観が強かった時期といえる。

（二）西洋観

西洋関係記事（六九件）や西洋関係の読者投稿文（四二件）を見てみると、西洋・欧米という枠組みにある各国については、「同時代」を視点に「先進国」「文明国」「強国」「富国」といった点で、総じて肯定的な記事が多い＊19。勿論、『小国民』一八九二年一一月一八日号、岡山県・西琢二「日本魂ノ説」という読者投稿文のように、「怯懦文弱ノ弊」として当時の洋風尊攘、欧米模範に否定的な意見もいくつか見えるが、誌面の大勢を占めるものではなかった。

これは、西洋偉人についても同様で、立志や勤勉を説く象徴例として「ワシントン」や「コロンブス」などの西洋偉人の多くが肯定的に取り上げられている＊20。中国では、古典世界の中国偉人のみが、道徳教育に寄与するという側面から肯定的に扱われていたのに対し、西洋観では、それに加えて、その国の有する国力・軍事力などが日本の目標とすべき価値基準として評価され、肯定的に扱われている。

さらに、西洋と中国の人物の取り扱いの差異として、無名の個人への扱い方の差異があげられる。例えば、『小国民』一八九一年九月一八日号、無一学人訳「心にて読め」は仏国の一水夫が貧しい者を救う善行談となっており、偉人ではない何某が記事の主役として登場し、彼らの模範的行動が肯定的に評価されている＊21。一方、中国人の場合には、無名の個人（偉人ではない人々）に対して、右の例のように肯定的評価のみが読み取れる記事は見当たらない。むしろ、『小国民』一八九四年二月三日号「異人種巡覧」などの記事では、清国人の容貌を「遅鈍なる様子」と紹介し「これで自から中華中国抔と誇るは笑止千万なり」と、否定的評価を与えているものさえ見える。肯定観の主潮傾向が〝古典世界〟の中国に向けられていることからもわかるように、肯定的な中国観は西洋観に比べ対象が限定されている。

では、本章の課題でもある当該期の西洋、中国の位置づけはどうであったのか。『小国民』一八九四年三月一八日号、霞城山人「科学実業」という記事を見てみると「欧米諸国の皆今富強に誇るは、諸子の知る所、東洋諸国の支那と我とを除くの外、萎微振はざる所以、豈他あらんや、啻是れ科学未だ開けず実業未だ進まざるの致す所のみ。日本の実業科学ハ、之れを他の東洋諸国に比ふれば、発達進化、日を同うして語る可からざるものと雖も、然れども之を彼の碧眼紅毛の欧米人に較べ来れば、遺憾ながら未だ彼に及ばざること甚だ遠し、〔中略〕亦実に彼の工業は、我に比べて偉大なり」とあり、欧米諸国の富強と「西洋＞日本＞清国＞その他の東洋諸国」という図式が読み取れる。

さらに、同誌同年四月三日号、石井研堂「国光の発揚」では「わが国の、西洋各国と交通の開けしは、僅三十年に過ぎざるにも拘はらず、其の光輝は、早く西洋各国を照し〔中略〕彼等西洋人の間に、嘖々歓迎せられたる者、指を屈するに遑あらず、吾々籍を日本国に有する者、如何ぞ抃舞歓呼せざらんや。眼を転じて、彼の頭尾潤衣の支那人が、世界上に於る価値の如何を見よ。〔中略〕五大洲上の人、悉く、彼を擯斥し彼を侮蔑し、一種劣等の別人種と倣すこと恰も符節を合するが如し。甚だ憐むべきの境遇ならずや。然れどもこれ自ら速く所にして、亦誰をか尤めん。彼ハ自ら中華人と称し、孔孟の教を奉ずる徒なりといふと雖も、無頼貪欲にして奸智に富み、小利のために廉恥を顧みず、国家の何物たるを忘るゝに由るのみ」と見える。ここでは、西洋に評価される日本、侮蔑される清国という図式が読み取れ、西洋の位置づけは肯定的な評価を与える側にあることがわかる。

これは読者投稿文でも同様の傾向であり、例えば同誌同年三月一八日号、大阪府・濱田富次郎「大業ヲ興サントスル人ニ告ク」でも「西洋諸国ノ東洋人ニ超出シテ文運ノ発達ヲ得国家ヲ富強ニスル」と「西洋＞東洋」観が見られる。つまり、清国一国を対象とした否定的評価を伴う中国関係記事だけでなく、西洋関係記事に表れている各国間のパワーバランスを鑑みても、清国に対しては否定的位置づけが読み取れるのである。

また、中国観との比較において、もう一つ注目すべきは、西洋への警戒心である。例えば、同誌同年六月一日号、霞城山人「撃剣及び体術」では「今は南獅北鷲、牙を磨し、爪を利して窺ふあるをや、英と云ひ露と云ひ、沸と云ひ獨と云ひ、皆是れ東洋に侵略の意あるもの、一朝平和破れて、戦端を開かんか」と、西洋への警戒心が如実に述べられている。このような警戒心は読者投稿文においても同様に散見され、「今ヤ西洋各国文明ノ域ニ進ミ日ニ増シ月ニ長シ爪ヲ研キ牙ヲ磨シ当ニ来テ東洋ノ辺境ヲ窺ハントスルニ至ル〔中略〕我ガ神州ノ独立ヲ希ハヾ勇ヲ鼓シ気ヲ奮ヒ以テ国力ヲ充実シ鷲獅ノ餌食タランヲ避ケンコトヲ希ハサルベカラズ*22」などのように述べられている。

右のように、『小国民』における西洋観は、尊敬・憧れだけでなく、恐れ、警戒心も同時に見られていた。つまり、西洋観には、強国という一つの認識から生まれる「賛美」と「警戒」という二面の評価が見られるのである。強国であることを事実として肯定的に受け入れ、日本の模範たる西洋としての肯定的評価と、強国故に何時侵略してきてもおかしくないという警戒心が表裏一体となっている。中国観とはベクトルの異なる二面性であると指摘できよう。

第三節　日清戦争中の日本における対外観

(一) 中国観

同時代の中国、つまり清国・清国人(兵)に関する記事は、『小国民』五三件、『少年世界』三三件程ある。

日清戦争の最中にあり、清国に対する関心が劇的に高まっていたことから、清国・清国人に関する否定的記事が大幅に増えている。否定的評価を下す価値基準は、清国の軍事力だけではなく、「不潔」などの外見や、「卑怯」などの民族性にまで及んでいる*23。特に、児童雑誌において注目すべきは、小説やお伽噺などの読み物にも、日清戦争が反映されたものが多くなり、その清国描写のほとんどが否定的という点である。

例えば『小国民』一八九四年一〇月一日号、鹵男「地獄の沙汰」という記事は、秀吉や義経といった日本偉人が地獄から日清戦争を語るというお話であるが、彼らの台詞に「葱くさちゃんちゃん共」というような敵愾心を露わにした表現が見受けられる。

『少年世界』でも、一八九五年二月一五日号、漣山人「駄法螺」というお伽噺で、喇叭大将という日本をモデルとした登場人物が、駄法螺という中国をモデルとした登場人物に対して「見よ彼駄法螺を!徒らにムク〱然と肥太つて、進退の遅鈍極まる、到底文明の今日に、吾々と肩を並ぶべき者でない。されば此の義戦を機とし、野蛮不潔の駄法螺をば、只の一ト吹に吹き飛ばしてしまへ」と述べている。読者投稿欄にも、日清戦争に関する所見が多く寄せられ(『小国民』三一件、『少年世界』二八件)、「豚尾」「チャンチャン」などの蔑視表現が蔓延しており、敵愾心の高揚が誌面に如実に表れている＊24。

一方、戦前に見られた古典世界の中国偉人はどうであったかというと、日清戦争による影響からか、誌面からその多くが姿を消している＊25。また、丁汝昌などの同時代の清国将校が「天晴」「悼惜」に足る人物であったとの肯定的評価が見られるが＊26、その記事数は否定的記事と比べると圧倒的に少なく、誌面の大半は否定的なものであったといえる。日清戦争前においては、肯定的評価が与えられた古典世界の中国関係記事が多かったことを考えると、大きな変化が見られる。一方で、中国観の二面性が失われたわけではない。『小国民』一八九四年一二月一日号「教育幻燈会」では「諸葛孔明も、顔真卿顔杲卿も、文天祥も、遠き昔の話にて、只今では、清国四百余州四億万人を、鐵の草鞋で探しても、忠勇賢明の将校は一人もいない」と、古典世界の中国偉人と同時代の中国人を比較しつつ、同時代の清国人将校に否定的評価を下している。同時代の中国に否応なく焦点が当たる日清戦争の影響から、古典世界の中国偉人そのものを取り上げる記事は少なくなっても、日清戦争に関わる文脈上に古典世界の中国偉人が同時代の中国人との比較対象として存在している点は見逃してはならない。

（二）西洋観

日清戦争の影響により、誌面の多くが日清戦争関係の記事となるが、西洋関係記事が見えなくなることはない（『小国民』一六件、『少年世界』一六件）。主に、西洋での戦争が日清戦争に関連して語られるようになり、優劣の価値基準として、比較引用の一つとして西洋は肯定的に誌面に見え続けている。一例をあげれば、『小国民』一八九五年二月一五日号、秋雨「英米の海戦」では、一八一二年〜一四年の米英戦争の話が、『少年世界』同年一月一日号、大和田建樹「トラファルガーの海戦」では、一八〇五年のフランス・スペイン連合艦隊とイギリス艦隊（ネルソン）との海戦が紹介されている＊27。後者では「見よ清国が威海衛および旅順口を以て渤海の入口を扼せると其地勢の甚だ相似たるを」「豈亦我征清軍が先づ金州を扼し。大連湾の砲台を奪取して。而して幾もなく旅順口の陥りたると趣の相似たる無からずや」などのように叙述されており、日清戦争との比較が如実にうかがえる。

また、注目すべきは、日本の優勢が明白となってきた一八九四年末以降、日本と西洋の位置づけが、日清戦争前より変化を見せている点である。

『小国民』一八九四年一二月一五日号「大日本人の真相」では、今度の日清戦争で日本が欧米に認知されるようになったと述べられており、『少年世界』一八九五一月一五日号「第二の維新」でも「連戦連勝の結果は、国の名誉世界に輝き、是れまで東洋の一島国として未開の列にありし我が国も、今や一躍して世界の第一等国となり、英吉利、露西亜、沸蘭西、獨逸にも劣らず、墺地利、伊太利、和蘭、西班牙等よりは、遥かに上位を占むるに至れり」と、「西洋＞日本」の関係構図が「西洋≧日本」と変化していることがわかる。

この傾向は、西洋関係の読者投稿文（『小国民』七件、『少年世界』一一件）でも同様である。例えば、『小国民』一八九五年一月一日号、新潟・岡田昌堂「送騎兵梨本鐵衛君書」という読者投稿文では「陸上ニ海面ニ皆神国ノ勝トナリ信ニ日本帝国ノ頭角ヲ欧洲列国ノ上ニ顯スノ時到レルナリ」と見える＊28。日清戦争が完全に終結していない段階で、既にこのような記事が見えている。

以上のように、西洋諸国の「文明富強」「強盛」という評価は変わらない一方で、そのような強国に認めさせたという意識は、「西洋≧日本＞中国」という図式であり、相対的に中国への評価は戦前より低いものとなる。西洋との対比から考えても、日清戦争によって中国はより劣位に評価されることになったといえる。

次に、当該期の西洋偉人について見てみると、中国偉人については、その数が大幅に減少していたが、西洋偉人については、戦前同様にその存在を確認でき、その人物評もほとんどが肯定的評価を受けている。

注目すべきは日清戦争の影響からか、ネルソンやナポレオンなど軍人関係の偉人が比較的多く見られる点にある＊29。それは、『少年世界』一八九五年二月一五日号から六月一五日号までに計六回にわたって連載された「西洋武者譚」という記事に如実にあらわれている。この記事は、西洋における勇ましい話を毎回数点紹介しており、例えば、病気の軍人が「〔自分の命があともって〕僅に数月、然らば畳の上に死せんよりも、病を冒して勇ましく戦場に死せん*30」と述べ、戦いに身を投じた話などが紹介されている。

また、もうひとつの注目点は西洋偉人と日本偉人の同列化にある。同誌同年四月一五日号、二橋生「モルトケ将軍と伊東中将」という記事には「大英雄大豪傑などいふ、大々的人物の性行には、彼我殆んど相齊しき所のものあり、乃ちモルトケ将軍と伊東艦隊司令長官の如きこれなり」とある。この偉人の同列化にも、前述の日清戦争による「西洋≧日本」と同様の傾向が考えられる。また、黄海海戦で活躍した伊東祐亨司令長官が比較例としてあがっていることからも、日清戦争による影響の強さがうかがえる。

第四節　日清戦争後の日本における対外観

(一) 中国観

日清戦争が終結しても、同時代の中国、すなわち清国・清国人に関する否定的記事は一定数誌面に現れ続けている(『小国民』一一件、『少年世界』四〇件)。国力・軍事力などといった価値基準に照らしてみても、敗戦国の中国が否定的に扱われるのは免れ得ない。

それを裏付けるように、日清戦争中の敵愾心を煽るような直情的な記事は見えなくなっているが、清国人を「ちゃんちゃん」「豚尾」と侮蔑するような記事は見え続けている。

日清戦争中は、上記のような蔑視表現は、敵愾心の高揚や戦争謳歌のためのものであったと考えられるが、戦後は「弱さ」「卑怯」などマイナス要素の象徴として引用されることが多くなっている。

例えば、『少年世界』一八九六年二月一五日号、西井翠山「鼠の敵」という物語では、鼠が逃げ惑う様を「チャンく坊主のやうに人の知らぬ間にコソくと働き若し見つかつたときは三十六計逃ぐるに如かずチウくくと逸足いだして逃る我々なれば」と、中国人を例に紹介されている。これは、前掲『小国民』一八九四年一二月一日号「教育幻燈会」で「〔清国兵は〕愈実戦となると、傘と提灯を持ツたきり、ドシ〳〵逃げて仕舞ます」といった記事に代表されるように、日清戦争中での清国兵の弱さが読者の共通認識となっていることが前提となった使われ方である。

また、『少年世界』一八九七年七月一五日号、長谷川古都市「運動会」という物語では、運動会で日本方と支那方の二つに分かれて競争することに対し、支那方をやらされることに対し嫌がる子供と、それに同調する両親の模様が「支那人の真似をしろなど丶はどの口で言へたもの、見下るにも程がある」「其忰に向つて支那兵の真似をせよとは失敬極まる」といった会話で展開されている。こちらの話も、中国への否定観が前提となって成り立つ話であり、一般レベル、少なくとも児童雑誌の読者レベルにおける否定的中国観の浸透を裏付けるものだと考えられる。

一方で、古典世界の中国に関する記事は『少年世界』に二三件程度見られ＊31、日清戦争中は誌面から姿を消していた古典世界の中国偉人関係の記事も、再び記事に現れるようになっている＊32。

同時代の中国への否定観の浸透は、あくまで日清戦争を契機としたものなので、交戦国である当時の清国・清国人が対象であり、古典世界の中国偉人にはその否定観が及んでいない。これには、明治期が未だ漢学愛好の時代であり、その有効性を保っていたことが一つの要因として考えられる＊33。これは読者投稿文（『小国民』計一九件、『少年世界』計六〇件）でも同様の傾向をしめしており、同時代の清国・清国人に対する否定的な投稿と、古典世界の中国偉人への肯定的な投稿が戦前と同様に両方見えている＊34。古典世界と同時代の評価として象徴的であるのが『小国民』一八九五年五月一日号、福島県・手代木祐壽「支那」という投稿文で「昔時ハ聖賢輩出シ文物彬々トシテ興リ政教大ニ行ハレシガ世ヲ易ヘ年ヲ経ル程ニ次第ニ開化ノ度ヲ失ヒ今日ハ昔日ト違ヘ貧国弱兵ナリ故ニ今度ノ戦争ニモ百戦百敗シ世界各国ヲシテ実ニ大国恐ル丶ニ足ラザルヲ知ラシメタリ」と述べられている。以上のことから、「昔は良かったが、今は駄目」といった同時代と古典世界を明確に区分にした中国観が成り立っていたと考えられる。

（二）西洋観

日清戦争後も、多くの西洋・西洋偉人の記事が見られ（『小国民』一〇件、『少年世界』一一七件）、ただ一国を除いては、その評価も戦前・戦中・戦後を通して大きな変化は見られていない。その一国とは、中国観との対比の上でも注目すべき国となるロシアである。これは、一八九五年四月の三国干渉により、「臥薪嘗胆」のスローガンで対ロシア報復への国民感情が扇動されたことによるもので、児童雑誌にもロシアに対する同様の記事が誌面・読者投稿文に表れている*35。

例えば、『小国民』一八九五年九月一五日号「嗚呼露国」では、三国干渉を「利己の貪欲」「暴力の威嚇」として批判し*36、『少年世界』一八九七年五月一日号、漣山人閲・森愛軒作「ボーイ長吉」という物語の中にも「眼中人無き倨傲の外人、日清戦争の終局を、まんまと干渉してくれたり、野蛮の力は到底文明の潮流に抗すること能はず、自己の力量をも弁へず、分に過たる日本の振舞、まんまとへこましくれたる気味のよさと、云はんばかりの彼等が無礼、実に心ある人ぞ心に知るべき。」と、三国干渉を匂わせる叙述がうかがえる。

しかし、清国との差異は、ロシアは三国干渉による否定観とともに、強国というイメージも強い点にある。例えば、三国干渉直後の同誌一八九五年六月一五日号、七月一日号、巨浪生「魯国の水兵」、同年八月一日号「魯兵の剛毅」などでは、ロシア兵について「勇気果断」「忠順」「剛毅」などと肯定的表現が見えるし、西洋偉人たる「ピョートル大帝」もロシアを今日の強大国にした「英雄」として肯定的に評価されている*37。

戦前からの「賛美」と「警戒」という西洋観の二面性、あるいは「西洋＞清国」という構図は変わっておらず、むしろ日清戦争の影響からその隔たりはより一層深くなっていると考えられる。その具体的要因として、同誌一八九七年一二月一日号、孤松山人「剣光旗影」では「このあいだの日清戦争では、ほんとの文明的交戦をしなかつた、戦略だの戦術だのは殆むど要らない位で、少し隙があると、突貫々々で極めてしまつた。〔中略〕がそれは敵手が清国だつたからであらうが、若し是れが露国だとか英国だとか、但は佛獨でもあつたら、いくら日本がゑらいからツて、左様容易くは行くまい」と述べられており、ここからも「露英沸獨∨清」が読み取れるのである。

実際にその国と戦争をしたか否か（勝利したか否か）、西洋か非西洋か、という問題が当該期の日本の対外観を考える上で重要な要素であることがわかる。これは、右のロシアと清国への評価の差異の要因としても指摘できる点である。

例えば、同誌一八九五年五月一五日号、理科大学市村塘「猿に近き人間」では、アフリカ南部の土人が「普通人類として見るべからざる猷行禽心の徒なる〔中略〕豚尾奴よりも一層下等なる人類」として紹介されている。しかし、前述したように、マイナス要素の象徴として誌面に現れている多くは中国であり、それは、実際に交戦し中国に勝利したという事実、即ち、戦争中に戦地での中国・中国兵の状況を雑誌メディアを媒体とする間接的なものでありながらも、具体的な内容を受容したことが大きな要因であると考えられる。

西洋・西洋偉人が日清戦争前後一貫して、肯定的に取り扱われていることは先に述べたが、戦中に見られた日本偉人と西洋偉人の同列化は戦後も見えている。同誌一八九六年三月一日号、栗園主人「豊太閤と華盛頓〔ワシントン〕の慎戒」では「豊太閤と華盛頓といへば、諸君も知れる如く、東西希世の英雄なり」と並列で述べられている。

しかし、西洋偉人が依然として日本偉人の評価を高める側にあることは注意が必要である。同誌一八九七年二月一日号、落合城畔「英雄と生時の関係」で「西洋の人はよく物事に注意し如何ほど些細な事にも気をとめまして終に大発明を致しますことは是まで沢山例がありまして東洋の人などの遠く及ばぬことが多くあります」と見えるように、あくまで「西洋∨東洋」の図式であって、日本の場合も同列といえども「西洋≧日本」であることは免れない。これは、これまで述べてきた西洋あるいはロシアへの強国観・警戒心などからも明らかである。

また、ここで一つ注意をしなければならないのが、古典世界の中国偉人への肯定観が、同時代の清国への肯定観と結び付かないように、各国の西洋偉人の評価がその人物の出自国の評価に直結するとは限らない点である。例えば、立志の象徴として誌面に多く登場しているコロンブスは、イタリア生まれの航海者として紹介されているが、現実のイタリアへの評価は、前掲『少年世界』一八九五年一月一五日号「第二の維新」に「英露仏独∨伊」と読めたように決して高くはない。

ただし、これらの西洋偉人は「西洋人」という枠組みで評価されていると考えられる。児童雑誌の誌面において、日本名とは異質の片仮名の印象は強く（下線が引かれる場合も多い）、また、前掲した「西洋武者譚」や「東西廿四傑」のように記事名に「西洋」という語句が使われ、その枠組みで各国の西洋偉人が紹介されている記事の存在からも、「西洋人」という枠組みで捉えられていたことが考えられる。

おわりに

以上、本章では児童雑誌『小国民』『少年世界』から、誌面に見られた対外観（主に西洋観）を中国観との比較を軸にして検討を行ってきた。最後に結論を述べたい。

中国一国だけを対象にして、中国観を検討することも重要であるが、中国以外への対外観全体という視野をもって検討することで、日本における中国観の特質をより浮き彫りにできた。中国観を語る上で対外観全体をふまえることの必要性をここでは強調したい。

児童雑誌における中国観は、日清戦争中に清国に対する否定観が誌面の大半を埋め、戦後もその否定観が共通認識として一般化するに至っていた。中国観関連の先学では、同時代の中国、すなわち清国に対する否定面ばかりが注目されているが、古典世界の中国偉人に関する肯定的記事の存在も忘れてはならない。日清戦争により中国の全てが否定的に扱われたわけではないのである。「同時代の中国への否定観」と「古典世界の中国への肯定観」という中国観の二面性は、児童雑誌からの検討を行ったことにより導き出せた結論といえる。この点において、同時代の中国は「リアル」な中国情報で、古典世界の中国は「観念的」な中国世界であることから、両者を並列に対置することはできないのではないかという批判が当然出てくるであろう。しかし、そのような批判は現代的視点から生じる批判であり、同時代的視点を欠いていると言わざるを得ない。あくまで、中国観の二面性とは史料の塊から浮かび上がる歴史的事実であり、当時を生きる本人達がそのように対置していることは否定しようがない。一見、並立不可能な眼差しが併存しているという実態こそが、当時の日本の中国観の特質であるといえる。

一方、西洋は、日清戦争前後の時期を通し一貫して、「強国」「富国」として肯定的な評価が与えられており、西洋に対する脅威、警戒心などのマイナス感情もその強国観ゆえのものであった。それは、評価の基準たる西洋であり、その比較としてあげられるのは、日本だけでなく、東洋の一大国である清国も例外ではなかった。日本の場合は、その西洋に近づいているという肯定的な比較であり、清国の場合は、文明と非文明を象徴づけるような否定的な比較のされ方であった。西洋偉人についても、古典世界の中国偉人と同様に、教育的・道徳的側面から肯定的に扱われていたが、日本偉人との同列化に見られたように、その評価や価値はより高いものであった。

西洋と中国を比較すると、中国においては、古典世界の中国偉人のみが道徳的・教育的という側面で肯定的に扱われていたのに対し、西洋では、それだけでなく、その国の有する国力・軍事力などが日本の目標とすべき価値基準として評価され肯定的に扱われていた。西洋に否定的評価があまり見られず、中国に多く見えた点も、西洋そのものが評価の基準であったこと、また、日清戦争による影響で日中の優劣が明確となったことが大きな要因と考えられる。西欧先進諸国を中心とする国際秩序の中での位置付けも、日本の中国観を規定する重要な要因の一つであったことを改めて確認することができた＊38。

また、西洋に対する強国観が強調される一方で、清国に対する強国観が特段誌面を賑わさなかった点も児童雑誌ならではの特徴である＊39。つまり、特定の知識人層が中国に一定の理解を示していた、あるいは強国として警戒心をもっていた、などの複雑な中国観ではなく、児童雑誌に見られた中国観はよりマイナスイメージとして単純化されたものであったといえる。ここから、児童雑誌における中国観の二面性は、西洋観に見られた「賛美」と「警戒」という二面性ではなく、「同時代」と「古典世界」という時間軸による二面性であったと指摘できる。この時間軸による二面性は、歴史的交流の長い日中関係によるもので、中国観独特のものといえる。また、この二面性についても、ただ併存していたのではなく、日清戦争後、西洋諸国に肩を並べたという意識や否定観の浸透により、戦前より同時代の中国に対する否定観が強く表出するようになったといえる。

以上の「同時代の中国への否定観」「古典世界の中国への肯定観」という二つの中国観の併存は、従来の先行研究では指摘されてこなかった点であるが、日本の中国観を考える上で重要な視点である。本章における西洋関係記事（日本の西洋観）を鑑みると、同時代の西洋列強に関する記事が大多数を占め、西洋観には同時代と古典世界という枠組みそのものが成り立たない。この同時代と古典世界という視点は、日本の中国観特有のものといえる。近代以降から日本との交流が活発になる西洋諸国と比べ、古代から日本と交流関係にある中国においては、文化的な結び付きも深く古いため（儒学や漢籍など）、教育的要素を備える児童雑誌には必然と古典世界の中国への視点が生じるのである*40。その古典世界の中国への肯定観がその後の時期の日本、すなわち近代日本にどのような影響をもたらし得たのかについては、終章で考察しまとめたい。

日本における西洋観と中国観の最も大きな違いは、日本と中国との逆転の関係性—追いかける対象であった中国に、日本が追いつき追い越しつつある—にあり、これが二面性として表れていると考えられる。日中の関係は、ヨーロッパとアジア・アフリカとの関係とは異なるのである。

註

1 『史学雑誌』の「回顧と展望」号（史学会編、第一一八編第五号・第一一九編第五号・第一二〇編第五号・第一二一編第五号、二〇〇八年～二〇一二年）の「近現代の外交」を参照。

2 木村小舟『少年文学史』第三巻、復刻版、大空社、一九九五年（原典は木村小舟『少年文学史』明治篇、童話春秋社、一九四二～四三年）五九頁。

3　その他、白井久也『明治国家と日清戦争』（社会評論社、一九九七年）や檜山幸夫編著『近代日本の形成と日清戦争―戦争の社会史―』（雄山閣出版、二〇〇一年）などの日清戦争関連の先行研究では、日清戦争が日本人の中国観に大きな影響を与えたとする。

4　各児童雑誌の詳細については、第二章及び第三章を参照のこと。

5　松本通孝「日清・日露戦争と国民の対外観の変化―明治期　中学校外国史教科書の分析を通して―」（『教育研究』第四四号、二〇〇〇年）や、河原美那子「日本近代思想の形成過程　その一―東洋対西洋観を中心として―」（『教育学雑誌』第二十七号、一九九三年）などを参照。

6　勿論、中国・西洋以外の外国（朝鮮やアフリカ、東南アジアなど）についての記事も児童雑誌には見えているが、誌面を占めている割合は低い（『小国民』四七件、『少年世界』二五件）。

7　絵画や錦絵については、JohnClark「日本絵画にみられる中国像―明治後期から敗戦まで」（『日本研究』一五号、一九九六年一二月）や姜徳相編著『カラー版錦絵の中の朝鮮と中国―幕末・明治の日本人のまなざし』（岩波書店、二〇〇七年）などの先学に譲る。その他、西洋の中国像については、胡垣坤等編、村田雄二郎等訳『カミングマン―19世紀アメリカの政治風刺漫画のなかの中国人』（平凡社、一九九七年）など参照。

8　同時代の中国（清）に関する記事は『小国民』七五件（読者投稿文は五〇件）、『少年世界』七三件（読者投稿文は七一件）ある。記事の具体例は註10参照。

9　古典世界の中国に関する記事は『小国民』五八件（読者投稿文は二〇件）、『少年世界』二三件（読者投稿文は一八件）ある。具体例を示せば『小国民』一八九二年九月一八日号「孔子の廟」、同誌一八九三年一〇月一八日号、太華「和漢忠烈伝（諸葛亮）」、『少年世界』一八九六年七月一日号、京の藁兵衛「川柳点稚講釈（孟子・孟母）」、同誌一八九八年四月一日号、岸上質軒「東西廿四傑項羽（項羽）」などがあげられる。

10　例えば、『小国民』の「清国探検」という清国にまつわる話を集めた記事や、『少年世界』の「征清画談」という日清戦争の戦記記事は、日清戦争中に毎号連載されている。朝鮮や台湾（主に「土人」）に関する記事も比較的多いが、これは日清戦争の影響に付随するものと考えられる（朝鮮は日清戦争の争点の一つであり、台湾は下関条約で得た土地でもある）。児童雑誌の朝鮮関係記事については、前掲大竹論文参照。

11　『小国民』一八九一年三月三日号「心にて読め（ワシントン）」、同誌一八九四年九月一日号「ロード」子ルソンの猛勇」、『少年世界』一八九八年七月一日号、奥村不染「東西廿四傑ワシントン」、同誌同年八月一五日号、上村左川「東西廿四傑ネルソン」。

12　その他にも、始皇帝（『少年世界』一八九八年二月一日号、白河鯉洋「東西廿四傑始皇帝」）や司馬遷（『小国民』一八九四年五月三日号「史記の作者」）などが見える。三国志の諸葛亮なども紀元前の人物ではないが、西暦二桁代の人物なので古典世界の部類に入るだろう。

13 小島晋治『近代日中関係史断章』（岩波書店、二〇〇八年）、伊藤之雄「日清戦争前中国・朝鮮認識の形勢と外交論」（古屋哲夫編『近代日本のアジア認識』京都大学人文科学研究所、一九九四年所収所収）など参照。

14 読者投稿文でも、『小国民』一八九一年二月三日号、富山県・室谷鐵次郎「交易」や、同誌一八九三年一二月三日号、神田・神洲談史「国ノ文明ニ赴クハ政教学問何レニ由ルヤ」で「未開国」「開明ニ益ナキ」などの否定的評価が読み取れる程度である。

15『小国民』一八九四年七月一五日号「馬乗ごっこ」。

16 前掲『近代日中関係史断章』では、中国への漂流民の見聞記などから否定観が見られないことを指摘している（一一頁）。

17『小国民』一八九三年九月三日号、太華「和漢忠烈伝」など。

18『小国民』一八九〇年九月一八日号、府下日本橋・秋山鐸治「警枕（司馬光）」、同誌一八九一年五月一八日号、府下日本橋・梶川大一郎「題韓信出胯下図」、同誌同年一二月三日号、越後・佐藤乗運「希クハ弁論ヲ練成セヨ（蘇秦・張儀）」など。

19 前掲『小国民』「米国の開化」、同誌一八九二年二月三日号「英国の富」、同誌一八九二年七月三日号、岩手県・長澤長「人ノ賢愚（読者投稿）〔欧米人への文明視が見える〕」など。

20『小国民』一八九三年八月一八日号、和歌山県・良岑瑞道「冒険的ノ気象ヲ養成スルノ必要ヲ論ズ（読者投稿）」では、富国強兵には冒険の気象が必要とし、その象徴としてコロンブスをあげている。

21 その他、『小国民』一八九一年五月三日号、無一学人訳「心にて読め」はジョンという少年が改心して立派になる教訓的話、同誌一八九三年三月一五日号「教育幻燈会」はレオナード（一二歳）少年の善行の紹介となっている。

22『小国民』一八九二年二月三日号、岡山県・高草祿介「東洋ノ形勢（読者投稿）」。その他、同誌一八九三年二月一五日号、愛媛県・橋村正久「皇国ノ大道」では「外夷ノ野心」と西洋への警戒心を論じている。

23『小国民』一八九四年一二月一日号「捕虜清兵」、『少年世界』一八九五年三月一五日号「征清画談」など。

24 例えば、『小国民』一八九四年一〇月一五日号、熊本県・本田孫太郎「日清韓交渉事件ヲ聞テ感アリ（読者投稿）」では「豚尾兵」「柔弱ナル支那人」などと見え、『少年世界』一八九五年三月一日号、東京・石川碌々「日本は仁義国なり（読者投稿）」では「支那」を「悪むべき」「傲慢無礼」な国と述べる。

25『小国民』一八九四年八月一日号（読者投稿）、南総・三木文雄「忍耐（韓信・張良）」、『少年世界』一八九五年二月一日号（読者投稿）、奥村恒次郎「高山正之の尊王（劉備・孔明）」程度である。

26『小国民』一八九五年三月一日号「敵艦降伏始末」、同誌同年同月号「丁汝昌」。

27 その他、『少年世界』一八九五年一月一五日号、大和田建樹「ウヲータールーの戦」など。
28 西洋に認められたという趣旨も日本の評価の底上げに繋がる。『少年世界』一八九五年二月一五日号、大阪市・村すゞめ「実業家たるの諸氏に希望す（読者投稿）」では「［日清戦争によって］傲慢無礼の清国をして殆ど復た戦闘力を出すに堪へざらしむるに至らしめたり而して旧来我国を誤りて唯安逸なる一小国と見做したる泰西列国をして今や其の迷夢を消散せしめて世界無雙の最大強国と尊評頻に畏敬の意を表せしむるに至らしめ」と述べられている。
29『小国民』一八九四年九月一日号「［ロード」子ルソンの猛勇」、前掲『少年世界』「ウヲータールーの戦（ウェリントン、ナポレオン）」など。

30『少年世界』一八九五年二月一五日号、大孤山人「西洋武者譚」。

31『小国民』の発刊停止後、誌名を変えて復刊した『少国民』一八九五年一二月一五日号、閑水居士「真似の仕損い」では、孟母三遷の逸話が「名高い」話として紹介されている。

32『少年世界』一八九六年五月一五日号、京の藁兵衛「川柳点稚講釈」では閔子騫の「孝心」が、同誌一八九七年八月一日号、闆梅痴「寝てからの課業」では司馬光が「大賢君子」として逸話が肯定的に紹介されている。
33 村山吉広『漢学者はいかに生きたか』（大修館書店、一九九九年）、広田照幸「近代知の成立と制度化」（『日本史講座八』東京大学出版会、二〇〇五年）など参照。
34 一例を示せば、『少年世界』一八九六年八月一日号、東京・秋庭勇「奮起せよ貧困の少年」という投稿文では車胤・韓信・孫康が立志忍耐の象徴として肯定的に引用される一方、同誌一八九五年六月一五日号、陸前・菊池兵助「分捕太鼓を観て感あり」では「頑冥不霊なる豚尾漢」などと否定的叙述が見えている。
35 当該時期の読者投稿文は『小国民』八件、『少年世界』七〇件程の投稿が見られる。三国干渉やロシアに関する投稿も多々見られ、『少年世界』一八九七年五月一日号「尚武の気象を養成せよ」という三国干渉にふれられた投稿文では、ロシアに対する「暴慢国」「憤慨」などの否定的評価が読み取れる。
36 この記事が政治的発言に過ぎるとして『小国民』は発行停止となる（『「小国民」解説・解題・総目次・索引』不二出版、一九九九年、三二頁）。
37『少年世界』一八九五年七月一日号、大和田建樹「露国彼得大帝の少時」、同誌一八九八年五月一日号、文学士島華水「東西廿四傑彼得大帝」など。
38 本章で検討した時期以前については、松沢弘陽『近代日本の形成と西洋経験』（岩波書店、一九九三年）が参考になる。
39『小国民』においては見られなかったが、児童雑誌全般において清国に対する強国観・警戒心が全く見られなかったわけではない。特に、日清戦争直前まではそのような見解が児童雑誌に見られることもあった（第二章参照）。

40 三谷博『明治維新とナショナリズム―幕末の外交と政治変動―』（山川出版社、一九九七年）では「一九世紀半ば以降、西洋は「敵」そして「憧れ」としての「忘れ得ぬ他者」となり、中国は「反面教師」としての「忘れ得ぬ他者」となった（二三頁）」と、日本のナショナリズムを論じる際に「同時代」の中国に対する否定的側面が強調されているが、明治期においては「古典世界」の教育的価値が依然として残存しており、肯定的側面からも中国が未だ「忘れ得ぬ他者」であったことは付言しておく必要があろう。

第五章 ✻明治期の講談に見る日本の中国観

はじめに

本章では、娯楽作品に当時の一般的観念が反映していたのではないかという問題意識から、明治期の娯楽メディアに注目する。前章までに扱ってきた小学校教育や児童雑誌といったメディアは、教育的側面が強いメディアであった。一般民衆層の中国観の形成には、政府の上からの教育による影響も大きいと考えられるが、一般民衆層が自発的に享受したであろう娯楽の影響も看過できない。学校生活以外にも中国に触れる機会はある。当時の人々の生活に注目することが、一般的な観念を探る上で必要不可欠な姿勢となる。この娯楽的側面の強いメディアに注目することで、本書が提示する中国観がより一般的な中国観であることを示すことになろう。

児童雑誌も娯楽的要素が備わっていたが（お伽噺や小説など）、児童雑誌の場合はその読者層が一方で問題となる。すなわち、児童雑誌の受け手である読者層が、向学心のある裕福な家庭の児童層であったことから、一般民衆層の検討とは言えないのではないか、という批判が当然考えられる。本書においては、メディアの受け手ではなく、メディアの特性に注目し、児童雑誌の〝大人から児童にまで通じる最大公約数的な中国観が表れていた〟という点をもって、児童雑誌が一般的な中国観検討を可能とするメディアであることを示したが、右の指摘への回答として不十分であることは否めない。本章及び次章における娯楽メディアの検討は、この批判への回答としての意味も持つ。そのため、次節で詳述するように、本章で扱う娯楽メディアは、多様な客層を有し（児童をも含む客層）、下層社会の人々の多くが享受していたと考えられるメディアを選択した。

第一節　本章で扱う娯楽メディアと先行研究

明治期の民衆娯楽は、演劇（歌舞伎や新派劇など）や寄席（落語・講談・浪花節など）などの視聴する娯楽や、新聞の娯楽記事（小説など）や娯楽雑誌（児童雑誌や演芸雑誌など）などの読む娯楽があり、多岐にわたっているが、本章では特に寄席演目から中国観の反映を読み解いていきたい。これは、明治期において、新聞や雑誌はまだ全国的な普及率が低く*1、また純粋な娯楽として認識されていなかったことや*2、演劇なども「芝居をみるのは下層のうちの上の部以上、やはり中層から上層だけで」、下層の人々の「もっとも手軽な歓楽境は、もよりの寄席であった*3」こと、年間総入場者数なども、芝居を行う劇場よりも寄席の方が圧倒的に多いことなどが*4、寄席演目を第一に検討する理由としてあげられる。漠然とした一般民衆層の中国観を考える場合、社会の大多数を占める下層社会の人々の検討が必要となり、寄席演目は明治期において最も適当な娯楽メディアであるといえる。演劇については次章で改めて検討したい*5。大正期になると、映画が民衆娯楽の第一となるが、この点も本書（本章）が明治期を一区切りとしている理由の一つとなる*6。

また、寄席演目の聴衆は、主に都市部の下層の人々であるため*7、本章における検討は厳密には都市一般民衆層の中国観を対象としているといえる。寄席の具体的客層については、例えば『朝日新聞』一八八七年一〇月二五日付では「十二、三歳以上の児童少年なり」、『万朝報』一九〇二年三月二四日付では「〔落語の客層について〕見物の内には親子もあり、夫婦もあり、殊に少年少女も少からぬ」と報じている。前章までに検討してきた小学校教育の受容層、児童雑誌の読者層である児童の多くも、寄席という民衆娯楽にふれていたのである。また、本章の「はじめに」でも述べたように、児童以外にも多様な客層が見られる点は見逃せない。

寄席に関する先行研究は、倉田喜弘『芝居小屋と寄席の近代―「遊芸」から「文化」へ』（岩波書店、二〇〇六年）、同『明治大正の民衆娯楽』（岩波書店、一九八〇年）、開国百年記念文化事業会『明治文化史』第十巻、趣味・娯楽編（洋々社、一九五五年）、藝能史研究会『寄席』日本の古典芸能、第九巻（平凡社、一九七一年）などがあり、また、山本恒夫『近代日本都市教化史研究』（黎明書房、一九七二年）や、小木新造『東京庶民生活史研究』（日本放送出版協会、一九七九年）なども、都市研究の一環として寄席にふれている。しかし、寄席演目から中国観の反映を読み取ろうとする研究は管見の限り見られず、日清戦争時に、中国に対して否定的と捉えられる寄席演目が行われていることが確認できるだけで、日清戦争時以外の時期ではどうであったのか、また具体的にどのような否定的描写が見えるのかなど、本書の課題に答えているものはない。以上のような研究状況を鑑み、本章では独自の検討方法で寄席演目から当時の日本の中国観の反映を見ていく。

第二節　明治期の寄席に見る中国関係演目

（一）明治期の各種新聞に見えた中国関係演目

では明治期において、中国に関する寄席演目にはどのようなものがあったのか。その検討のヒントとなるのが、新聞の演芸欄の存在であり、例えば「昨夜より東一番丁長寿亭に於て、竹本文鶴一座が日清事件に関する新作義太夫を興行したり」（『奥羽日日』一八九四年一二月一三日付）というように、演芸欄での寄席演目の予告や評判などから、ある程度の題目を知ることができる。

ここで注目したい史料集が、倉田喜弘編『明治の演芸』〔演芸資料選書・一〕(一)〜(八)(国立劇場調査養成部芸能調査室、一九八〇〜一九八七年)である。この史料集は、明治元年から明治四五年までの寄席に関する新聞記事を「寄席篇」として取りまとめており、使用している新聞も、東京の『朝野』『時事新報』『東京朝日』などだけでなく、『日出』(京都)『奥羽日日』(仙台)『信濃毎日』(長野)『鎮西日報』(長崎)『福岡日日』(熊本)『福陵新報』(福岡)『扶桑』(名古屋)など、各地方都市の新聞を豊富に使用しており、明治期の寄席演目の概観を知るのに適した史料集となっている(なお、本章でかかげる新聞記事は、特に注記がない限り『明治の演芸』に収録された新聞記事である)。この史料集の各種新聞記事から、中国に関係する演目を抽出していく。

まず、中国関係の演目が多く見えるようになるのは、日清戦争や北清事変など、日中間で事件が勃発した時期である。例えば、一八九五年五月一〇日付の『岐阜日日』を見ると、「本紙の広告にもある如く、松林伯円*8〔当時の有名な講談師〕の講談は昨夜より当市今小町・関本座に於て興行せり。其講題は「嗚呼忠臣楠公記」「天保奇聞鼠小僧」「清国征伐大起因」の三題なり」と、三つ目に日清戦争関係の演目を確認できる(前出『奥羽日日』一八九四年一二月一三日付の記事も同様)。このような日清戦争関係の演目は、日清戦争中の一八九四年から一八九五年にかけて、『明治の演芸』の新聞記事に一四件見え、日清戦争終了後も一九〇九年に至るまでに、三五件の演目が見える。同様に、北清事変関係の演目も一九〇一年から一九〇三年までの間に一一件の演目が見え、こちらも多くの演目が確認できる。

また、これらの演目は、東京の寄席でのみ行われていたのではなく、各地方都市でも行われている。右の演目数を新聞ごとの件数として見てみると、日清戦争関係の演目は、東京の『中央』『東京朝日』『読売』が九件、福岡の『福岡日日』『福陵新報』が一一件、熊本の『九州日日』が五件、長崎の『鎮西日報』が五件、仙台の『奥羽』『奥羽日日』が四件、名古屋の『新愛知』『扶桑』が三件、大阪の『大阪朝日』『大阪毎日』が二件、京都の『日出』が二件、岐阜の『岐阜日日』が二件、富山の『富山日報』『北陸政論』が二件、その他『峡中日報』(甲府)、『海南』(松山)、

『信濃毎日』（長野）、『新潟』が各一件ずつとなっている。また、北清事変関係の演目も、日清戦争関係の演目と同様に各地方都市で演目が行われている。

また、この演目の数は、あくまで『明治の演芸』に見えた記事の数であり、実際にはさらに数多くの演目が行われていたと考えられる。例えば『東京朝日』一八九五年七月二日付の記事には、一八九五年一月の上半月間の東京市内に於ける講談席四十五か所について、読物の種類を調査した結果が見えるが、それによると日清戦争関係の講談は三十七席も行われている。すなわち、『明治の演芸』の新聞記事に見えた演目件数はその一部でしかなく、新聞に掲げられていない演目も多々あったと考えられる。さらに、寄席は数日間から数週間かけて興行している場合が多く、例えば『新愛知』一八九八年八月二四日付の記事には、明治に活躍した美当一調＊9という講談師が「昨日より五日間、三州豊橋町の朝倉座にて、軍事教育日清戦争観戦実談を開演す」と、五日間の興行が確認できる。この興行期間も、寄席が各地方都市で興行されていた事実とともに、都市一般民衆層への影響力を考える上で重要な点である。

日清戦争・北清事変関係の演目は、中国が日本の敵国（紛争相手国）である以上、否定的な評価・言説を多分に含んだ演目であることが、これまでの検討からも容易に考えられるが、一方で、戦争とは関係のない肯定的と捉えられる中国関係演目も少数ながら確認できる。新聞記事で興行が確認できたのは、一八八〇年・一八八七年「通俗水滸伝＊10」、一八八八年「十八史略＊11」、一八九〇年「宗朝通俗水滸伝＊12」、一八九二年「通俗三国志赤壁＊13」、一八九一年・一八九三年「水滸伝の黙闘（水滸伝雪の黙闘）＊14」で、『水滸伝』や『三国志』などの古典世界の中国を舞台とした演目は、物語としての語られ方から少なくとも否定的ではないと考えられる。以上の見解はこれまでの検討から導き出した推論に過ぎないので、同時代の事件を扱った日清戦争などの戦争物が否定的に語られ、古典世界の中国世界を扱った『水滸伝』などの演目に肯定的評価が見られるのか否かについては、改めて検討を加えなければならない。ここでは、評価は別問題として「同時代」と「古典世界」の眼差しが寄席演目という娯楽メディアにも見られていたことに留意したい。

また、中国関係演目においてもポイントとなるのは日清戦争である。日清戦争以前の中国関係演目は「支那鴉片騒動の記録*15」「清仏戦争*16」「清仏阿片事件*17」というように、清仏戦争や中国のアヘン関連の演目が少数見える程度で、これらも否定的と考えられる演目ではあるが*18、日清戦争関係演目と比べるとその数は少なく、中国関係演目の増大は、日清戦争が一大契機であったといえる。やはり、日清戦争は中国が戦争の直接の敵対国となるので、中国への関心が比較にならないほど高かったと考えられる。また、古典世界の中国を扱った演目も、先にあげた演目以降、日清戦争以後は全く新聞記事上に見えなくなっている。この点は、中国観の二面性に関わる問題のため、その原因についても考える(第四節)。

特に注目すべきは、新聞記事に見える中国関係演目は落語や義太夫、浄瑠璃などの寄席演目ではなく、講談が一番多いことである。同時代を対象とした日清戦争関係演目では、幻燈二件、義太夫一件、浮かれ節一件以外は全て講談で、北清事変関係演目や古典世界の中国関係演目に関しても、ほぼ講談で占められている。

(二) 講談の性格と講談速記本

講談とは「軍書・物語・記録・歴史小説等を音調よく講釈する話術*19」のことで、『太閤記』『太平記』『勧進帳』『忠臣蔵』など、昔の話を素材としたものが代表的な題材として新聞記事にもよく見えており、古典世界の中国を扱った『三国志』や『水滸伝』も同様の部類であろう。しかし、明治に入ると、自由民権運動について語った民権講談や*20、日清戦争以後の戦争講談のように、現代物を素材とした講談が大流行する*21。流行の理由として、『読売新聞』一八九一年三月六日付の記事は「近来講釈師も、以前の如く寄席の高座に上り貼扇子を相手にして、「漢楚軍談〔これも中国関係講談の一つ〕」「大功記」位の立て読みにては来客が承知せず〔中略〕講釈師も一歩進んで、何でも事実は少々違ふも成るべく現時の出来事を講釈して聞かせる方却て客の受けが好しとて、互に新聞記事の素読に一味持せて演じることが流行してより、自然と旧軍談の扇は秋風と共に捨りける」と指摘している。この現代物の流行と同様に、同時代の中国を対象とした日清戦争談や北清事変談などの中国関係講談も流行したと考えられる。また、この記事の後半部分からは、古典世界の中国関係演目の少ない理由が、現代物の流行によるものであったことがわかる。この点については、前章までに指摘してきた古典世界の中国偉人教材・記事の軽視化と重ね合わせて考えることもできる。同時代と古典世界の盛衰といった差異も、これまでの検討の蓄積から次第に浮かび上がってきた。

また、同記事に「新聞記事の素読」とあるように、講談と新聞の密接な関係性も注目に値する。例えば、『中央新聞』一八九四年九月一三日付の記事に「講談師松林伯鶴は〔中略〕我社の中央新聞に依りて、「日清韓葛藤の顛末」と題し今回の戦争一件を講述せる処」とあるように、しばしば新聞記事は講談の素材とされている。また、聴衆側も新聞の代わりに情報を講談に求めており、新聞も読めない地方の人々にとって講談は貴重な情報源であったと考えられ、特に戦争の場合においては、戦争を知る一つの手段であった＊22。新聞の全国的普及率がそれほど高くなかった明治期において＊23、その代替ともなる講談の影響力は重要である。情報源としての機能をも有しつつ、娯楽性も高かったことが、講談（寄席）の人気ぶりに繋がっていたものと考えられる。

さらに、講談のニュース性を強めているのが、講談師の渡清や従軍、軍への聞き込みである＊24。例えば、『日出新聞』一八九四年一〇月三一日付には、松林伯知という講談師が広島や佐世保で軍人に日清戦争の実況を見聞していることが見えるし、『中央新聞』一八九五年三月二六日付には、講談師松林伯鶴が従軍に出発した旨が記事となっており、この松林伯鶴の「日清軍記」は「伯鶴は先年日清戦争に従軍したれば、戦争談は得意の読物にして大喝采也」（『福岡日日』一九〇〇年六月一〇日付）と、高評価を受けている＊25。実際に戦争を見聞した、あるいは当事者たる軍人からの聞き込みをしたというふれ込みは、聴衆に講談師の話を正しい情報だと信じさせるには十分であったと考えられ、中国観の受容にも大きな影響力があったといえる。

落語や義太夫（浄瑠璃）なども、現代物や新聞記事を素材とすることはあったが＊26、落語は滑稽話が真骨頂であり、義太夫は三味線を伴奏とする語り物音楽であったように、その芸の性格から講談ほど現代物に合致することはなかったと考えられる。

また、『東京朝日』一八九五年七月二日付の記事に「寄席には〔講談とは〕別に落語、人情話、音曲、浄瑠璃などの席あれど、近日の実情は所謂中流の嗜好反て此等に傾きて、講談席の門には職人日傭の履多しといふ」と指摘されており、本章の都市一般民衆層を対象とするという課題や以上の理由からも、寄席演目の中でも特に講談の検討が望ましい*27。

講談について一点補足すると、そのニュース性の他に国民教化の一手段として注目される側面があった。『朝野』一八八六年四月二日付の記事では「無智無学なる下等人種の風俗を改良するの方便は一にして足らずと雖ども都会に在ては演劇講談落語人情話等を以て最も早手廻しとす。蓋し多少教育ある者なれば新聞演説等に依頼するの利益あるべけれども、一丁字を知らざる輩に至ては斯る高尚の手段を以て之を感化すべからず」と述べられ、『東京朝日』一九〇九年九月一八日付の記事でも「社会教育の補助機関として演芸・観世物類の如き娯楽機関を利用する」と述べられている。実際に、講談師が教導職（教部省に置かれた教化政策を担当する役）に任命されていたことも、このことを裏付けている*28。当時の娯楽と教育の密接な関係がうかがえる。ただし、教育・教化に利用しようとする言説はあくまで上からの立場（送り手側を含む）のものであり、受け手側の聴衆が同様の問題意識を抱いて講談などの娯楽にふれていたのか、実際に成果があがっていたのか否かは別問題である。聴衆の多くが、興味関心を満たすニュース性や愉悦のための娯楽性を娯楽メディアに求めていたことは言を待たない。新聞記事数として如実に表れている日清戦争談などの人気ぶりはやはり*29、血湧き肉踊る戦争の面白い語りが聴きたいという思いを明確に示している。娯楽メディアの教育的側面は受け手側からは付加価値、あるいは享受する上での建前に過ぎないと考えられる。

では、各種新聞記事に見えた講談演目の具体的な内容はどのようなものであったのか。新聞記事はその題目を掲げているだけなので、その具体的内容までは見ることができない。その講談の内容を知る手がかりとなるのが、落語や講談の口演を速記で筆録して刊行された速記本である。速記本以外にも、当時においては新聞などに速記講談を掲げているものが多く*30、また明治三〇年代には落語や講談を専門に載せる速記雑誌も創刊されていた。しかし、日清戦争談や北清事変談などのように、特定の演目内容をピンポイントで検討するには、当該演目の速記本を直接検討するのが一番適している。

ここからは、同時代の中国を扱った演目と、古典世界の中国を扱った演目にわけて、それぞれ講談速記本から内容の検討を行っていく。また、以下で検討に使用する講談速記本は、国会図書館に所蔵されているものの中で、さらに中国観に関わるものを対象とし、また、松林伯円や美当一調など新聞記事に何度も見えた有名な講談師の速記本を使用している。

第三節　同時代の中国を扱った演目

（一）日清戦争談

まず、一般民衆層の否定的中国観に大きな影響を与えたとされる日清戦争について、その講談での語られ方を見ていく。使用する速記本は①松林伯円講演、今村次郎速記『通俗支那征伐』（文事堂、一八九四年一一月）、②美当一調講演、柿沼柳作速記『日清戦争談』（原田胡一郎発行、第一〇編、一九〇一年一二月、第一六編、一九〇三年五月）である。この二冊は、①と②とで講談師が違うこと（①の松林伯円は明治前期を代表する講談師、②の美当一調は明治後期を代表する講談師）、また発行の時代が①は日清戦争当時で、②は日清戦争から数年後というように、性格の異なる講談本である。上記二冊の講談本から、中国描写をそれぞれ検討していくことによって、より広いレベルの中国観を浮き彫りにする。

戦争の話が中心となるため、否定的中国観は主に敵国の中国兵士に向けられている。例えば、中国兵の残酷性などは、①では捕虜の対処について、日本は文明国なので残酷な仕打ちはしないという記述が見える一方、「却つて清国にては降参人どころでハなく敵国の者と見る時ハ人民をさへも惨酷の日に遇はすという事も聞及ぶ（①一〇五頁）」など記述され、②でも中国兵の残酷行為について「〔日本兵の〕戦死者の死骸を、支那兵は誠に惨酷の仕方をいたして、手を斬り、足を切り、耳を削ぎ、鼻を削ぎ、首は無論切放し、首のない身体の腹を割つて、中から肝を抜取て、後には小石とか草とかを踏込んで、見るに忍びざることを致しました」と述べ、登場人物たる山地師団長に「如何に野蛮国の奴等とは言ひながら、斯う云ふ仕方をするとは、悪んでも猶ほ余りあり（②第一〇編、七九〜八〇頁）」と言わしめている。

また、日本兵の優秀性を語る上で、中国兵が否定的に扱われることが多く、①では中国兵と日本兵の差異について「之〔日本〕に反じて支那にてハ各地にて兵を募ると云へども所謂人足兵にして兵法を弁まへず、銭で動くといふ者ばかりゆゑスワといふ時に役に立ません、されば到底国に報ふといふ敵愾心のある熟練なる日本兵士とハ日を同じふして論ずべきにあらず（①一五五頁）」と、中国には日本と違い国のためという概念がない、つまり不忠であることが述べられ、②でも「日本軍が戦ふ度に、支那兵を三百も五百も打倒し、死骸の五百も残つて居ると云ふ時には、負傷者は千以上も、敵には出来て居るに、相違はございませぬ、夫れでも味方の方には、僅か一人から二人のかすり傷を受けた位ゐで、勝つたことも、沢山ございまする（②第一六編、一五五頁）」と、日本兵の強さを強調することにより、中国兵の弱さが浮き彫りになっている。そして、このような弱い中国兵は蔑視され「弁髪〔チャンチャン〕坊主（①七一頁）」などと称されるのである*31。

また、戦地が中国大陸でもあったことから、中国の環境にまで否定観が拡大していることがわかる。例えば、①では中国の街について「不潔極まる街にあつて昼ハ終日蠅又ハ聞くさへ憎き南京毒虫に苦しめられ夜間ハ終夜陣営の中に蚊軍の為に些かの眠りを妨げられ、其他汗より生じたる蚤虱の為に動もすれば貴重なる鮮血を吸ハれしも明日ハ豚退治の第一着なれバ（①一一九〜一二〇頁）」と、中国兵を豚と称していると同時に、不潔に対する否定観が見てとれ、これは②でも「支那風の家」の描写が「踏めば塵埃がポツポと立つと云ふやうに、迚も〔日本の〕大将や監督長官方の、お這入りになる家ぢやア、ございませぬ（②第一〇編、一〇二頁）」と、やはり否定的である。

以上の中国兵への否定的感情、中国大陸での「不潔」に対する否定観は、日清戦争当時において兵士レベルで見えていたことは知られているが*32、戦争に参加しておらず新聞も読めない銃後の一般民衆層においても、兵士と同様の否定的中国観が講談（講談師）を介して受容されていたといえる。

上記二冊を通じて、日清戦争談には同時代の中国・中国人〔清国・清国人〕、中国環境などが否定的に描かれていることがわかり、この講談を聞いた（あるいは読んだ）都市一般民衆層に否定観を抱かせたとしても不思議ではない。他にもこうした例が見られている*33。また、この同時代の中国への否定観は以後一貫しており、日清戦争中の明治二七年から二八年の間だけでなく、戦争後も明治四十年代に至るまで、新聞の演芸欄に演目が見え続けている。これは、日清戦争談の影響力という観点からも重要な点であり、常に見え続けていたことは、それだけ否定観にふれる聴衆側の機会も多かったと考えられる。

（二）北清事変談

一九〇〇年に起きた北清事変（義和団事件）も、講談において日清戦争談と同様、北清事変談として興行され、同時代の中国に対する否定観の浸透・拡大に寄与している。北清事変談についても日清戦争談と同様に検討を行う。使用する速記本は、①美当一調講演、柿沼柳作速記『北清事変実況談』（集英堂、第一編　連合軍の発端、一九〇三年五月、第二編　シーモア連合軍の退却、一九〇三年八月）と、②森林黒猿*34講演『北清事変日本の旗風』（田村書店、第一冊第一編　太沽の巻、一九〇二年七月、第三冊第三編　北京の巻、一九〇二年九月）である。

二冊ともに義和団については否定的である。①では義和団の拳法信仰について「実に憐むべきも甚しい（①第一編、七頁）」と評し、また「何に高の知れた相手は義和団匪（①第一編、一一七頁）」、「日本兵が先に立て、頻りに進む有様を、見るが早いか彼の義和団匪、手に携さへたる小銃も、逃る邪魔だと云ふもので、トウ〳〵道に打棄々々、一人も残らず逃げ始めました（①第二編、二二八頁）」というように、全体を通して日本兵の強さと義和団兵の弱さが一貫して描かれている。②では、「一口に義和団匪といふと如何にも乱暴の党のやうでありますが、中には財産家もあるし、学者もあるし、其の多数は頑固愚昧の徒だが、重立ツた者の中には中々思慮ある者もあるやうであります（②第一冊第一編、六頁）」と、一定の評価は与えつつも「〔義和団は〕此の拳法説を担ぎ出して、是を覚えれば大砲の弾でも中らぬなど〻吹立て、愚民を惑はして引入れたるものと思はれます、愚昧極まる支那人等は皆是を信じて拳法を練り（②第一冊第一編、二二頁）」というように、基本的には否定的である*35。

また、義和団だけでなく義和団に扇動される清朝・中国人も否定的に描かれており、義和団を利用して列強に宣戦布告した「老帝国（①第一編、五頁）」清朝に対しては「西洋各国及び我が日本国などを相手にして戦争しやうと思立つたのは、何うも馬鹿げきつた了簡でお話にもなりませぬ（①第一編、二三頁）」と否定的な評価を下しているし、現地の中国人に対しても「信義に乏しき支那人（①第二編、一六四頁）」「支那人と云ふものは、金さへ見すればどんな事でもする（①第二編、一六六頁）」「慾に目のなき支那人は、至る所に恁う云ふ奴ばかりであるから（②第三冊第三編、一一六頁）」と、日清戦争談にも見えたようにここでも中国人は否定的に描かれている*36。

また、北清事変も戦地が中国大陸であったため、北清地方の環境について「総じて北清地方の宿屋は穢ないのと不自由なのが持前でムいますから（②第一冊第一編、二四〜二五頁）」と、否定的描写が見える。さらにその宿屋については、実際に話し手である黒猿が体験した話も含めつつ「臥床や壁も天井も塵埃だらけで」「我国の空家の様です」「其の臭きこと殆んど堪へ難き程である」（②第一冊第一編、五一〜五二頁）と、中国環境への否定観が生々しい描写とともに見てとれる。

以上のように、北清事変談も、日清戦争談のように中国に対し否定的な描写が多く*37、聴衆が中国に対して否定的感情を抱いたとしても不思議ではない。日清戦争後、数年も経たないうちに北清事変が起きたことは、中国への関心の持続となり、結果否定観の浸透・拡大に大きな影響を与えたといえる。そして、この北清事変からさらに数年後、日露戦争が起こるのである。

（三）日露戦争談

第三章ですでに指摘した通り、日露戦争は中国観に大きな影響を与えていた戦争である。前掲『明治の演芸』から、日露戦争に関する寄席演目を日清戦争や北清事変と同様に新聞記事を抽出すると、日露戦争関係の演目は四〇件あり、その内、講談は三六件程で、日露戦争談も数多く語られていたことがわかる。また、日露戦争談も明治末期までその演目が新聞記事に見え続けており、否定観の浸透・定着・深化に多大な影響を与えていたことが考えられる。この日露戦争談における中国描写についても、日露戦争談関係の速記本から検討していく。使用する速記本は、①美当一調講演、柿沼柳作速記『日露戦争談（新講談音曲入）』全十編（此村欽英堂、第一編、一九〇五年八月、第二編、一九〇六年六月、第三編、一九〇六年一〇月、第九編、一九一〇年九月）と、②旭堂小南陵＊38講演、山田都一郎速記『日露実戦記』（柏原奎文堂、第一編、一九〇四年三月）である。

注目すべきは、ロシアと戦う上で、前の戦争相手国である中国が比較対象として登場している点である。例えば①では「日清戦争の時にもアノ支那の大国を小さい日本が遣り付けて仕舞うたが、矢張りアノ通りで、幾ら露西亜が世界に強いと誇つたところで日本人に遇つちやア三文の価値もないぞ（①第一編、六四頁）」と見え、②でもロシアの軍事力についてふれている所で「併しながら幾ら〔ロシアの〕人数と軍隊が多いからと云つて、決して驚く所は少しもございません、明治二十七八年の役なども矢張りその通りでございまして、清国は馬鹿々々しく大きい国だから、到底日本は勝てないであらうと、外国の人も皆思つて居りました、然るにあの通り連戦連勝の功を奏したではありませんか（②一六二～一六三頁）」と、日露戦争にあたって前の戦争である日清戦争が比較対象にあがっており＊39、中国の弱さが改めて浮き彫りになっている＊40。

これは、兵士レベルでも同様の傾向が見え、ロシア兵の残酷性を強調するために「ア丶惨酷だ〳〵、露西亜国といふのは支那人にも勝る野蛮の奴等だ（①第一編、一八三頁）」と、中国人の野蛮を前提にロシアの残酷性が語られ、日本兵がロシア兵を圧倒する場面でも「ヤー露助奴モー逃げ初めあがつた。思ふたより弱虫じやないか。斯んな露助ならチヤン〳〵と余り異つた所ろは無い。サー何処までも追かけて、一人も残らず打殺して仕舞へ（①第三編、一六四頁）」と、弱さの象徴としても中国は扱われていることがわかる。

このように、中国の弱さというのが前提として日露戦争が語られており、これは当時において同時代の中国への否定観が一般に浸透・定着していたからこそ、以上のような比較が成り立つのである。

日露戦争は日本とロシアの戦争ではあるが、その戦場が中国大陸でもあったことから、現地の環境・人にも、日清戦争や北清事変と同様の否定的描写が見えている。例えば、「支那」家屋の衛生について「家屋と申しましてもチヤンの住居所で、殊に九連城外から一里半も隔たつて居る所だから、其の汚ないと云ふのはお話しになりません（①第三編、一六七頁）」と述べ、現地中国人に対しても、「元来が欲には目が無い金の為なら命も惜まん程の支那人であるから（①第九編、一三頁）」と、やはり否定的である。

注目すべきは、登場人物たる日本人、ロシア人、中国人の中で、中国人が一番否定的に描かれている点である。例えば、②では日露戦争前に現地の日本人商人とロシア兵が衝突を起こした話を紹介しているが、その中で日本人商人に雇われている中国人が、勇ましい日本人と対照的にロシア兵に恐れをなして「顔の色を変へながら、ブル〳〵顫へ出し」た様子を「二目と見られたものではない（②四一頁）」と評し、またこの中国人がロシア人にも馬鹿にされる場面では「露西亜人まで、それほど清国人を馬鹿にするかと思ひますと、実に彼等は可哀想なものでございます（②四三頁）」と、憐憫の眼差しで中国人を見ている。

以上のように、日露戦争は日本とロシアの戦争ではあるが、中国が前の戦争の敵国であったことや、日露戦争の戦場であったことなどが要因で、中国に関する描写が多々表れ、その多くは否定的なものであった。明治期においては、日清戦争、北清事変、日露戦争と同時代の中国に対し否定的感情を抱かし得る歴史的事件が絶えず起こっており、講談においては、関連の戦争談が数多く興行され、多くの聴衆がそれを聞いていた。聴衆の同時代の中国への否定観は、中国に関わる歴史的事件をこのようなメディアを通し間接的に体験することで、浸透・拡大し定着にまで至ったと考えられる。この結論は、前章までの検討結果をより裏付けることとなる。

第四節　古典世界の中国を扱った演目

第二節において、新聞記事に見られた古典世界の中国を扱った演目は、『三国志』や『水滸伝』など、古典世界の中国・中国偉人を舞台・登場人物とした演目であることがわかった。また、同時代を扱った演目と比べて古典世界を扱った演目が少なく、日清戦争以後は古典世界の中国を扱った演目が見えなくなっていた。しかし、これは古典世界の中国を扱った演目が目玉演目として新聞記事に取り上げられていないだけで、実際には興行されていることが以下の史料から明らかとなる。

例えば、『時事新報』一八九九年一月四日付の記事では、今の講談の読物紹介で「三国誌《(ママ)》」「呉越軍談」「漢楚軍談」があげられているし、『日出国』一九〇四年八月一日付の「講釈師の衰微」という記事では、今の「釈師界」には「大看板と見立つべきもの」が一人もいないことがふれられるとともに、「三国志」や「水滸伝」、「漢楚軍談」などの堅い読み物が繰り返されているだけなので、「単調」で「倦厭の情」を起こす、といったことが書かれている。このように、「三国志」「水滸伝」「漢楚軍談」などの古典世界の中国を扱った講談は、昔から読まれているため、堅く古いとの評価であるが、日清戦争以後も読まれていたことがうかがえる。また、以下に検討していく『三国志』や『水滸伝』などの速記本も、日清戦争後にあたる明治三十年代発行のものが多い。つまり、日清戦争後も新聞記事に興行記録として残っていないだけで、実際には古典世界の中国を扱った演目は興行されていたのである。以下、具体的にどのような描写や評価が見えていたのかを検討していく。

（一）『三国志』『水滸伝』に見える肯定的中国評価

検討する速記本は、①桃川燕林＊41講演、今村次郎速記『三国志』（文事堂、巻一、一八九八年一月）、②同氏講演、今村次郎速記『絵本通俗水滸伝』（三新堂、巻一、一八九七年一月、巻八、一八九八年一月）である。この二冊は中国四大奇書と呼ばれるもので（その他は『西遊記＊42』と『金瓶梅』）、当時の日本においても「通俗水滸伝ハ東洋小説の中に於て最とも著名なる長編談にして、其の面白き事ハ今さら喋々を要せざる所なる（②巻八の序）」というように、好古趣味や冒険物語として肯定的に受け入れられ楽しまれていた＊43。

また、物語に登場してくる古典世界の中国偉人達も、肯定的評価を与えられており、『三国志』の劉備は「悉ごとく孝道を尽し（中略）此人天下を思ひ誠忠の志ざし厚き人でございます（①一六〜一七頁）」などと称され、『水滸伝』の九紋龍史進も「若い時分から勇を好んで、土地の者が難儀をする時ハ情を施こし仁を専ぱらにして居ります（②巻一、二頁）」と評されている＊44。さらには、「花和尚魯知深とか、九紋龍史進など、いふと芝居でも演り錦絵にも出て居り、又〔欠字〕物をしても史進と魯智深が雪中に闘つて居る所などが多くございます（②巻一、一頁）」と、講談演目だけでなく、他の娯楽文化においても親しまれている様子がうかがえる。

（二）古典世界の中国偉人の格言や漢籍の引用

右の作品群とは別に、明治時代はまだ漢学愛好の時代であったことから、孔子や『論語』などの教学的側面の強い古典世界の中国偉人や漢籍なども肯定的評価を与えられている（前章までの小学校教育や児童雑誌の検討を参照）。この古典世界の中国偉人の逸話・格言や関係する漢籍などは、既に検討を行ってきた同時代の中国を扱った戦争談などに引用されることが少なくない。

例えば、森林黒猿講演『北清事変日本の旗風』では、講談師の森林が中国人蔑視の原因を語っている箇所があり「聖人の格言〔孔子、『論語』〕に、性は相近し習は相遠しと云ふてある、同じ天地の間に棲息する人類だもの、支那人だとて日本人だとて違ひのあるべき訳はない〔中略〕然るに今日日本人は高尚だ、開化人だ、支那人は野蛮だ、野卑だと一口に云ふのは何が故であるか、皆是れ教育の然らしむる所であります〔中略〕概して支那人の中等以下は無学無教育と云ツて宜しからうと思ふ〔中略〕清国の衰弱は教育の悪きが為であると云ふ事は充分お解りになるだらうと思ひます*45」と叙述されている。同時代人の「なぜ中国人は蔑視されるのか」という問題に対する所見としても重要な史料であるが、ここでは孔子の格言が引用されていることに注目したい*46。このような引用は、明治期における漢学の影響力を示すとともに*47、古典世界の中国に対する肯定的な扱われ方の一端といえる。このような引用が聴衆の講談内容の理解を深める一助にもなっていると考えられ、古典世界の中国への漠然とした肯定観を裏付けるものといえる。

ただ、講談の娯楽的側面の強さを考えると、教学的側面の強い孔子や『論語』などの引用を有り難がるというより、聴衆は『三国志』や『水滸伝』の物語としての面白さや登場人物の活躍などに愉悦を感じていたものと考えられる。孔子や『論語』などの儒教関係の古典世界の中国偉人は、明治十年代の儒教主義教育に反映された修身や国語教科書などに教材として多く見えており（第一章参照）、教育と娯楽からはベクトルの異なる古典世界の中国への眼差しが確認できる。前者においては教育的価値から、後者においては娯楽的価値から、古典世界の中国に対し肯定的評価が与えられているのである。

古典世界の中国を扱った娯楽作品が、聴衆に好意的に受け入れられていたのは明治期だけではない。例えば、一九二六年（大正一五）上半期の浅草図書館で最も多く読まれた児童図書の中に「西遊記」が見えているし*48、一九四〇年（昭和一五年）の紀元二千六百年祝典の期間中に大ヒットとなったのが、『西遊記』を自由に翻案したエノケン主演の劇映画『孫悟空』であった*49。古典世界の中国は、同時代のリアルな中国（清国）とは異なり観念的世界ではあったが、以上のように日本人に親近性のある世界なのである。

おわりに

以上、明治期の講談から当時の中国観の反映を読み取ってきた。最後に本章の課題に対する答えとして結論を述べたい。

本章ではまず、新聞に掲載された寄席に関する記事を取りまとめた史料集から、中国関係の演目を抽出する作業を行った。抽出した中国関係演目は、寄席演目の中でも主に講談が多数を占めており、対象とする中国の時代的差異から中国関係演目を二つに分類することができた。一つ目が、日清戦争談、北清事変談、日露戦争談などの同時代の中国を扱った講談である。演目数（新聞記事数）の推移から、日清戦争の影響が取分け大きいことがわかった。そして、その後も北清事変、日露戦争と中国に関係する歴史的事件が勃発したことにより、同時代の中国を扱った演目は常に見え続けていた。本章では、日清戦争談、北清事変談、日露戦争談が明治期に語られていたという事実確認に留まらず、実際の語られ方や演目内の具体的中国描写を明らかにするために、講談速記本を検討に使用した。講談速記本から中国描写を抽出すると、全ての演目に共通して、同時代の中国や中国人（兵）、中国環境に対する否定的評価を多分に含んでいたことがわかった。講談という娯楽メディアにおいても、同時代の中国に対しては否定的評価が与えられていたと結論づけることができる。聴衆の否定的中国観にも何かしらの影響を与えていたことが考えられよう。また、従来検討が手薄であった日本の中国観における日露戦争の影響・重要性を改めて指摘することもできた。

一方、中国関係の講談は、同時代の中国を扱った演目だけでなく、古典世界の中国・中国偉人を舞台・登場人物とした『三国志』や『水滸伝』などの演目も存在していた。古典世界の中国を扱った演目は、新聞記事の演目調査だけでは日清戦争後はその演目が見えなくなっていたが、これは『三国志』などが古臭く堅い読物と評価され、また「日清戦争談」や「日露戦争談」のような戦争講談の興隆によりその陰に隠れてしまったことが原因として考えられた。しかし、実際は日清戦争後も古典世界の中国を扱った演目は一貫して見えており、聴衆も面白い話として肯定的に受容していたことが考えられる。

以上の検討結果から、講談においても、同時代の中国に対しては否定的で、古典世界の中国に対しては肯定的であることが明らかとなった。この中国観の二面性を端的に示しているのが、美当一調講演『日清戦争余談』において、日本人が中国人に向かって述べた以下の台詞である。

又儒学と雖も其通り、所々の学者に就て聴けバ古の誰は豪いの、その字は間違つて居るの、是は欺う訓まなければ為らぬ抔と字引で字を吟味するやうなこと許り云つて、儒道を以て世を治めんとするやうな大抱負を抱いて居る古の韓退之〔韓愈〕、孟子のやうな豪傑は一人もなきの有様、して支那人が学問をするのは何の為にするかと云へば唯だ官吏登庸試験に及第をして官吏と為つて威張る土台を造る為の目的で〔中略〕支那国一般の学風である＊50

韓愈や孟子などの古典世界の中国偉人（儒家）の儒学には肯定的で、同時代の中国人の儒学には否定的であるという、古典世界と同時代の明確な区分が読み取れる＊51。

また、この二つの中国観は、日清戦争後も古典世界の中国関係演目が見えていたことから、中国観が日清戦争を契機に肯定観から否定観に変わったのではなく、日清戦争を契機とした否定的中国観の浸透により「盛（否定観）・衰（肯定観）」といった違いは見えつつも、二つの中国観は並立して存在していたのだといえる。

以上の検討結果を踏まえて、本章で特筆すべき点を述べるとすれば、講談からも小学校教育（第一章）や児童雑誌（第二章〜第四章）などの教育的側面の強いメディアで見られたものと同様の「同時代の中国への否定観」「古典世界の中国への肯定観」という中国観の二面性が確認できた点にある。この二面性は特定のメディアに限ったものではなく、近代日本の中国観特有のものであったと結論づけることができるのではないだろうか。次章の演劇からの検討でも、この点の実証的裏付けをさらに行う。

また、中国観の二面性という枠組み内において、小学校教育と娯楽メディアとの差異が見られたことも忘れてはならない。想起すべきは、第一章で明らかにした、過激な揶揄表現が控えられた教科書や中国蔑視への警鐘を鳴らしていた教育雑誌などに見られた「建前としての客観的姿勢」である。ただし、実際の教育現場での中国の扱いに見られたように、その実態は否定的であり〝建前〟でしかなかった。「敵愾心の発露＝愛国心の強さの証明」という建前が、本章の講談を含むあらゆるメディアに否定的言説を掲載する根拠を与えてしまったとも考えられるのである。一方で、教育も他メディアと同様に、否定的中国観（古典世界を除く）の一般への浸透に多大な影響を与えたことは疑いないが、建前であってもそのような姿勢が見られていたことは歴史的事実として改めて指摘しておかなければならない。

本章においては、古典世界の中国に対する眼差しが、教育と娯楽で異なることも指摘した。それぞれの価値基準は、教育的価値（児童の人格涵養に寄与する）と娯楽的価値（愉悦を得る）で異なるものの、それらが総じて肯定的（評価・感情）であったことは明白である。古典世界の中国における価値基準の多さは、すなわち日本人が古典世界の中国に抱く〝愛着〟〝親近感〟の表れでもあったといえる。

本章では、中国観に関係する演目のうち「蒙古軍記（元寇）」や「太閤記（朝鮮出兵）」、日清戦争前の壬午軍乱や甲申事変などの中国関係演目について、ふれることができなかったので、これは今後の課題としたい＊52。また、検討対象についても本章では講談に親しんでいた都市部の一般民衆層の検討に留まっているので、都市部以外の地域からの検討も今後の課題である。

註

1　有山輝雄『近代日本ジャーナリズムの構造』大阪朝日新聞白虹事件前後（東京出版、一九九五年）など参照。明治後半になると、新聞の発行は量的拡大を見せ、下層の人々にも読者層が見えるようになるが、普及という面では、東京と地方の格差が見えている。雑誌はさらに新聞よりも普及は遅い。第三章も参照されたい。

2　詳しくは、永嶺重敏『モダン都市の読書空間』（日本エディタースクール出版、二〇〇一年）を参照。

3　開国百年記念文化事業会『明治文化史』第十巻　趣味娯楽編（洋々社、一九五五年）三三四頁、三七二頁。

4 倉田喜弘『芝居小屋と寄席の近代―「遊芸」から「文化」へ』（岩波書店、二〇〇六年）一四四頁の表一「興行場別入場者数（東京府）」参照。

5 演劇と寄席の明確な区別は難しく、実際は寄席においても、一八七七年に「寄席取締規則」で「演劇類似」を寄席で行うことが禁止されているのに、俄や人形芝居などは依然興行されている状況であった（『大阪朝日』一八九六年一二月一八日付）。また、一九〇一年の同規則改正の際には、寄席での上演種目は撤廃され、寄席での芝居や舞踏が許されるようになっている（前掲『芝居小屋と寄席の近代』一四五～一四六頁）。このことからも、芝居からの検討は必要となるため、次章で検討を行うこととなる。

6 前掲『明治文化史』第十巻、四七八頁。

7 前掲註三以外にも以下のような史料がある。『二六新報』一九一二年六月一一日付によると、内務省が一九一一年四月に、下谷区万年町一、二丁目、山伏町、入谷、竜泉寺、金杉下町、浅草区新谷町、神吉町等の一部分に於ける二千八百三十一戸の都市部の細民に対して生活調査を行っており、その娯楽の統計によると、「貧民労働者の一大慰安は寄席第一」という結果であった。

8 一八三四年～一九〇五年。二代目伯円。新講談の祖とも言われる（『国史大辞典』吉川弘文館、一九七八年）。

9 本名尾藤新也。日清戦争直後から「日清戦争談」を語って一躍その名を全国に轟かせ、その後「北清事件談」「日露戦争談」をひっさげて各地を巡演し、全国的に有名となった熊本の軍談師である（安田宗生『国家と大衆芸能　軍事講談師美當一調の軌跡』三弥井書店、二〇〇八年、三頁）。

10『陸羽日日』一八八〇年一二月一一日付、玉沢横町藤村亭、神田伯史、『愛知絵入』一八八七年一一月二〇日付、富沢町富本席、邑井吉瓶、講談。

11『絵入朝野』一八八八年一月三日付、猫遊軒（松林）伯知、講談。伯知の人物評で「其始めは『十八史略』などを講じ」と見えている。

12『奥羽日日』一八九〇年一〇月三〇日付、虎屋横丁笑福亭、邑井貞吉、講談。

13『信濃毎日』一八九二年二月四日付、東亭、海老原光麟、講談。

14『東京朝日』一八九一年九月六日付、蛎殻町友楽館、講談師連、『東京朝日』一八九三年四月一日付、深野座、松林伯円等、講釈師芝居。

15『朝野新聞』一八七七年一一月二〇日付、築地亀井橋側の待合茶屋、松林伯円の講談。

16『中外電報新聞』一八八五年一月一日付、新京極、演者不明、人形浄瑠璃。

17『東雲新聞』一八八八年六月五日付、曽根崎橋南詰、坂本清策（自由亭不伸）の歴史講談。

18『対外観』日本近代思想大系一二（岩波書店、一九八八年）解説の芝原拓自「対外観のナショナリズム」では、『報知新聞』や

『東京日日新聞』などの大新聞レベルで、清仏戦争関係記事に侮蔑心が見えていたことを指摘している（五二三頁）。
19 前掲『明治文化史』第十巻、三六三頁。
20 前掲『芝居小屋と寄席の近代』の「政治講談」、一〇二～一〇七頁。
21 前掲『国家と大衆芸能』八六頁。
22 同右では「講談の度に新たな情報を盛り込んだ、ニュース性の強い語りの内容を持つのが〔美当〕一調の特徴である。それが、ニュースソースの少なかった時代にあっては、とりわけ新聞も読めない者にとっては一調の戦争談を聴くことが戦争の状況を知る手段のひとつであった。それに加えて、新聞などマスコミにも報じられない情報が聴けるということは多くの人たちの関心を集めたと思われる（一一三頁）」と指摘する。前掲『明治大正の民衆娯楽』でも同様の評価（三七頁）。
23 前掲『近代日本ジャーナリズムの構造』、有山輝雄『近代日本のメディアと地域社会』（吉川弘文館、二〇〇九年）参照。
24 前掲『国家と大衆芸能』八二頁、八五頁。
25 その他、『東京朝日』一九〇〇年一〇月一二日付では、森林黒猿（後述）が北清事変の調査で渡清したことが報じられ、『毎日』一九〇四年七月八日付では、講談師の日露戦争への従軍に関する記事が見える。
26 前掲『奥羽日日』一八九四年一二月一三日付、竹本文鶴一座の日清事件に関する新作義太夫の興行など。
27 当時の講談の席料は、明治一〇年代半ばで「三銭ないし五銭」（前掲『明治大正の民衆娯楽』七四頁）で、明治四〇年代で四、五銭であり（『東京日日』一九〇七年四月三日付）、一般民衆層が払える金額であった。聴衆者数については前掲『国家と大衆芸能』など参照。例えば、美当一調の北清事変談の入場者数は、久留米万歳座では「初日より三日目まで毎夜一一〇〇人の入場者があり、札止めが続いている」、長崎市舞鶴座では「初日二〇〇〇余人、三日（二日目）は四〇〇〇人の大入り札止め」であったという。また、講談の客層も児童から大人まで幅広い。後述する講談速記本などを見ると「婦女子或はお子供衆に至りまするまで〔中略〕誰方でも今回の日露大戦争の成行をば御会得になれまするやう、極く平易く説き出だしまする積りにござります（後掲『日露実践記』第一編、一～二頁）」と述べられている。
28 前掲『明治文化史』第十巻、三六四頁、前掲『明治大正の民衆娯楽』三九頁。一八七二年に設置、八四年に廃止。教部省は一八七七年に廃止され、事務は内務省社寺局に移された。
29 演劇でも戦争物は人気を博している。詳しくは次章参照。
30 前掲『近代日本都市教化史研究』一二一～一二三頁。
31 中国兵については、総じて否定的であり、前掲『通俗支那征伐』では、軍旗を捨てて逃げる様子などを破廉恥だと述べ「是等の事を以て考へても支那兵の惰弱なる事宜しく読者も御察しあれ（一三七頁）」と述べる。当速記本では、その他にも「暴慢無礼」

「柔弱なる清艦」「豚尾国の兵士」「逃るハ清国の十八番」「卑屈、下等人民」などの否定的評価が散見する。

32　松崎稔「兵士の日清戦争体験―東京府多摩地域を事例に―」（前掲『近代日本の形成と日清戦争』所収）や、原田敬一『日清・日露戦争』シリーズ日本近現代史③（岩波書店、二〇〇八年）七二～七三頁。

33　美当一調講演、市川半次郎速記『日清戦争余談』（市川半次郎発行、第一編、一八九九年七月）でも「阿房国」「生臭坊主」などの否定的評価が散見している。

34　本名奥宮健吉、北清事変や日露戦争の現地視察として軍事講談師となり、大陸で活躍する軍隊を賞揚した（前掲『芝居小屋と寄席の近代』一〇六頁）。

35　北清事変の起こりについても「斯の如く彼等〔義和団〕が外国人を殺すとか、耶蘇教を排斥するとかいつて、乱暴を為すのは、固より頑固愚昧にして世界の大勢を知らないのでありますけれども、又一ツは外国人が余り専横にして支那人を恰で人間以外の取扱かひをするから夫を憤ほつた（前掲『北清事変日本の旗風』第一冊第一編、四頁）」と、外国人側の問題にもふれられているが、「固より頑固愚昧にして世界の大勢を知らない」という否定観が前提にある。

36　その他、進歩のない停滞的な中国観も見える。前掲『北清事変日本の旗風』では「百般の事物が進歩しない此の清国は、医術も亦他国に比較して、必ず不進歩に極まつて居る（第三冊第三編、一二〇頁）」という日本兵の台詞が見え、中国医師が治療する様子を見て大笑いする描写が存在する。

37　その他、美当一芳講演、長沼翠園速記『北清事件』（長沼豊紀発行、第一編、一九〇三年九月）でも同様。義和団については「頑冥不霊の奴等が、多いのでございます（三頁）」、北清事件の起こりについては「乱暴を致しますのは、固より頑固愚昧にして、世界の大勢を知らない（四頁）」、中国人については「土民等は、皆な愚か勝な奴ばかり（五〇頁）」「実に支那人の馬鹿さ加減は、話しにならないネ（一四二頁）」と、否定的評価が散見している。

38　一八七七年～一九六五年、大阪生まれ。一九〇〇年に旭堂小南陵と改名。戦前は上方唯一の講釈師として多くの演目を残した。

39　北清事変との比較も見える。前掲『日露戦争談』では、日本軍の要所守備について「三十三年の北清事変の時にどうだ、北京の居留地には義勇兵といふものを拵へて僅か五十足らずの人間で到底日本の兵の這入つて来るまで無事に喰止めて居つたといふことも聞いて居るぢやないか、成程アノ時は対手がチヤン〱だから旨く行つたといふ議論を吐く人が居るかも知れませぬが、人数は僅か彼の時は五六十であつたといふことだ、そこで今度は対手が露西亜だからやれないといふことを言はれるか知らぬが〔後略〕（第一編、一六四頁）」と語られている。

40　各所で、日露戦争の大義名分が弱い中国を助けることであると示唆されているが、この大義名分は「中国が弱い」という否定的評価を前提としている（前掲『日露戦争談』第二編、一〇二頁など）。

41 桃川如燕（初代）か。一八三二〜一八九八年、幕末明治期の講談師。桃川派の祖。燕玉、燕林、から初代桃川如燕となった。明治期は伯円と並ぶ二大看板であった（『朝日日本歴史人物事典』朝日新聞社、一九九四年）。

42 西遊記の講談速記本は、桃川燕林講演、高畠政之助速記『西遊記』（文事堂、巻之一、一八九八年三月）がある。西遊記が冒険物として楽しまれていたことは想像に難くないが（第六章参照）、古典世界の中国を舞台としているため、以下のような中国描写も見える。「時に貞観の十三年春のことで、長安の都と云ふのは悉とく繁昌の所、勿論此処には唐の太宗皇帝居城でございまして、人民もあり、国も富み豊かに致して唯儒を以て今日の楽しみと致す、さればにや儒道の盛んなること夥だしく、太宗皇帝に於てもどうか良き学者を聘して之を儒徳に挙げたいと思召して在つしやる〔中略〕儒徳と申して我国にも其徹がありまする（一三九頁）」。

43 前掲『三国志』でも、冒頭で「面白いを専一として申上る事ゆゑ、宜しく御愛読を願いまする（一頁）」と述べられている。

44 その他、前掲『三国志』では曹操が「此曹操と云ふ人は成程近々に其威権を逞ましくして我が国で譬へて見ると清盛の如き行ひを後に致した人でございますが戦争が上手で殊更兵学を能く修めました（三一頁）」と評されている。「清盛」という日本偉人と重ね合わされている所にも、肯定的な扱われ方を読み取れる。

45 前掲『北清事変日本の旗風』第一冊第一編、八五〜八六頁。

46 また、同速記本では、儒教関係だけでなく、中国の明時代の随筆『五雑俎』が話の例として引用されている箇所があり、「雑俎の中には、如何さま面白い話しが幾干もムいます」と評されている（同右第三冊第三編、二四五頁）。その他、前掲『日露戦争談』などでも、「昔しの田単は火牛の謀と云ふのを遣つたそうだが（第三編、一七二頁）」などの引用が見える。

47 広田照幸「近代知の成立と制度化」（『日本史講座八』東京大学出版、二〇〇五年）では、明治中頃まで、漢学塾が社会的上昇のための有効性を保っていたことを指摘している（二七二頁）。講談師が漢学の素養を持っていたことも重要である。美当一調については、前掲『国家と大衆芸能』で「一調は士族出身で、藩校で学んだ経歴を有している。〔中略〕その漢学の素養〔漢詩作り〕が彼の作品に反映されていた〔中略〕他の講談師と比べて上品で、漢語表現も適切であった。それゆえ、上流階級の人たちの鑑賞にも耐え得るものであった（一四六〜一四七頁）」と評価されている。漢学の素養が講談師としての成功をも左右している。

48 『児童研究』一九二七年一月二五日号「多く読まれた児童図書」（復刻版、第一書房、一九七九年、三二一頁）。

49 古川隆久『戦時下の日本映画—人々は国策映画を観たか—』（吉川弘文館、二〇〇三年）一四六頁。明治期の『西遊記』受容については、次章の演劇で取り上げる。

50 前掲『日清戦争余談』一〇頁。

51 前掲『北清事変日本の旗風』でも「中国古昔は聖賢相次で出で、威四夷に及ぶと雖も今や国威日に衰へて、上に賢人なく、下蠢々たる愚物のみ（第三冊第三編、一一八頁）」との叙述が確認できる。

52　講談速記本としては、松林伯知講演（久森得太郎）『太閤栄華物語』（大学館、春の巻、一九〇六年九月）、松林伯龍講演（松林伯知閲）『蒙古軍記』（大学館、前編・後編、一九〇七年一月）などが見える。

第六章

✿明治期の演劇に見る日本の中国観

はじめに

本章では、前章に引き続き明治期の娯楽メディアである演劇に注目し、作中の中国描写や、中国の扱われ方などから当時の中国観を明らかにしていく。前章では講談（寄席演目）から、具体的な中国描写とそれに伴う中国評価を検討してきたが、講談の客層は都市部における一般社会の内、下層の人々が中心であったので、その他の人々の検討が行えていなかった。本章で検討する演劇の客層は、都市部の一般社会の内「中層から上層」の人々である＊1。実証的把握の難しい一般民衆層の中国観は、学校教育による影響の他、寄席や演劇などの娯楽を含む多角的な視点からの検討が必須である。演劇一つにしても、一流劇団が都市部の常設劇場で上演するものと、地方巡業中心の二流、三流劇団が上演するものなど、検討の視野に入れるべき点は多岐にわたるが、本章では、数ある演劇の中でも中国に関するものを扱うというピンポイントな検討を行う必要上、比較的多くの史料が残っている都市部の演劇に焦点を絞り、上記の内の一つの視点として位置づけたい。

第一節　明治期の中国関係演劇

演劇に関する先行研究は、河竹登志夫『近代演劇の展開』(日本放送出版協会、一九八二年)や、倉田喜弘『芝居小屋と寄席の近代—「遊芸」から「文化」へ』(岩波書店、二〇〇六年)、矢内賢二『明治の歌舞伎と出版メディア』(ぺりかん社、二〇一一年)、伊原敏郎『明治演劇史』(クレス出版、一九九六年〔昭和八年版の復刊〕)など多くの研究の蓄積があるが、中国観との関係性に焦点を当てた研究は管見の限り見られない*2。佐谷眞木人『日清戦争—「国民」の誕生』(講談社、二〇〇九年)などでは、日清戦争時に否定的言説を含む日清戦争劇の流行が指摘されているが、その否定的評価の内実や扱われ方など、中国観との関連性にまでは検討が及んでいない。また、小笠原幹夫「川上音二郎はなぜ日清戦争を演じたか」(『歌舞伎から新派へ』翰林書房、一九九六年)、越智治雄「「威海衛陥落」論—日清戦争劇を観る—」(『国語と国文学』四二巻一一号、一九六五年一一月)、磯辺彰『旅行く孫悟空』(塙書房、二〇一一年)など、中国描写の見られる演劇や中国を題材とした演劇に関する個別的研究は存在するものの、演劇総体から中国観の反映を読み取ろうとする研究は見られない。これらの個別的研究成果は活かしつつ、明治期における中国関係演劇を総体的に論じ、その演劇に反映されていた当時の中国観を浮き彫りにすることが、本章の目的である。

本論に入る前に、明治期の演劇の全体像についてふれておきたい。明治前半期の日本の主流演劇といえば勿論歌舞伎である。歌舞伎は江戸時代に興隆し独自の発展を遂げた日本特有の演劇であったが、その歌舞伎も明治維新以後の激動の中で変化をきたしていった。新時代を反映した新たな試みが、文明開化の世相風物をえがいた散切物や、活きた歴史そのままの芝居を行う活歴劇などである。

しかし、明治二〇年代に入ると、歌舞伎だけが独占していた日本の演劇に新派劇が台頭してくる。新派劇は歌舞伎とは流派を異にし、明治二〇年代の初頭において、政治宣伝と資金の獲得のため、演劇改良も兼ねて演じられた壮士芝居や書生芝居が、日清戦争に取材した際物的な戦況報告劇や戦意昂揚劇によって一層広い層の観客を集め、基礎を築いたものである。新派劇の登場により、歌舞伎は古典劇化し、改良の役割を新派劇に譲った*3。

演劇には、歴史劇・戦争劇・人情劇など様々なジャンルの演目があるが、本章では中国への評価を考えるという点から、作品上に何かしらの中国描写が見えるもの、中国人登場人物が見えるもの、中国世界を題材としたもの、などを中国関係演劇とする。

注目すべきは、演劇のもつ報道メディア性である。先行研究でも「演劇が報道メディアとしても機能していた*4」と指摘され、同時代の新聞記事などにも「演劇が民衆を感化する力は、各種の出版物や言論に比べて非常の勢力あり*5」と述べられている。前章で検討を行った講談と同様、演劇作品内に表出された中国描写・中国評価から、観客の中国観に一定の影響を与えていたことは十分に考えられる。

当然、中国関係演劇に見られた中国描写・中国評価が、そのまま観客の中国観であると単純に同一視することはできない。当時の演劇の反響を知るものとして、新聞や演劇雑誌の劇評が貴重な史料としてあげられるが、その劇評の中身は演劇論や技術論、俳優の評判などが主たるものであるため、観客の中国観の受容・形成過程を明らかにすることは難しい。しかしながら、序章でも述べたように、中国関係演劇に見られる中国描写や中国評価が当時の中国観の反映の一端であったことには違いない。少なくとも作り手側の中国観の反映であることは明らかである。また、演劇作品を楽しむということは、その演劇内容や作り手の表現に一定の理解を示し、同様の認識を共有していることに他ならないという点にも留意すべきである。本章では中国関係演劇の中国描写や中国評価にのみ焦点をあてるのではなく、その演劇の扱われ方にも注目していきたい。

では明治期において、どのような中国関係演劇が上演されていたのか。注目すべき資料として、伊原敏郎『歌舞伎年表』（岩波書店、一九五六～六三年）、国立劇場近代歌舞伎年表編纂室『近代歌舞伎年表』大阪編、京都編、名古屋編（一九八六年～）などの上演年表がある（以下、各演目の上演については上記資料に基づく）。これらの年表では、東京・大阪・京都・名古屋の各都市において「何時、どこで、どのような題目の演劇が上演されていたのか」が、配役なども含めて記載されているので、その中から中国関係演劇を抽出することが可能となる。抽出にあたっては、複数回の上演（年表に何度も表出している同種演目）が確認できるものを取り上げる。上演数が多いということは、多くの観客が観劇したということを意味し、観客の好評を博した演目であったことの証左ともなる。

上記の年表から抽出できる中国関係演劇は、「国性爺物」（五五件）、「元寇物」（五件）、「吉備大臣物」（一五件）、「殷の妲己物」（六件）、「水滸伝物」（二三件）、「西遊記物」（一七件）、「日清戦争物」（一〇六件）、「北清事変物」（一三件）、「日露戦争物」（八八件）などとなる。それぞれの件数から、これらが当時の代表的な中国関係演劇であったといえる。

右の中国関係演劇は、「日清戦争物」や「北清事変物」、「日露戦争物」など、同時代（明治期）の時事問題を題材としたもの（新派劇と歌舞伎）、「殷の妲己物」や「水滸伝物」、「西遊記物」など、古典世界の中国を題材としたもの（歌舞伎）、「国性爺物」や「元寇物」、「吉備大臣物」など、日中間の歴史を題材としたもの（歌舞伎）、に区分することができる。

本章ではまず、講談との兼ね合いから、同時代の中国を対象とした「日清戦争物」「北清事変物」「日露戦争物」などの中国関係演劇と、古典世界の中国を題材とした「水滸伝物」「西遊記物」などの中国関係演劇の中国描写・中国評価を確認する。

その後、日中間の歴史を題材とした「国性爺物」「元寇物」「吉備大臣物」に注目する。これらの作品は歴史物として楽しまれていただけでなく、後述するように明治期の時局に結びつけられて上演された演劇であった。演劇には「当て込み」という「時事問題などを芝居の中に織りまぜたりする*6」技法が存在するため、検討の際には「当て込み」という語句にも注目し、時事問題に結びつけられた中国関係演劇の内実を明らかにする。脚本や筋書に代表される文字情報だけでなく、時事問題との関係性から浮き彫りとなる中国関係演劇の「扱われ方」にも、当時の中国観が反映していることを本章で示したい。

史料としては、当時刊行されていた演劇脚本や新聞・雑誌を使用する。当時の新聞は、当日上演された演劇や近日上演予定の演劇などを紹介した「演芸欄」が存在しており、各座で行われた演劇に関する「劇評」や、演劇の脚本を数回にわたって掲載する「略筋紹介」なども掲載され、演劇を検討する上でも重要な一級史料となる。また、当時刊行されていた『歌舞伎新報』(一八七九～一八九七年)や『歌舞伎』(一九〇〇～一九一五年)などの演劇雑誌も*7、特定の演目に関する記事や劇評欄が充実しており、演劇の反響や評価を検討する上で貴重な史料となる。

第二節　同時代の中国を対象とした中国関係演劇

—時局をそのまま題材としたもの—

同時代の中国、すなわち当時の中国王朝である清国と日本に関係する歴史的事件を取り扱った演劇は「日清戦争物」「北清事変物」「日露戦争物」である。これはすなわち、当時において最も関心の高い時事問題をそのまま題材とした戦争劇であり、当時の日本と清国との関係性が如実に表れている演劇といえる。新聞や雑誌などのメディアにおいても、時局への関心が高まる中で、時々の戦況が詳細に伝えられており、対外戦争に対する一般民衆層の関心は非常に高かった。

戦争劇の人気は高く、その様子は各メディアで、「バタクサ騒いで鉄砲でも打つて居れバ大入繁昌といふ」、「昨今の人気ハ日清の関係に集り居る」、「戦争芝居と云ふ名目でさへあれば何処の小屋も相応に客の来る」と報じられていた*8。また当時の演劇においては、その娯楽的側面だけでなく、戦争を伝える一メディアとしての機能、さらには後述するように敵愾心を宣揚するための一助となっていたことも見逃してはならない。

まず、日清戦争物であるが、一八九四年の日清戦争の勃発に際し、川上音二郎*9に代表される新派劇が、日清戦争の情報に飢えている観客の欲求を敏感に察知し、リアリティのある日清戦争物を演じたことで大評判となり、その人気は歌舞伎にも及んだ*10。

日清戦争物の上演は、一八九四年九月二八日東京新盛座「日清大戦争」、同年一〇月一二日〜一一月三日大阪弁天座「日本大勝利」、一八九五年三月一〇日〜二二日名古屋末広座「川上音二郎戦地見聞日記」、一九〇〇年三月一日〜一一日京都南座「日清戦後玄武門」など、東京、大阪、京都、名古屋の全ての都市で上演が確認できる*11。

川上一座の口上看板には「国威を輝かし士気を鼓舞するの目的を以て今回日清戦争を活劇に取仕組み観客をして眼前戦地に在て猛将勇士龍戦虎闘の状を見るの思ひあらしむ乞ふ天下愛国の人士君国を懐ふの赤誠を移し来つて此壮絶快絶なる新活劇を見よ*12」と述べられており、戦況を伝えるだけでなく、敵愾心宣揚の一助と意義づけられていることがわかる。日清戦争物の内容であるが、日本の優秀性・正当性が強調されるため、同時代の清国が比較対象として劣位に位置づけられ、また、敵愾心の宣揚から清国への蔑視表現が当然のように使用されている。自国の関わる戦争において、自国に不利益なことを喧伝しないのは当然であろう。前章までの検討からも明らかであるように、演劇に限らず、どのメディアにおいても日清戦争を扱ったものは、敵対国である清国に対し否定観が強く表出している。

日清戦争物については、佐谷眞木人「川上音二郎の日清戦争」(前掲『日清戦争』第四章)や、前掲小笠原幹夫「川上音二郎はなぜ日清戦争を演じたか」、前掲越智治雄「「威海衛陥落」論―日清戦争劇を観る―」などの個別的研究が存在する。「日清戦争劇において、高官から兵卒に至るまで、清国人は、軽薄であり、強欲であり、残忍であった」と述べられているように、台詞にも「チャンチャン坊主」などの激しい蔑視表現が見え*13、同時代の清国対する否定的評価が劇全体を通してうかがえることは、すでに指摘されている点であるので、本章で繰り返し述べることはしない*14。

ここでは、否定的描写を多分に含む日清戦争物に対する観客(受け手側)の反応を見ることで、否定的中国観を送り手と受け手が共有する関係にあったことを示したい。当時の児童雑誌の読者投稿を見ると「眼に一丁字なき男女に征清軍の詳況を知らしむるには演劇講談等を以て最良の手段となす茲に於てか壮士俳優の日清戦争演劇非常の大入を占む吾人は這般の演劇を観る者多きを喜ぶものなり＊15」と見える。日清戦争の活況が裏付けられるとともに、児童層においても日清戦争物が戦況を知るための一メディアとして捉えられていたことがうかがえる。また、ジャーナリスト生方敏郎の回想記『明治大正見聞史』（春秋社、一九二六年）でも、日清戦争物に関する回顧が以下のように見える。

戦時中、芝居小屋では戦争の際物を演じて客を呼んだ。〔中略〕大勢の支那兵と少数の日本兵との戦いで、必ず支那兵が負け、あやまったり泣いたり、「日本人たいへんたいへん強いあります」というようなことを言って、終いは日本兵の註文に応じ様々の芸をしたり滑稽な唄を唄って、見物人を哄笑させる、それはそれは余裕綽々たる芝居であった＊16。

右の回想からも、日清戦争物に否定的側面が介在していることが十二分に読み取れる。滑稽の対象として中国人は否定的に扱われているのである。

生方の回顧とは対象的に、緊張感を伴った日清戦争物の回顧が以下の記事に見える。『都新聞』一九〇四年四月二日付、片岡市蔵「戦争芝居と俳優（二）」という記事では、日清戦争劇で芝居をした役者が当時を回顧し「日清戦争の芝居の時、私は袁世凱に成つて懲り〳〵しましたので、何ぼ芝居でも、煙草盆が飛んで来る、猪口を投り附けられる、第一倅に済みません」と述べる。観客が日清戦争劇に没入している様子がうかがえる。現実とフィクションの区別ができないほど、作品の登場人物に感情移入し興奮状態に陥っているのである。また、中国人役を演じることが、息子に対する申し訳ない気持ちに繋がる点からも、中国人の評価が如何に低いものであったかがわかる＊17。

日清戦争物の上演は全国各地で確認でき、数量的には他の中国関係演劇を圧倒している。これは、日清戦争による同時代の中国への否定観の浸透を裏付けるものといえる。その浸透の兆しは、日清戦争前の段階において既に見られていたことが演劇からも確認することができる。例えば、一八八六年五月九日に名古屋千歳座で上演された「花茨胡蝶廼彩色＊18」という演目では、登場人物の中国人が「チヤン〳〵＊19」という蔑視表現で呼ばれていることが確認できる。日清戦争を契機とした否定観の一般への浸透が、ゼロからの急激な浸透ではない点には留意しなければならない。

次に、北清事変物であるが、日清戦争から数年後の一九〇〇年に北清事変が勃発すると、日清戦争と同様に演劇の題材となり、一九〇〇年八月一一日~九月四日大阪中劇場「世界列強清国攻戦記」、同年九月一日~二六日京都夷谷座「北清変事夢炮台」、一九〇二年一月一日東京市村座「日本の旗風」などの上演が確認できる。

しかし、他のメディアでも同様であるが、北清事変の扱いは日清戦争ほど重いものではない。これは、「戦争」ではなく「事変」と呼称されていることや、その敵対構図も、日清戦争時の「日本対清国」ではなく、「連合軍(日・英・米・露・独・仏・伊・墺)対義和団・清国」と多数化しており、北清事変への関心は日清戦争ほどには高くはなかった。それを立証するように、北清事変を題材とした演劇の上演数は日清戦争物より少ない。また、日清戦争物はその多くの脚本(略筋)が新聞に掲載されていたのに対し、北清事変物の脚本は見ることができない。さらに、日清戦争以降の戦争劇は新派によって演じられているものがほとんどであるが*20、新派の脚本は出版されているものがほとんどないため*21、北清事変物の中国描写を演劇脚本などから検討することはできなかった。北清事変物に焦点をあてた研究がないのも、以上の史料状況が一因であると考えられる。

ただ、次善の策として、演目の原典となった作品を見ることは可能である。例えば、上記の東京市村座で行われていた「日本の旗風」は、『都新聞』一九〇一年一二月二一日付の「梨園叢話(演芸欄)」に「市村座の一月狂言昼の部八一番目都新聞掲載森林黒猿講述の「日本の旗風」」と見え、続く幕名で「(序幕)清国北京公使館」と見られることから、これが北清事変物の演劇であることが判断でき、『都新聞』に掲載された講談風小説が原典であることがわかる。森林黒猿という人物は北清事変を視察した軍事講談師であり、自らも「北清事変日本の旗風」という講談を行っている(前章参照)。

この小説を見てみると*22、義和団については「固より頑固愚昧にして世界の大勢を知らない」と述べられ、清国環境についても「北清の宿屋ハ穢なくつて不便です」とその不潔さが紹介され、清国そのものについても「支那の政事の腐敗して居ることハ分つて居るが、就中此の警察制度などの不整頓といふものハ驚ろくべき」などと、様々な場面で清国への否定的描写が確認できる。しかし、小説での否定的描写が演劇脚本にどう採用され、実際の上演にどう反映したのかまでは判断できない。ただし、前章までの講談や児童雑誌などの検討結果を鑑み、北清事変物も否定的に扱われていた可能性が高いと考えられる。

この傾向は、日露戦争物でも同様である。北清事変後の一九〇四年に勃発した日露戦争も、日清戦争・北清事変と同様に演劇の題材とされ、一九〇四年二月二九日京都千本座「日露戦争」、一九〇四年三月一二日〜四月三日大阪中劇場「旅順口大海戦」、一九〇四年七月六日大阪春日座「旅順陥落」などの上演が確認できる*23。日露戦争の直接の敵対国はロシアであったが、その敵対関係に至る原因の一つに中国権益の問題があったことや、戦地が中国大陸であったことから、中国観にも深く関わる戦争であった。また、日露戦争は近代日本が西洋列強を初めて敵に回した未曾有の事件であり、関心の高さは日清戦争以上であったといえる。しかし、中国観を考える上で注意が必要なのは、中国との関係性が深い戦争ではあるものの、その多くは直接の敵対国であるロシアへの関心が大半を占めているという点である。関心度の高さは日清戦争以上でも、各メディアでの中国描写の表出量を考えると、日清戦争に比べ圧倒的に少なくなるのは当然の現象といえる。

しかし、日露戦争物で中国・中国人が否定的に扱われていたことは、少ない史料からも十分にわかる。『都新聞』一九〇四年三月一〇日付の演芸欄「芝居だより」で紹介されている日露戦争物は「眞砂座ハ昼の部にて露西亜兵が支那人の行商地を占領し暴行を極むるを日本館の長次が支那人を助け相手を懲す所、夜の部ハ予備兵の召集に出征の処など自然時勢に箝り大喝采」という内容であり、ロシア人に暴行され日本人に助けられるという弱い立場にある中国人が登場人物として見えている。また、大阪朝日新聞に連載された「日露戦争」や、桜井忠温の『肉弾』などが日露戦争物として演劇化されており*24、これらの小説でも「腰の弱い、洞ケ峠も極め兼ねまじい清国人*25」、「腹の黒いチヤンと思へば面憎いが、これが即ち亡国の民かと、下目で見れば、憫然なり、可哀相なりである」、「〔清国〕家屋の汚穢と土民の不潔とは、何とも御話にならぬ。土地馴れぬ我等はいつも鼻を掩はずにはゐられ無かつた。名こそ舎営だが、実は軒端の雨宿、浸み込むやうな異様の臭気は、到處から舞ひ上り、大蒜臭い大チヤン、小チヤン、豚の如くにゴロ〳〵鎮座ましますに至つては、迚も堪へ切れぬ程であつた＊26」などの否定的中国描写が散見している。しかしながら、北清事変物と同様、演劇脚本による確認ができないため、実際の上演状況にまで言及することはできない。

以上、「日清戦争物」「北清事変物」「日露戦争物」という、時局をそのまま題材とした演劇を見てきた。個別的先行研究の成果も踏まえれば、同時代の中国に関係する演劇には総じて否定的傾向が読み取れるといえる。

第三節　古典世界の中国を題材とした中国関係演劇
—時局との関係性がないもの—

中国関係演劇には、同時代の中国を対象とした演劇のみが見られるわけではない。演目として歴史が長いのはむしろ、古典世界の中国を題材とした「殷の妲己物」「西遊記物」「水滸伝物」などの時局とは関係のない演目である。これらの演目は、同時代における日清の敵対関係とは無縁の世界での物語であり、かつ江戸時代以来日本で親しまれてきた演目である。これらの演目からは、如何様な中国描写・中国評価が読み取れるのであろうか。

まず、殷の妲己物から特に有名な「玉藻前曦袂《たまものまえあさひのたもと》」という歌舞伎演目を取り上げる。この演目は、天竺から唐土を渡って日本へ来た悪狐が、入内して玉藻前と名乗った人物を殺し、その姿に乗り移るという内容になっている。この「玉藻前」二段目、唐土の舞台に登場する妲己も、悪狐が化けたものとされている。唐土の舞台となっているのは殷の時代であり、妲己の他にも殷の紂王、太公望などの古典世界の中国偉人が登場している。

「玉藻前」の上演は、早くは一七五一（寛延四）年一月大阪豊竹座初演の浪岡橘平等による「玉藻前曦袂」、その浪岡等の作品を改作した「増補玉藻前旭袂《ぞうほたまものまえあさひのたもと》」が、一八〇六（文化三）年三月二六日に大阪御霊境内鶴沢伊之助座で上演されている＊27。

明治時代においても、「玉藻前」や妲己関連の演劇は行われており、一八七六年九月一日京都新京極通「玉藻前曦袂」、一八八三年一〇月大阪弁天座「三国伝来朝日袂」、一九〇一年一月三一日大阪浪花座「殷妲妃」、一九〇三年七月一一日～八月二日京都歌舞伎座「三国伝来妖婦殷妲妃」などに見られる。

ここでは、「玉藻前曦袂」二段目の唐土の舞台から中国描写を見ていく。殷の紂王に入内する妲己の行列に老狐が飛びこみ、美女にとりつく。老翁太公望が釣をしている所に文王が通りかかり紂王を倒すための助力を乞う。酒池肉林の悦楽にふける紂王を梅伯が諫め、炮烙責めにあう。文王は捕えられて我が子の肉を食べさせられる。その悪王も、太公望の軍勢に城を囲まれて死ぬ。妲己も太公望にやられ東に飛びさる、という内容である。

文王に息子の肉を食べさせる場面や、炮烙という処刑を見世物として楽しむ場面などの妲己や紂王が行った残虐行為＊28などは否定的イメージを喚起するものではあるが、物語上の演出の一つとして受け取られていたと考えられ、作品自体の「残虐的な美学を以て後世の繁演に堪えた＊29」という評価にも繋がる。つまり、作中での悪役（妲己・紂王）の否定的描写は、物語上の勧善懲悪として消化され、むしろ作品の面白味となっていたのである。

前節に見てきた同時代の中国を対象とした演劇とは、中国描写のベクトルが違うことに注意したい。古典世界の中国（殷）が舞台であるため、日本人が登場しておらず、物語の勧善懲悪という演出上、登場人物に善人役・悪人役という両立場の中国人が存在する。以上の点からもわかるように、当演目から、本書が目的とする所の中国評価（肯定・否定）を導き出すことは難しい。当演目内の中国描写のみで否定・肯定を判断することは、物語上の勧善懲悪を無視することになり、本書が目的とする所の中国観とはいえない。同時代の中国を対象とした戦争劇とはこの点が異なる。

戦争劇、例えば日清戦争劇の場合であれば、作中の否定的中国描写が、敵対関係にある清国に対する敵愾心・蔑視感であることは瞭然である。戦争劇が、敵愾心宣揚の一助としての機能を有していたことも思いだされよう。一方で、当演目のように古典世界の中国を題材とした演劇は、作中の中国に対し、肯定・否定に関わらず積極的な評価を与える必要性がない。作中に、何らかの評価として捉えられる中国描写があったとしても、それはやはり物語上の勧善懲悪の域を出ないのである。ここで重要なのが、少なくとも否定的評価は与えられていないという、同時代の中国を対象とした戦争劇との差異である。積極的な肯定的評価は与えられていないにせよ、古典世界の中国に対し否定的評価は与えられていないのである。日清戦争以降の日本社会一般における同時代の中国の否定観の浸透の影響を受けていない、この点こそが古典世界と同時代の差異であり、双方が明治期において併存していることの証左ともなる。また、これまで繰り返し見てきた中国観の二面性の枠組みにも収まる。

さらに言及するとすれば、当演目が明治期において数度上演されているという事実である。先ほどの「残虐的な美学を以て後世の繁演に堪えた」という当作品の評価にも見られるように、娯楽作品として観客に楽しまれていたことは疑いないだろう。現在においても、上演されている息の長い演目である。当演目自体は、観客に好意的に受け入れられていたと考えられる。このことは、「古典世界の中国を題材とした作品は面白い」という日本人の肯定観として捉えられるのではないだろうか。この点については、次の西遊記や水滸伝などの例を見ればさらに説得的な説明が可能である。

西遊記物は、中国四大奇書の一つ『西遊記』を脚色し劇化したものである。この西遊記物は、江戸後期から明治にかけて、人形浄瑠璃の「五天竺」、歌舞伎の「通俗西遊記」として上演された*30。「五天竺」の初演は一八一六年七月大阪御霊境内芝居で、「通俗西遊記」の初演は一八七八年九月東京市村座で行われており、西遊記物も江戸以来から親しまれていた演目であった。

当然、明治期においても各都市において上演が確認でき、一八六九年七月大阪天満芝居「五天竺」、一九〇一年七月一日～二三日京都歌舞伎座「通俗西遊記」、一九〇三年三月一日～四月一二日大阪中劇場「通俗西遊記」などで上演されている。

西遊記物の中国描写であるが、「言うまでもなく、『西遊記』は中国で生まれ、中国文化の中で成長を遂げてきた作品であり、主人公玄奘三蔵や孫悟空らは中国産＊31」であり、否定観に結びつくような中国描写は見られない＊32。殷の妲己物と同様、西遊記物も娯楽作品として楽しまれていた作品であったといえる。

その様子を示すものとして、一九〇〇年一〇月一日東京東京座「通俗西遊記」の劇評を見てみると「中幕〔通俗西遊記〕の孫悟空ハ猿之助〔役者〕と云ふ處からの出し物イヤ売物、猿の愛嬌ある宙乗りの離れ業などハ見物の喜ぶ所にて四日目から突付け客ばかりで土間売切の大景気ハ確かに中幕の評判に依れるものにてお手柄と云ふべく」「中幕の八戒ハ云ふ處なく、百眼魔王ハ立派なりし＊33」などと見える。西遊記物見たさに入場券が売り切れになるほど、観客に好評を博していた様子がうかがえる。古典世界の中国人気とも指摘することができる。

注目すべきは、上記の「通俗西遊記」が一九〇〇年に上演されていることからもわかるように、日清戦争以降も当演目の上演が確認できる点である。日清戦争以降における同時代の中国への否定観の影響から、古典世界の中国すら否定的に扱われる、あるいは上演を避けるようになるといったことはなかったのである。

中国四大奇書の一つである『水滸伝』も、江戸時代より長く日本人に親しまれた作品であり＊34、西遊記同様に多くの劇化がなされている。ここでは、特に「水滸伝雪挑《すいこでんゆきのだんまり》」という演目を取り上げたい。作者は河竹黙阿弥で、一八八六年五月東京新富座で初演された演目である。その名の通り、『水滸伝』に基づいて脚色されたものであるが、注目すべきは高野長英と渡辺崋山の蛮社の獄を扱った狂言のうちに、二人を暗示する古典的だんまりとして挿入された演目であるという点である。教科書にも残る幕末の日本偉人を暗示する人物として、水滸伝に登場する花和尚魯知深と九紋龍史進が位置づけられていることからも、古典世界の中国偉人の肯定的扱われ方が読み取れ、明治の人々にも親しみが深かったことを示す証左ともなる。

明治期においては、一八九二年五月二三日～六月八日京都北座、一九〇二年三月一二日大阪堀江座、一九〇六年一一月七日東京新富座などで上演されており、日清戦争以降の上演も確認できる。

内容は、唐土瓦罐寺の雪中に、二人の賊が旅人から奪った砂金の袋を持ちあぐんでいると、花和尚魯智深が現れてこれを奪おうとし、そこへ傍らから九紋龍史進が出て暗中に魯智深と戦ったが、やがて月が出るや互いに同志と知れる、といったように史進と魯智深の二人の雪中での立廻りが趣向となっている。

西遊記物などと同様に、否定観に結びつくような描写はなく*35、水滸伝物も娯楽作品として観客に好意的に受け入れられていた作品であったと考えられる。「水滸伝雪挑」に関する劇評を見ても「大切に市蔵訥子の「水滸伝」これ亦勇壮にして前幕のシンミリしたると配合せて見た眼心地よし」、「中幕に〔中略〕「水滸伝」雪のだんまり〔中略〕九紋龍ハ実に目覚しく立派なものにて心地よく見られ〔中略〕魯智深ハ適り役とて九紋龍と共に好評」、「史進は水滸伝中美男の聞へ高き侠客花和尚は大酒好の滑稽和尚と云が（三升）（筵升）にはまつた趣向にて大評判なりし〔中略〕何かなしに勇ましく目新らしく覚へて先々能心持の引張でムり升たぞ」というように*36、水滸伝の登場人物も好感を持たれ、劇自体も好評であったことがうかがえる。西遊記物と同様の傾向を有した演目であり、日清戦争以降も上演されていることから、古典世界の中国を題材とした演劇が同時代の清国への否定観と切り離されていることがより明らかとなる。

以上のように、古典世界の中国を題材とした演劇は*37、同時代の中国を題材とした戦争劇のような否定的描写や評価は見られず、総じて面白い娯楽作品として観客に受け入れられていたことがわかる。このことは、「古典世界の中国を題材とした作品は面白い」という肯定的評価として、日本人の肯定的中国観であると指摘することができる。この古典世界の中国作品への肯定観は、昭和期にまで受け継がれていたと考えられる。前章でも紹介した昭和期における劇映画『孫悟空』の大ヒットの兆候は、明治期における西遊記物の人気ぶりからすでに見えていたといえる。日中間の歴史的交流関係の深さに比例するように、日本人の中国文化への親しみも古く深いものなのである。古典世界の中国への肯定観とは、小学校教育や児童雑誌で見られた古典世界の中国偉人（漢籍含め）の教育的・道徳的価値と、講談や演劇で見られた作品自体の娯楽的価値であったと結論づけることができる。もちろん、双方の境界は厳密ではなく、例えば『三国志』に登場する諸葛亮や関羽の「忠臣」としての逸話が、教育勅語の示した「忠君愛国」精神の涵養にも役立つという教育的側面を加味することも可能であった（第二章参照）。

第四節　日中間の歴史を題材とした中国関係演劇
―時局に結びつけられたもの―

以上、演劇という娯楽メディアからも中国観の二面性を確認することができた。当節では演劇ならではの中国観検討として、日中間の歴史を題材とした「国性爺物」「元寇物」「吉備大臣物」という演目を取り上げる。これらの作品は歴史物として楽しまれていただけでなく、後述するように明治期〔同時代〕の時局に結びつけられて上演された演劇であった。「当て込み」という「時事問題などを芝居の中に織りまぜたりする」技法を念頭に置きつつ、時局に結びつけられた中国関係演劇の内実を明らかにする。脚本や筋書に代表される文字情報だけでなく、時局との関係性から浮き彫りとなる中国関係演劇の「扱われ方」にも、当時の中国観が反映していることを当節では示したい。

「国性爺（国姓爺）合戦」とは近松門左衛門作の人形浄瑠璃であり、のちに歌舞伎化され、一七一六年、都万太夫座で歌舞伎として初めて上演された作品である。江戸時代初期、中国人〔明の遺臣〕を父に、日本人を母に持ち、台湾を拠点に明朝の復興運動を行った鄭成功（国姓爺）を題材にとったものである。中国と日本にまたがってくりひろげられる劇的展開は、スペクタクル的要素の面白さとなり、初演から大当たりをとった＊38。

一八七六年一一月名古屋古袖町芝居、一八九〇年二月一〇日～一九日大阪角劇場、一九〇一年五月三一日～六月二〇日京都夷谷座、一九〇五年五月九日東京明治座など、東京・大阪・京都・名古屋の各都市で上演されており、明治

においても江戸以来の人気は健在であった。劇評などでも「〔一八八三年〕八月狂言夜芝居に国性爺か出升て〔中略〕先々上評の方多分にてお手柄*39」とあり、その人気ぶりがうかがえる。

有名な作品のため、「国性爺合戦」に関する研究は多いが、ここでは作中の中国描写や中国評価について多少なりとも言及されている研究に注目したい。

まず、井上厚史「『国性爺合戦』から『漢国無体此奴和日本』へ―江戸時代における華夷観の変容―」では「和唐内〔国性爺〕とは、日中間の力関係を「主従」から「並立=均衡」へと転換させる象徴的人物であった」、「「畜生」という悪態語が、『国性爺合戦』の中で清=「韃靼国」に向けられている」と述べられているように、中国が相対として日本より劣位に位置づけられていることや、作中における否定的中国描写の存在も紹介している*40。小笠原幹夫「近松の華夷思想―『国姓爺合戦』をめぐって―」でも「国姓爺と彼をとりまく日本人（母親と女房小睦）は、ことあるごとに、肉体・精神の両面を通じて、常にシナ人に比べて一段と立優る者として描かれている」と指摘され*41、小松裕「近代日本のレイシズム―民衆の中国（人）観を例に―」でも「近松の『国姓爺合戦』の「韃靼頭の芥子坊主」という表現には、若干の侮蔑的な意味合いが含まれていたと考えることも可能である」と指摘されている*42。以上の研究はいずれも、「国性爺合戦」には中国に対して否定的と捉えられる要素があることを指摘している。実際に、近松の著した『国性爺合戦』を見ても「ヤイ毛唐人、己奴らが耳ハどこについて何と聞く*43」などのように、否定的な中国描写があることは疑いない。

しかし、この否定的中国描写のみをもって、この作品全体の中国観、さらにはこの作品に反映したと考えられる当時の中国観が、否定的であったと結論づけるのは早計である。何故ならば、作中の中国全てが否定的に扱われているわけではないからである。「国性爺合戦」は明末清初の中国が舞台であった。作中には、右のような清朝への否定的描写が見える一方で、明朝には「忝も大明国ハ三皇五帝禮楽を興し、孔孟教を垂れ給ひ、五常五倫の道今にさかんなり*44」と一定の評価が与えられている。また、国性爺が明の血を引き、その行動目的も明の復興であることから、漢民族王朝（明）と征服王朝（清）に対する知識人レベルでの「華夷観」の反映も考えられるのである。すなわち、「国性爺合戦」の中国描写のみからでは、演じられた当時（江戸にしろ明治にしろ）の一般的な中国観が否定的であったとは必ずしも断定できない。この点は、古典世界の中国を題材とした演劇類と同様の注意点である。

また、「国性爺合戦」の舞台となる江戸期の中国〔明・清〕は、明治期においては過去の中国となる。日清戦争で中国との交戦を経験した明治期と、その経験のない江戸期においては、否定観の強弱に大きな差異が生じていたと考えられる＊45。実際に、日清戦争以降の各種メディアに頻出する「チャンチャン」「豚尾」などの激しい蔑視表現は「国性爺合戦」では見られない。明治期において当作品を位置付け直す必要が生じる。

そこで鍵となるのが、「国性爺合戦」という作品自体の扱われ方である。特に明治期の重大な時局となる日清・日露戦争時の扱われ方は注目に値する。まず、日清戦争中の「国性爺合戦」の扱いを見てみると、純粋な歴史物以外の側面を見せていることに気がつく。

その顕著な例が、日清戦争中の一八九四年一〇月に出版された、依田学海（劇作家）の歴史小説『国姓爺討清記』に表れている。巻頭に「読め。読め。諸君。世にも名高き国姓爺が。日本人の気象をもつて。かの満清と戦ひし。大雄略をのせたる書ぞ。台湾とるべし。いざとるべし。国姓爺が亡魂を慰むべし。日本の種子に芽を出ださせよ。」と見え、「国性爺合戦」に日清戦争が結びつけられて語られている。実際の上演に際しても、日清戦争中の一八九五年二月一日東京新聲館で「国性爺（中幕）」の上演が確認できる。この新聲館の評判記を見ると「去る二月には新聲館で支那征伐（実は国性爺合戦）〔上記括弧は原文ママ〕を見せられ且つ聴かせられ＊46」とある。当時、日清戦争は「支那征伐」とも呼称されていた＊47。「国性爺合戦」に日清戦争が結びつけられていた様子がうかがえよう。

日露戦争に際しても、一九〇五年二月一日大阪弁天座、同年五月九日東京明治座などで「国性爺〔明治座は国姓爺〕合戦」は上演されている。当時有名な新派俳優であった伊井蓉峰は、日露の敵対関係が深まる一九〇四年一月一日、東京真砂座で「国姓爺合戦」を演じた。伊井は「国姓爺合戦」を選んだ理由として「日露の風雲も切迫して居る処でもあるし、旁々以て二百年前の作物ではあり升が、この国性爺合戦は国力発展の意味を含んだものですから、それを演りたくなつた」と述べており、『都新聞』もこの「国姓爺合戦」を「時節がら外国征伐を当込み」と報じている*48。「国性爺合戦」に日露の敵対関係が結びつけられ、国威発揚の一助となることが目指されていたことが読み取れる。また、この「国姓爺合戦」の劇評には「列卒の髪を剃るのと、母を虎に乗せての引込は、原作から面白く出来て居るが、対外思想の当込も利いて大受であつた*49」と見えており、当て込みが観客に周知されていた様子もうかがえる。ここでの「対外思想」とは、日露の敵対関係によるロシアへの敵愾心、あるいは日清戦争以降の日本の否定的中国観と考えられる。

右の日清・日露戦争に際して上演された「国性爺合戦」は、江戸期とは明らかに上演意図が異なっている。両戦争に結びつけられた要因として、「国性爺合戦」の日本（国性爺）と清の対立構図が、日清・日露戦争の対立構図と類似しており、かつ作中で日本の優秀性が強調されていたことから、過去の出来事が同時代の情勢に結びつけられたと考えられる*50。日清・日露戦争ともに、大義名分が日本側にあることは自国の立場として大前提となるが、その際、敵国である清・ロシアは全面的に悪者となる。「国性爺合戦」の明治期における否定的な扱われ方とは、江戸期の清を明治期の悪役（日清・日露の清・ロシア）として再利用化している所に見られるのである。

そこで重要となるのが、「国性爺合戦」における否定的な中国描写の存在である。作中の否定的描写が皆無であれば、悪役として扱うことに無理が生じてしまう。そして、その否定的描写が、当時の日本社会一般の中国観ともリンクしていたため、時局と結びつけることが可能となったのである。当時の否定的中国観は、メディアに表出された文字情報にのみ見られるものではない。演劇においては、その「扱われ方」からも当時の否定的中国観の存在が浮かび上がってくる。

古典世界の中国を題材とした演劇との決定的な違いは、作品内に日本及び日本人が登場し、中国側と絡んでいるか否かである。前節までの検討で明らかであるように、古典世界の中国を題材とした演劇には、日中の対立構図に結び付けられる要素が皆無なのである。

次に取り上げる「元寇物」とは、鎌倉時代に元の軍隊が日本に来襲した史実をもとに作られた演劇であり、「科戸風元寇軍記」「蒙古退治敵国降伏」の作品が見られる。竹柴諺蔵作の「科戸風元寇軍記」は、一八九〇年三月大坂角芝居で初演、松居松葉作の「蒙古退治敵国降伏」は、一九〇四年五月二三日東京明治座で初演されている＊51。これらの「元寇物」も「国性爺合戦」と同様に日清・日露戦争に結びつけられていた。

「科戸風元寇軍記」は、日清戦争前に作られた歴史物であるが＊52、日清戦争に際し、一八九四年九月七日大坂中座でも上演されることになる。「元寇」は、愛国心の養成や国威の海外発揚を目的として、当時の歴史教科書にも必ず見られる歴史的事件であるが、日清戦争中においては、日本対中国（元）という敵対構図の類似から、小学校教育の現場でも日清戦争と結びつけられて教授されていた＊53。日清戦争中の児童雑誌においても「往昔忽必烈十余万の精兵を遣はし我が国を併呑せんとす時宗あり之を西陲に鏖殺す今又豚尾奴国大に衆多きを恃負して我神州の小なるを軽侮し敢て兵を搆ふ我之を陸に海に撃退沈没せしめ彼をして魂悸胆寒ならしむ＊54」などと、元寇が日清戦争に結び付けられている記事が見える。演劇においても同様の現象が見られていたのである。

「蒙古退治敵国降伏」は、日露戦争に結びつけることを予め意図して作られた「元寇物」であり、作者である松居も各俳優に「日露時局にあてはめて書きしゆゑ其のつもりにて演じられたし＊55」と注意を促していた。当作品の劇評においても「作者は元寇を狂言の世界に取つて、それに時局問題を利かせる為め、露探を使ひ、決死隊を使ひ、敵将の舞を見る事などを使つて居る。この当込は必ず一部の見物が受けるであらう＊56」と述べられており、日露戦争に結びつけられていたことは観客にも周知されていたようである。両作品とも、明治期の時局（戦争）に結びつけられた中国関係演劇ではあるが、「蒙古退治敵国降伏」は「予め結びつきを意図した作品」であり、「科戸風元寇軍記」は「後に結びつけられた作品」であったと指摘できる。既に検討を行った「国性爺合戦」は後者に当てはまる。

「元寇物」それぞれの脚本を見てみると、日本に服属を求めた元の書状を「無礼」と評し、「元使の愚蒙を笑ふ件」

が演じられ、蒙古人に対する「高の知れた毛唐人」「分限不識の頑愚」などの否定的中国描写がそれぞれ見て取れる*57。しかし、「元寇物」も「国性爺合戦」と同様に過去を題材とした歴史物であるため、作中の否定的な中国描写を同時代〔明治期〕の中国観の反映として単純に考えてはならない。ここで考えるべきは、「元寇物」が日清・日露戦争に結びつけられていた点であり、作中の鎌倉期の元が、明治期の敵国側（日清・日露の清・ロシア）に結び付けられていたという点を考慮することで漸く、「元寇物」が明治期において否定的に扱われていたことを指摘できる。演劇作品から当時の否定的中国観の反映を読み取ろうとする場合、否定的描写の有無だけでなく、敵対構図の類似や日本国民の多くが認知していた（当時の教科書に見えていた）歴史的事件であったことなど、明治期の時局に結びつけられる諸種の要因を勘案する必要がある。

次の「吉備大臣物」は、遣唐使吉備真備の俗伝を扱った演劇の総称であり、具体的には河竹黙阿弥作の「吉備大臣支那譚」などが見られる*58。物語は、吉備真備が阿倍仲麻呂の不審死の真相究明のため唐へ渡り、唐側の妨害を退けつつ様々な難題を解決していく、という内容になっている。初演は、日清戦争前の一八七五年五月一日東京河原崎座で、その他にも一八九〇年九月二〇日～一〇月一〇日大阪浪花座などで上演されている。内容については、漆澤その子「明治期の際物に関する試論―『吉備大臣支那譚』を題材に―」（『日本史学集録』二二号、一九九八年五月）に詳しい*59。

当作品の中国描写を見てみると、吉備大臣を毒酒で暗殺しようとする安禄山と楊国忠を「倭人」、その部下である中国人士卒を「無礼を働く毛唐人」と呼び、中国（唐）側の応対を「因循姑息」と評しているなど、否定的な描写が見受けられる一方、玄宗皇帝の勅諭を持って和睦しようとする呉懐宝については「勅諭を以て懇篤なる呉懐宝公の信義の計らひ」と述べられ、吉備のかわりに毒酒を飲んだ玉蘭女〔阿倍仲麻呂の家臣の当地での妻〕を「天晴烈女の鑑」と評するなど、肯定的な描写も見受けられる*60。以上のように、登場する中国人物全てが否定的に描かれているわけではない。古典世界の中国を題材にした演劇と「国性爺物」「元寇物」でも同様の指摘ができるが、作中の中国描写は物語の勧善懲悪という構図上の描写とも考えられるため、作中の中国（唐）や、演じられている明治期の中国（清）への実際の評価として安易に同一視することはできないのである。

そこで重要となるのが時局との関係性である。日中間の歴史を題材とした演劇が、古典世界の中国を題材とした演劇と決定的に異なる点は、この時局との結びつきである。当作品は、吉備真備の俗伝と台湾出兵問題（一八七四年）における大久保利通と清国側との談判の様子を結びつけて成立した作品であった（予め結びつきを意図した作品）＊61。この結びつきにより、当作品の否定的側面が大きな意味をもってくる。否定的側面とは、右の否定的描写に限らず、吉備真備の才智が唐人よりも優れ、唐人を翻弄する場面に当作品の醍醐味があったことなども含む。すなわち、漆澤氏も指摘している通り、善である吉備大臣（日本側）と、悪である安禄山・楊国忠（中国側）との勧善懲悪の構図や対立イメージを、実在の大久保利通（日本側）に対する肯定的イメージや、当時の清国・清国人（中国側）に対する否定的イメージとして捉え直すことができるのである＊62。

当作品は日清戦争前の否定的中国観を示す貴重な中国関係演劇でもある。加えて、その後の日清戦争に際し、一八九四年一〇月二二日〜二四日名古屋宝生座、一八九五年四月二四日東京常盤座などで上演されていることも注目に値する。「吉備大臣支那譚」における日中の対立構図や否定的側面は、台湾出兵問題だけでなく、日清戦争に結びつけることも可能であったのである。すなわち、当作品は「予め結びつきを意図した作品」であっただけでなく「後に結びつけられた作品」でもあったと考えられる。

以上のように、「国性爺物」「元寇物」「吉備大臣物」は、古典世界の中国を題材とした演劇のように、過去の中国を対象とした作品であり、かつ作中の否定的描写を当時の否定的中国観に捉え直すことが不可能な作品であった。しかしながら、作中における日中の対立構図が、同時代の対立構図たる明治期の戦争（時局）に結び付けられる要因となり、その否定的中国描写も同時代的評価として捉え直すことが可能となった。また、作中の中国が同時代の日本の敵対国として再利用化されている点からも、否定的な扱われ方が明らかとなったといえる。中国観の二面性とは一見、同時代と古典世界を二分するという大雑把な枠組みであるが、その内実は当節の順序立てた検討過程からもわかるように単純ではない。当時の娯楽作品などから当時の中国観の反映を読み取ろうとする場合、文字情報としての作中の中国描写のみを追うのではなく、当時の時代背景なども勘案しつつ、作品の扱われ方にまで目を配る必要がある。

おわりに

以上、明治期の演劇から、当時の中国観の反映を見てきた。本章では、個別の演劇を検討するのではなく、明治期という一定長期間の中で中国に関する演劇をその性格ごとに分類し、総合的な中国評価の検証を試みた。

明治期の中国関係演劇は「同時代の中国を対象とした演劇」「古典世界の中国を題材とした演劇」「日中間の歴史を題材とした演劇」に分類することができる。これらは「時局をそのまま題材にしたもの」「時局とは関係のないもの」「時局に結び付けられたもの」と言い換えることが可能である。

同時代の中国を対象にした演劇、すなわち当時の日中間における敵対関係を題材とした演劇は、「日清戦争物」「北清事変物」「日露戦争物」などの戦争劇であった。娯楽的側面の他に報道的側面も備え、敵愾心宣揚の一助ともなっていた戦争劇においては、否定的な中国評価を伴った描写が散見していた。日本の正当性が前提となる戦争を題材としているため、敵国に対し否定的評価が与えられていたのである。その否定的中国評価の内実も、これまで各種メディアで表出してきたものと同様の評価が表出していたといえる。

古典世界の中国を題材とした演劇には、「殷の妲己物」「西遊記物」「水滸伝物」など、江戸期以来日本に親しまれてきた中国古典を劇化したものが見えた。同時代の日中間の敵対関係とは無縁の、観念的世界での物語として観客に楽しまれていた演目であったといえる。同時代を扱った戦争劇とは違い、否定的中国評価が見られなかったことや、観客に面白い作品として好評を得ていたことから、古典世界の中国への肯定観の一端であることを指摘した。日清戦争以降、同時代の中国に対する否定観が浸透した日本社会において、古典世界の中国を題材とした演劇がその影響を受けることなく、明治期を通して上演され続けていたことは特筆すべき点である。ここにおいて、併存関係にある中国観の二面性が、演劇という娯楽メディアからも確認できることが明らかとなった。

本章においては、その中国観の二面性の内実を深めるものとして、日中間の歴史を題材とした「国性爺物」「元寇物」「吉備大臣物」という演劇にも注目した。これらの演目内には、否定的な中国描写が散見していたが、古典世界の中国を題材とした演劇と同様、同時代の中国とは時代が異なるため、同時代の中国への評価として同一視することはできなかった。また、否定的描写だけでなく肯定的描写も混在していたことや、物語上の勧善懲悪の演出という観点から、作中の過去の中国（江戸期の清、元、唐）に対する評価として捉えることもできなかった。しかし、これらの作品に共通していたことは、「予め結びつきを意図した作品」「後に結びつけられた作品」という違いはあるものの、明治期（同時代）の時局に結びつけられていたという点であった。この点を考慮することにより、作品内における過去の中国（江戸期の清、元、唐）が、明治期日本の敵対側（清、ロシア）に結びつけられるという否定的な扱われ方が明らかとなった。作中の否定的な中国描写や日中の敵対構図は、明治期の時局に結びつけられる要因として捉えることができ、実際の中国観と安易に同一視してはならない。時局との結びつきを考慮することによって、これらの作品から当時の否定的中国観が浮かび上がるのである。また、日中間の歴史的交流関係が古く深いものであったからこそ、過去と現在を結びつける歴史的題材が比較的豊富に存在していたと考えられ、日本の中国観の特筆性を示唆しているともいえる。

「日清戦争物」など、同時代（明治期）の時局をそのまま扱った戦争劇から、同時代の否定的中国観を読み取ることは容易である。本章では、一概には否定的と断定できない過去の日中間の歴史を題材とした演劇に注目し、これらの演劇さえもが、同時代と結びつけられ否定的に扱われていたことに、明治期日本社会一般における否定的中国観の存在を強く感じることができる。明治期の演劇における「中国」の表現の傾向は以上の通りである。

本書の第五章と第六章では、明治期の数あるメディアから「視聴するメディア」を選択した。新聞や雑誌の「読むメディア」とは受け手側の印象も異なることが容易に想像される。特に戦争劇の場合、火薬や鉄砲の音や、激しい立ち廻りなどは、戦争の臨場感をもたらす。清国兵の弁髪姿や日本兵に敗れて逃げ惑う様も、観客にとって印象的なものであった＊63。リアリティの面で、演劇は他のメディアにはない特徴を有していたと考えられる。また、演劇の副産物として、演劇脚本や筋書きが発行され、新聞に略筋が掲載されたことにより、演劇に表出された否定的中国観が文字情報として一般社会の人々の目に留まっていたことも注目に値する。北清事変物や日露戦争物の中に新聞小説などを原作としたものが存在していたように、「視聴するメディア」と「読むメディア」の相互作用的効果も、中国観に大きな影響を与えていたと考えられる＊64。当該事例のさらなる提示を含め、演劇の視覚的表現がどのように受け入れられたかについても、今後検討を深める必要がある。

また本章の検討では、明治期の演劇を総体的かつ実証的に論じる為に生じた史料の制約から、中央都市部の検討に留まった。演劇に焦点を当てた場合、その他の地方都市や、農村レベルでの村芝居・素人芝居についても今後検討が必要となる。

註

1　開国百年記念文化事業会『明治文化史』第十巻　趣味娯楽編（洋々社、一九五五年）三三四頁。本書で対象にしてきた児童も客層の一部であった。例えば、当時の有力な児童雑誌である『少年世界』では、一八九六年八月一五日号、茨城県・飯塚幸平「演劇の説」などのように演劇に関する読者投稿が寄せられている。

2　その他、神山彰『近代演劇の来歴―歌舞伎の「一身二生」』（森話社、二〇〇六年）、小笠原幹夫『歌舞伎から新派へ』（翰林書房、一九九六年）、国立劇場調査養成部編『日本の伝統芸能講座　舞踏・演劇』（淡交社、二〇〇九年）、漆澤その子『明治歌舞伎の成立と展開』（慶友社、二〇〇三年）など。

3　前掲『近代演劇の展開』、前掲『日清戦争』、前掲『明治文化史』第九巻、藤木宏幸「新派脚本の一断面」（『国語と国文学』第五二巻第一〇号、一九七五年一〇月）など参照。

4 前掲『近代演劇の来歴』一六六頁。
5『大阪朝日新聞』一九〇四年一月二九日付「池上警部長の演劇談」。
6 山本二郎等『歌舞伎事典』（実業之日本社、一九七二年）四四三頁。
7『歌舞伎新報』（歌舞伎新報社）は一八七九年～一八九七年に刊行された「体裁としても、内容としても、堂々たる貫禄を示した」雑誌であり、『歌舞伎』（歌舞伎編輯所）は一九〇〇年～一九一五年に刊行された「明治後半を代表する、最高の内容をもつ」雑誌であった（前掲『明治文化史』九巻、四〇〇頁、四〇二頁）。

8『都新聞』一九〇四年四月一九日付「俳優と戦争」、『都新聞』一八九四年九月一八日付「春木座畧評」、『歌舞伎』一九〇四年五月一日号、伊臣紫葉「橘座の伊井演劇」。
9 明治時代の俳優、新派の祖（一八六四～一九一一）。一八九〇年壮士芝居を結成して上京、歌舞伎に対して新演劇を興した（前掲『日清戦争』、『明治演劇史』）。
10 前掲『近代演劇の来歴』「明治の「風俗」と「戦争劇」の機能」や、前掲『日清戦争』「第四章川上音二郎の日清戦争」など参照。新派に比べ、歌舞伎の日清戦争物が古臭く（リアリティに乏しく）、興業成績が思わしくなかったことは、先学で指摘されている点であるが、中国描写の表出を考えた場合、その劇の優劣はさておき、歌舞伎と新派という新旧両派で日清戦争物が数多く上演されていたことに注目したい。
11『歌舞伎年表』『近代歌舞伎年表』からでは、何日間上演されていたのかがわからないものは、初演日のみ記した。以下同様。

12『都新聞』一八九四年八月一九日付「梨園叢話」。場所は浅草座。
13 前掲越智治雄「「威海衛陥落」論―日清戦争劇を見る―」四六、五七頁。
14 上記の先行研究は、主に川上音二郎を中心とする日清戦争物を検討しており、演劇脚本や略筋などから具体的描写を紹介しているが、川上に限らず歌舞伎の日清戦争物などでも同様の否定的中国描写は見えている（『都新聞』一八九四年九月一一日付～一四日付「春木座九月十日開場狂言略筋」〔勝諺蔵・勝進助合著〕、『都新聞』一八九四年九月二六日付～二七日付「新盛座十月狂言畧筋」〔竹柴万二著〕参照）。前掲『明治の歌舞伎と出版メディア』では、川上音二郎作品の他に歌舞伎の大劇場で日清戦争を劇化した作品として『会津土産明治組重』が取り上げられている。
15『小国民』一八九五年三月一日号、横浜市・金子慶太「戦争中の正月」。
16 生方敏郎『明治大正見聞史』（春秋社、一九二六年〔中央公論社、一九七八年〕）四一頁。
17 前掲越智論文においても、同様の日清戦争劇の回想が紹介されている（四一、四八頁〔註二参照〕）。
18『此花新聞』という大阪の小新聞に、一八八四年一一月一七日付から同年一二月二〇日付まで連載された毒婦物小説。著者は古川魁蕾子。連載終了後に上演。上演日は一八八六年五月二〇日～六月二日京都北側演劇、一八九三年五月一二日名古屋新守座、一八九四年九月三日京都夷谷座。舞台が港町神戸で、多くの外国人が居留する土地柄であるため、清国人も登場する。早川美由紀「『花茨胡蝶廼彩色』（古川魁蕾子著）―毒婦物の一展開―」（『稿本近代文学』一四、一九九〇年）では「少々足りない人物」と評されている。

19 勝諺蔵著『花茨胡蝶廼彩色』〈演劇脚本〉（中西貞行〈発行者〉、一八九六年）五五頁。

20 前掲『日清戦争』一三五頁。日清戦争以降、歌舞伎は同時代に起きた事件を脚色して上演しなくなった。

21 前掲藤木論文、一〇〇頁。

22 『都新聞』一九〇〇年一〇月二一日付～二三日付「北清戦争日本の旗風」。

23 前掲の上演年表から、配役に中国人が見られる日露戦争物であることが確認できる。

24 前掲一九〇四年二月二九日京都千本座「日露戦争」、一九〇七年二月東京真砂座「桜井中尉原作肉弾」。

25 『大阪朝日新聞』一九〇四年一月一日付～二月一三日付。萩園作。

26 『明治戦争文学集』（明治文学全集、筑摩書房、一九六九年）一四～一五頁。

27 『名作歌舞伎全集』第四巻丸本時代物集（東京創元社、一九六九年）三〇〇頁。

28 竹中清助編『丸本浄瑠璃名作集』（加島屋竹中書店、一九〇五年）「玉藻前旭袂　化粧殿の段」五一～五六頁。

29 堂本正樹「絵本増補玉藻前曦袂研究」（『古典劇との対決』能楽書林、一九五九年）四四六頁。

30 磯辺彰「「五天竺」の研究―中国の地方劇・皮影戯・木偶戯との比較検討を通して―」『富山大学人文学部紀要』（第一七号、一九九一年一月）五七頁。前掲『旅行く孫悟空』にも収録。

31 同右、三〇頁。

32 『奥州安達原・殿下茶屋鑓報春住吉・五天竺・釈迦一代記　上の巻』（発行者植木嘉七、一八九四年六月）、『日本戯曲全集』第三二巻（春陽堂、一九二九年）。

33 『都新聞』一九〇〇年一〇月一一日付「東京座畧評」。

34 その一例として、「天保水滸伝」という作品の存在があげられる。この作品は、江戸時代末期の利根川下流域で争闘した、笹川の繁蔵や浪人平手造酒らと飯岡の助五郎らによる事件が題材となったものであるが、明治時代には演劇として取り上げられ、一八八一年南座、一九〇六年東京座などで演じられている。その内容は、題名に見られるように水滸伝の名を冠したものであり、水滸伝が親しみをもって受け入れられていることが前提にある作品である（『特別展「天保水滸伝の世界」展示図録』（千葉県立大利根博物館編集発行、一九九三年、一二一～一三頁）。

35『黙阿弥全集』第二十巻（春陽堂、一九二六年）「水滸伝雪挑」、河竹黙阿弥『水滸伝雪挑・吉備大臣支那譚』〈演劇脚本上巻〉（歌舞伎新報社、一八八九年）。

36『都新聞』一八九九年四月八日付、伊原青々園「市村座の評判」、同紙一九〇〇年八月一九日付「宮戸座の子供芝居」、『歌舞伎新報』一八九二年一〇月五日号「稽古座一口評」。二つ目の劇評では、九紋龍史進を演じることが子供に適当であるとも述べられている。
37 中国四大奇書の一つである『三国志』も、一八九〇年七月三一日大阪新町座「三国志」で上演が確認できる。三国志も娯楽作品として親しまれていた作品であり、日本の演劇には三国志の名場面が応用されているものもある（鳥居フミ子「中国的素材の日本演劇化―『三国志演義』と浄瑠璃―」『東京女子大学比較文化研究所紀要』第五九巻、一九九八年一月、二五頁）。
38『名作歌舞伎全集』第一巻近松門左衛門集（東京創元新社、一九六九年）五八～六一頁。千葉篤「『国性爺合戦』について」（『文学研究』五三号、一九八一年六月）参照。

39『六二連俳優評判記』第二一編、一八八三年一〇月出版（『六二連俳優評判記下』〈歌舞伎資料選書九〉日本芸術文化振興会、二〇〇五年）「新富座芸評」一四頁。

40『同志社国文学』第五八号、二〇〇三年三月所収、六二～六三頁。後者は三橋修『〈コンチクショウ〉考　江戸の心性史』（日本エディタースクール出版部、一九九二年）を紹介した際の引用。

41『作陽音楽大学作陽短期大学研究紀要』二四巻一号、一九九一年六月所収、九二頁。

42『文学部論叢』七八、熊本大学文学部、二〇〇三年三月、四五頁。
43 近松門左衛門『国性爺合戦』（丸善書店、一八九一年）三六頁～三七頁、同様の箇所は疋田庄次郎『浄瑠璃二百段集』（井上一書堂、一九〇五年）九七頁にも見えている。
44 前掲『国性爺合戦』三頁。
45 例えば、前掲『明治大正見聞史』では、日清戦争時の錦絵に描かれた清国兵が「和唐内の芝居〔国姓爺合戦〕で見た支那兵のように勇ましくもない（四一頁）」と述べられている。
46『文芸倶楽部』一八九五年三月二五日号、捐翠軒主人「新聲館の評判」。
47 日清戦争を扱った講談の表題にも「通俗支那征伐」と見える（前章の講談参照）。
48『歌舞伎』一九〇四年二月一日号、伊井蓉峰（新派俳優）「国姓爺を選びし理由」、『都新聞』同年一月九日付「きのえ辰どし初芝居」。

49『歌舞伎』一九〇四年二月一日号、久保田世音「真砂座の国姓爺合戦」。国性爺が中国人列卒を圧倒し、彼らの髪を剃り家来にする場面を指している（前掲『国性爺合戦』二八〜三一頁）。
50 『歌舞伎』一九〇四年五月一日号、伊臣紫葉「橘座の伊井演劇」で「戦争芝居と云ふ名目でさへあれば何処の小屋も相応に客の来る」と述べられているように戦争劇は人気であり、両戦争に結びつけることは客寄せにもなったと考えられる。
51 竹柴は、幕末明治期の歌舞伎狂言作者、新聞記事や小説などの脚色に新境地を開いた。松居は明治期の劇作家、歌舞伎改良・劇場改革に従事・実践した人物。
52 湯地丈雄の元寇記念碑設立運動（一八九〇年、記念碑の位置が福岡市東公園に選定、起工式挙行）との関係性は考えられるが、裏付ける史料は管見の限りない（川添昭二『蒙古襲来研究史論』雄山閣出版、一九七七年）。
53 当時の教育雑誌によると、『千葉教育雑誌』一八九四年一〇月三一日号、『長崎県教育雑誌』同年一一月二五日号の「征清事件に際して児童教育上特に注意すべき事項」という記事で「我れと支那朝鮮との古代よりの関係即ち神功皇后弘安の役〔中略〕等を児童の理会力に応じて便宜教授の資料に充つること」と見える。詳しくは第一章参照。
54 『幼年雑誌』一八九四年一二月一日号（読者投稿）、北総・小川惣三郎「撃剣会を見るの記」。詳しくは第二章参照。
55 『都新聞』一九〇四年五月五日付「芝居だより」。
56 『歌舞伎』一九〇四年六月一日号、三木竹二「余が見たる五月興行」。
57 竹柴諺蔵『科戸風元寇軍記』〈演劇脚本〉（著者兼発行人、一八九〇年）、『都新聞』一九〇四年五月一八付・一九日付「明治座新狂言　松居松葉作　蒙古退治敵国降伏」。日清戦争後に作られた「蒙古退治敵国降伏」に否定的描写が特段多く見られるわけではない。
58 その他、竹柴諺蔵作「安倍譜唐土伝話」など（『角の劇場狂言筋書』小野豊治郎発行人、一八八八年）。
59 前掲『明治歌舞伎の成立と展開』第三章第三節にも所収されているが、本章とも関係深い部分が大幅に削られている。
60 前掲『黙阿弥全集』第十巻「吉備大臣支那譚」、前掲河竹黙阿弥『水滸伝雪挑・吉備大臣支那譚』〈演劇脚本上巻〉。
61 前掲漆澤論文、四五頁。『歌舞伎新報』一八八七年九月九日号「千歳座略評」でも「〔初演〕当時は大久保公支那談判帰国の折柄にて市中専ら此噂さ計りの好時節にて非常の大入を取し狂言」と紹介されている。
62 同右論文、五三頁。
63 前掲『明治大正見聞史』の回顧や、前掲『日清戦争』一一九〜一二一頁。
64 「読むメディア」からの中国観を考える上で、村松定孝・紅野敏郎・吉田熙生編『近代日本文学における中国像』（有斐閣、一九七五年）などが参考となる。

第七章
✻明治期の地方新聞に見る日本の中国観

はじめに

前章までの検討において、「小学校教育（教科書・教育雑誌）」「児童雑誌」「講談」「演劇」など、明治期の様々なメディアから当時の一般的な中国観というものを明らかにしてきた。本章では、これまでの検討を通し浮き彫りになった課題に取り組みたい。

その課題とは、日清戦争を契機とした否定的中国観は、本当に全国的（空間的）に共有されていたのか、という点の実証的裏付けである。日清戦争前後期においては、各種メディアの否定的な記事や演目の増加傾向などから、否定的中国観の浸透過程や時間的変化を強調してきたため、地域的あるいは空間的な浸透については言及してこなかった。

また、日本の中国観研究に限らず、檜山幸夫編著『近代日本の形成と日清戦争―戦争の社会史―』（雄山閣出版、二〇〇一年）などの日清戦争関連の先行研究でも、主に出兵兵士の従軍日記や書簡、それらを掲載した新聞記事などから、兵士達の否定的中国観が指摘されているが、それが全国的共有傾向にあったのかという点にまで検討は深められていない＊1。従来の先行研究では、戦争時に敵国への否定観が見えるのは当たり前であり、全国的に共有されているのは当然の現象であると、史料的裏付けのないまま判断されている＊2。日清戦争関連の先行研究で指摘されている否定的中国観が、あくまで兵士個人の中国観の集積であり、日本社会一般において漠然と共有されていた中国観とは必ずしもいえないことは、序章ですでに指摘した通りである。

本章では、以上の課題に答えるべく、当時のメディアの一つである地方新聞を史料に、全国で共通して見られていた日清戦争中（一八九四年八月一日〔宣戦布告〕～一八九五年四月一七日〔日清講和条約締結〕）の中国観を明らかにする。明治期の中央紙を扱い中国観を検討した先行研究は何点か見られるが、地方紙を扱って否定的中国観の全国的共有傾向を実証的に検討したものはない＊3。各地域に根差した地方新聞を複数扱うことによって、地域的あるいは空間的把握が可能となるのである。また検討に際しては、相互補完的側面も本書の目的の一つであることから、「演劇（歌舞伎芝居）」などの情報が掲載されている地方新聞の「演芸欄」も活用したい＊4。

演劇も当時の一般民衆層が享受しえるメディアの一つと考えられるが、その研究は比較的多くの史料が残っている東京・京都・大阪（三都）の検討に重きが置かれており、地方演劇の実態とそれに伴う中国観受容については十分な検討が行われていない。前章の「明治期の演劇に見る日本の中国観」においても、今後の課題として中央都市以外の地域の検討があった。地方新聞の演芸欄を活用することは、地方演劇の実態をただ明らかにするということだけでなく、前章の「演劇」からの検討結果をより広いレベルで捉え直すことに繋がる。すなわち、本章では「新聞」と「演劇」という双方のメディアから、多角的かつ相互補完的な検討を行うことになる。

具体的作業としては、①検討に使用する地方新聞の選定、②各地方新聞の紙面（演芸欄除く）から、共通する否定的中国評価の抽出・考察、③新聞の演芸欄から演劇に関する記事の抽出・考察、の三点を主に行う。③に関しては、本章の検討時期が日清戦争中であることから、日清戦争劇に焦点を当てる。各地域で日清戦争劇がどのように報じられていたのか、また、その記事から特定の中国評価を読み取ることが可能なのかどうかを見ていきたい。

第一節　本章で扱う地方新聞

日清戦争期においては、多くの地方新聞が刊行されている*5。その全てを検討することは紙幅の関係上からも不可能であるため、特定の有力地方新聞を検討史料として選択する必要がある。

第一に、北海道の有力地方新聞の一つである『北海道毎日新聞』を扱う。本紙は、『北海新聞』を主宰していた阿部宇之八（北海道庁属）が一八八七年に改題したものであり、改進党支持の中立紙である。日清戦争中、師団の置かれていない地域（一八八六年に第七師団となる）で、地理的に戦地から最も遠い地域の有力地方新聞として注目した。

第二に、宮城県の有力地方新聞の一つである『奥羽日日新聞』を扱う。本紙は、一八八三年に『陸羽日日新聞』から改題したものであり、改進党系の新聞である。日清戦争中、第二軍として編成された第二師団の徴兵管区地域として注目した。

第三に、広島県の有力地方新聞の一つである『中国（中国新聞広島日刊）』を扱う。本紙は、一八九二年に広島政友会幹事長屋謙二、渡辺又三郎らが創刊したものであり、国家主義的・保守系の新聞である。第一軍として編成された第五師団の徴兵管区地域で、かつ大本営が置かれた地域として注目した。

第四に、福岡県の有力地方新聞の一つである『福岡日日新聞』を扱う。本紙は、一八七七年に創刊された自由党系の新聞である。第二軍に編成された混成第十二旅団（小倉・福岡）の徴兵管区地域として注目した。混成第十二旅団は旅順虐殺を行ったとされる。

第五に、熊本県の有力地方新聞の一つである『九州日日新聞』を扱う。本紙は、熊本国権党の機関紙『紫溟新報』が一八八八年に『九州日日新聞』と改題したものであり、官権派の新聞である。第二軍に編成された第六師団の徴兵管区地域として注目した*6。

以上の五紙とも、紙面構成は四頁建てで（中央紙は六頁建てが一般的）、最終頁は広告となっている。その内容は、論説（社説）、寄稿、投書欄、連載小説、電報、外字新聞記事の翻訳・紹介などであったが、論説（社説）、電報以外は「雑報欄」としてまとめられていることが多い。読者層は知識人層（豪農・教員など）が多くを占めている。中央紙に比べ、情報の豊富さ、速報性、確実性が劣っていたことは地方新聞を扱う上で留意する必要がある＊7。

読者層に関連して問題となるのが、新聞の影響力である。新聞は一般民衆層が享受しえるメディアの一つだが、日清戦争期は一般民衆層が日常的に購読する段階には達しておらず＊8、紙面に見られる中国観も一般的な中国観を示しているとは必ずしもいえない（序章参照）。

前章までの検討で「新聞」を扱わず、「小学校教育（教科書・教育雑誌）」「児童雑誌」「講談」「演劇」から検討を行ってきた理由は、以上の点にある。また、新聞は「今〔同時代〕」に関する時事的要素に特化しているため、「昔〔古典世界〕」の中国への視点（古くからの中国文化に対する評価など）を見落としがちになる＊9。本章で地方新聞を扱うのは、あくまで否定的な中国観が全国的（空間的）に共有されていたのかという実証的把握と、新聞の演芸欄活用にある。

第二節　地方新聞に見る中国観

（一）各地方新聞に共通して見られる中国評価

では、各地域の地方新聞において、具体的にどのような中国評価が日清戦争を通じ報じられていたのか。単に「否定的な中国観が見られていた」ということだけでなく、各紙に共通して見られていた中国評価の内実にまで検討を深めたい。また、その中国への眼差しは主に日清戦争を通した「中国兵」に焦点があてられていることは留意する必要がある。すなわち、日清戦争中の中国観とは、主に敵国清国兵の醜態を通した否定的な中国評価が大半を占めているのである。
その否定的評価の一つ目として、「怯懦・怯弱」という評価があげられる。これは、戦闘を行ってもすぐ逃げてしまう清兵の様子を、嘲笑や侮蔑を込めて報じる際に見られる評価である。例えば、『奥羽日日新聞』一八九四年八月七日付「清国軍兵の怯懦なる所以」(奥羽日日新聞〔社説〕)という記事では「老朽腐敗せる国民の中より組織されたる軍隊なれば清兵の怯懦無規律なるべきは甚だ当然」と見え、『北海道毎日新聞』一八九四年一〇月一〇日付「北京城の防護」でも「土地の広きと人民の多きを以てして何ぞ怯懦の甚しきや」などのように見えている。「怯懦」という否定的評価とともに清国兵を紹介している記事が、各紙に共通して見られているのである*10。

次の「不忠・愛国心無し」という評価も、各紙に多く見られる中国評価である。これは、中国人が利己的であることを、日本との差異を強調する際に指摘される評価である。日清戦争中においては、中国兵の中でも常備兵ではない傭兵に焦点が当てられ、国家のためではなく、金銭のために兵となることを否定的に報じているのである。例えば、『中国』一八九四年一〇月四日付「清国俘虜月給を請求す」では「清兵が国家のために尽すもの豪もなくして只金銭の奴隷となり居ることは容易に推知せらるるなり」と見え、『奥羽日日新聞』一八九四年一一月三日付「支那人に国家の考ありや」でも「彼等には国家と云へる観念なく亦た愛国心なし故に彼等は生命を致すべきの場所を知らざるものなり」と述べられている*11。以上の評価は、近代的な日本の徴兵制と非近代的な清国の傭兵制を比較した際に生じる否定的な中国評価であったと指摘できる。紙面上では、常備軍と傭兵の違いなど、中国の兵制の細部にまで触れられているわけではないので、日本社会一般において中国兵は「支那兵」「豚尾兵」などのように一括され、右の否定的評価も一般的な中国兵の評価として扱われていたと考えられる。

また、「不潔」という否定的評価も各紙に共通して多く見られている。これは、戦地(中国大陸)の環境や捕虜として日本にやってきた清兵を紹介する際に見られる評価である。例えば、『福岡日日新聞』一八九四年一〇月一七日付「捕虜宇品に着す」では「捕虜を見たらん人々は支那兵の如何に醜汚にして如何に不潔なるかに驚きしなるべし」と見え、『九州日日新聞』一八九五年一月二九日付「名古屋建中寺清国俘虜情況一班」でも「当初俘虜の此地に着するや一種異様の臭気は鼻を撲ち殆んど嘔吐を催さんとする程なり」と述べられているものが見える＊12。

その他、「野蛮・残酷」なども、清国兵に対する代表的な否定的評価として各紙に共通して見られる。これは、報酬の為に日本兵の首級を切り取る中国兵の行為や、居留地の日本人に対する中国兵の暴力行為などを報じた際に見られる評価である。例えば、『北海道毎日新聞』一八九四年一一月二一日付「第二軍戦報」では「清兵の獰悪残忍なること彼の如くにして之に対する我軍の処為頗る仁慈なり」と見え、『奥羽日日新聞』一八九四年一二月一三日付「支那兵の惨虐」でも、日本兵の捕虜の手足を釘着けする事例を紹介しつつ「残忍酷薄なること阿弗利加内地の蛮民に勝るものあり」と評価を与えているものが見られる＊13。右の否定的な中国評価が、日本やアフリカなどの他国との比較によって強調されていることも注目に値しよう。

これらの評価に加え、「チャンチャン」「豚尾」などの中国人（兵）への蔑称が、あらゆる日清戦争関連記事に散見している点も付言しておく必要がある。例えば、『中国』一八九四年九月二三日付「清兵の涙雨」では「豚尾兵の大敗、命惜さに先きを争ひ、血路を求めて逃げ出したる」と、戦闘からすぐに逃げ出してしまう「怯懦」な清兵を「豚尾兵」と蔑称し、『福岡日日新聞』一八九四年八月一四日付「豚尾漢（ちやん〳〵）のノンキ」でも「負けても勝ちたる顔をしたがるチヤン〳〵一寸しても傲慢の面憎さよ」と、「傲慢」な清兵を「チヤン〳〵」と蔑称している。この蔑称の例は枚挙に遑がない＊14。

以上、各地方新聞から否定的な中国評価と蔑視表現を見てきた。同様の否定的評価や蔑視表現が各地域の地方新聞において共通して見られていたことから、否定的中国観は全国的な共有傾向にあったことが指摘できる。当然、「支那は国民としては暗弱を極むれども一個人に就て見れば未だ必ずしも悉く賤蔑すべからざるものあり＊15」などのように、清国・清兵に対する肯定的記事も見られないわけではない＊16。ただし、その数は数えるまでもなく、否定的記事に比べ圧倒的に少ない。戦争中においては、敵愾心発露の一環として敵国に対する否定的評価が多く見られるのアにおいても共通して見られていた中国評価でもある。

は当然の現象なのである。

また、第六章までの検討からも明らかであるが、地方新聞に見られた右の否定的評価は、これまで見てきたメディアにおいても共通して見られていた中国評価でもある。

（二）地域独自の日清戦争関連記事

地方新聞においては、各地域に根差した情報を掲載した記事が存在する。そのような記事においても、日清戦争中は否定的な中国評価が多分に見られる。

例えば、『奥羽日日新聞』においては、当該地域の徴兵管区である第二師団にスポットを当てた記事が、その他新聞には見られない『奥羽日日新聞』独自の新聞記事であるといえる。その第二師団の戦況を伝える記事などを見てみると、「剛毅耐忍、力を蓄ふる最も多き第二師団*17」というような第二師団を誉め称える文言とともに、清兵に対する「羸弱」「不潔」などの否定的評価が当然のように含まれている*18。

『中国』では日清戦争に際し、「今回の征清事件ありてより我広島は大本営地と定められ宇品港は即ち運輸の要港となりたれば*19」というような大本営の置かれた地域としての意識が紙面に全面に押し出されるようになる。欄外社告で「今や中国新聞は由来広島一地方の新聞に非ずして則ち天下の新聞なり」と見えるのも、この意識が如実に表れていたものといえよう。また、一八九五年四月二日付〜六日付「牛荘戦争記（上）〜（下）（第五師団の前進）」など、徴兵管区である第五師団にも関わる戦記記事も『中国』ならではの記事といえる。その記事内にも「醜見るに忍びず」「亡国」「狼狽の状」「異臭紛々たるには閉口せり」などの否定的な中国評価を見ることができるのである。

『福岡日日新聞』でも同様の傾向がうかがえる。一八九四年一二月二七日付「某中尉の書簡（小倉第十四連隊）旅順攻撃左翼縦隊奮戦」という記事では「支那軍隊の粗暴」、一八九五年一月一五日付「征清従軍日録　於歩兵第十二旅団［小倉］司令部一月三日発　本社特派員光永規一」、同年二月二二日付「第二軍従征　二月十三日威海衛発　第六

師団司令部附　本社特派員光永規一」という記事でも「旅順の豚民」「頑陋、蒙昧なる盲朝廷」など、小倉を徴兵管区とする旅団・連隊の各種戦闘の様子にも否定的な中国評価が見られている。

『九州日日新聞』では、一八九四年一一月一四日付「征清従軍記（一）第二軍戦地通信員　高木正雄」という記事で「ア丶精鋭義烈の九州兵は常に危地に入らざるを以て煩悶をなすもの既に此義勇、人に超越せるあり」と見えるように、「九州兵」の優秀性を強調したものが特徴的である。一八九四年一二月二三日付「熊本師団兵を豫餞す」（九州日日新聞〔社説〕）という記事では「九州勇悍の男子を以て組織せられたる熊本師団兵」と、熊本に関係の深い軍人を誉め称えるとともに、清国兵には「醜虜」という否定的評価を与えている。

以上の記事の「本社特派員」「戦地通信員」という執筆者の肩書からもわかるように、各社は戦地に従軍特派員を派遣していた*20。彼らの記事は、担当地域と関係の深い軍隊の戦況をリアルに伝えてくれる貴重な情報源であったと考えられる。その他、当該地域の軍人や従軍関係者の書簡などを紹介した記事も多く、これらも各地域に根差したリアルな情報であったといえる*21。以上のリアルな情報記事によって、銃後の読者は日清戦争をより身近なものとして感じることができたと考えられる。そして、そのような記事にも否定的な中国評価は多分に見られていた。

日清戦争中の各地方新聞においては、本節でこれまで見てきたような日清戦争関連記事が紙面の大半を占めていた。それに伴い、否定的な中国評価も各紙に共通して多々見られるようになった。以上のように、日清戦争中における否定的中国観の全国的共有傾向は史料的裏付けをもって立証することができる。

第三節　各地方新聞の演芸欄に見られる日清戦争劇

右の否定的中国観の全国的共有傾向は、地方新聞の演芸欄（娯楽関係記事）を扱うことにより、娯楽メディアからも浮き彫りにすることができる。ここでは、前述の通り演劇、特に日清戦争劇に焦点を当て検討を試みる。

ここで改めて明治二〇年代を振り返ると、歌舞伎だけが独占していた日本の演劇界に新派劇が台頭してくる時代である。そして、日清戦争を迎えると、この歌舞伎劇と新派劇の両者において、日清戦争を題材とした演劇（以下、日清戦争劇）が上演されるようになる（第六章参照）。

前章では、伊原敏郎『歌舞伎年表』（岩波書店、一九五六〜六三年）、国立劇場近代歌舞伎年表編纂室『近代歌舞伎年表』大阪編・京都編・名古屋編（一九八六年〜）などの上演年表から、東京・大阪・京都・名古屋の各都市で日清戦争劇が上演されていること、日清戦争劇から否定的な中国評価が読み取れることを先行研究から確認した。

しかしながら、右の上演年表からでは、四都市以外の状況がわからず、先行研究においても、比較的史料の残っている川上音二郎の日清戦争劇の検討のみに留まっている。地方における演劇の実態、ここでは特に日清戦争劇の状況やそこから導き出せる中国評価について、十分な検討は行われていない。

以上の問題点を解決するにあたり適当となるのが、本章で使用している地方新聞の演芸欄である。次に、その日清戦争劇の様子を各地方新聞ごとに明らかにしていく。

まず、『北海道毎日新聞』の場合であるが、一八九四年一一月七日付「戦争に伴へる流行」という記事を見てみると「東京にては日清交戦に関係するものを仕組みて商業上の商利を得んと企つるもの此節柄頗る多く其種類を生捕れば先ず劇場は山口〔定雄〕一座を最初として大小各劇場とも日清事件を取仕組み」とあり、東京の日清戦争劇流行の様子が北海道にまで伝わっている。その流行は、当地においても顕在であり、一八九四年一二月八日付「末広座」では「小樽入舟町末広座にては今度東京市村座〔ママ＊22〕より日清戦争記の新脚本を取寄せ明九日開場狂言名題は「海陸連勝日章旗」場割は袁世凱暴慢の場」と見える。『海陸連勝日章旗』は福地桜痴作の日清戦争劇で、一八九四年一一月に東京歌舞伎座で初演されており、九代目市川団十郎が日清戦争劇を演じるというので話題となった作品である＊23。右の記事からは、東京で上演された日清戦争劇が北海道でも上演されている様子がうかがえる。当演目の否定的な中国描写については後述したい。

また、一八九四年一二月三〇日付「大黒座の初春狂言」という記事でも「薄野大黒座は当る未の一月一日より開場〔中略〕二番目「古珊瑚偽支那玉」〔中略〕此の二番目狂言は曩に東京市村座に於て日清事件を世話物に書卸したる者なり」と報じられており、一八九四年九月二七日東京常盤座で上演されていた「古珊瑚偽支那玉」という演目が、北海道でも上演されていたことがわかる*24。当演目に登場する中国人は盗人、偽札の金貸し、金貸しの条件として許嫁の日本人女性を差し出させる、といった悪役として見えており、中国への否定的な扱いが如実に表れている演目である*25。

「海陸連勝日章旗」や「古珊瑚偽支那玉」など、東京で上演されていた中国関係演劇が、東京以外の地域〔地方〕において改めて上演されていることが右記の例から指摘できる。中国関係演劇は、東京のみで消化されているわけではないのである。また、それだけ日清戦争への関心が高く、日清戦争劇が話題になっているともいえる。その実例を他紙からも見ていこう。

『北海道毎日新聞』と同様に、東京の日清戦争劇の上演が『奥羽日日新聞』においても確認することができる。一八九四年一〇月二五日付「仙台座の狂言替り」では「同座は来る廿七日より〔中略〕大切は川上音二郎丈が新作の日清事件を太夫元柳家が所々筋を書替へて演する」と見え、一八九四年一一月二九日付「仙台座」では「同座に於ては今回日清戦争の発端より今日の如く日本大勝利に至る迄の一大活劇を演じ看客をして益々敵愾心を強勢ならしめんと従来座附俳優の外壮士俳優の親玉川上音二郎一座の利者佐藤歳三〔中略〕外数氏を十五日間の約定にて招聘し来る十二月一日より毎日午前九時開場」と見えており*26、東京の日清戦争劇の当地上演に加え、東京からの役者招聘や*27、川上音二郎の名が当地に広まっていることもうかがえる。右の一一月二九日付の記事に見られる「佐藤歳三」であるが、実は川上とは関係のない人物で「日清事件に付き更に独立精神的を以て組織せし者」として後日訂正されている〔一二月一日付「仙台座壮士俳優」〕。この誤謬は、「日清戦争劇と言えば川上音二郎」という評判が一般的に根付いていた証左ともいえる。

その他にも、『奥羽日日新聞』には日清戦争劇に関する貴重な記事が存在する。一八九四年九月二〇日付「立花一座の給金」という記事では、日清戦争劇のとある一幕を次のように紹介している。

> 東一番丁松島座興行中の処二三日前の事なりし松崎大尉激戦の場にて支那兵に扮装せる俳優が出たるに見物人の中より二名の書生が舞台に駆け上りチヤン〳〵役者を打擲したる故場内大騒きをなしたるが其後チヤン〳〵の役を勤めるを嫌忌するより給金を増加したりと云ふ而して非常の好人気なりしと

この記事は、観客（受け手）が日清戦争劇に登場する中国人に対し、否定的な眼差しを向けていた事を裏付ける貴重な史料である。前章で紹介した『都新聞』一九〇四年四月二日付、片岡市蔵「戦争芝居と俳優（二）」という回顧記事の「日清戦争の芝居の時、私は袁世凱に成つて懲り〳〵しましたので、何ぼ芝居でも、煙草盆が飛んで来る、猪口を投り附けられる、第一倅に済みません」という叙述も踏まえると、日清戦争劇における「支那兵〔清国兵〕」の否定的扱われ方がより浮き彫りとなる。また、「チヤン〳〵」という蔑称が日清戦争を報じる戦記記事だけではなく演芸欄にも見られている所に、否定的中国観の浸透ぶりもうかがうことができる。

一八九四年一一月九日付「立花一座の義捐興行」という記事では「目下石巻内海座に興行中なる同一座は〔中略〕敵愾心に富み既に第二師団の軍属となり従軍せし壮士さへある〔中略〕今明両日々清事件の通し演劇を開場」と報じられ、俳優の現地師団への従軍も読み取ることができる。第五章の「講談」でも講談師の従軍などが新聞で報じられていたが、実際に戦争を体験したという触れ込みは、日清戦争に関する貴重な情報提供が可能であることを意味する。右の記事は、演劇が娯楽性だけでなく、報道メディア性をも有していることを示している。

『中国』紙上においても、一八九四年一〇月三〇日付「笹置座の壮士芝居」という記事で「新俳優木村周平一座の芝居は過日より疊屋町笹置座に乗込み興行中なるが、なか〳〵の大人気にて出し物は「日本の全勝」と云へる新劇にてチヤン〳〵が帰国に臨むで其妾於鶴に別を惜み大声上げて泣く可笑しさ公使館に袁世凱を自由新聞記者豊田がきめ込む心地よさ〔中略〕見物は肩いからし腕を擦りて見る」と、否定的（「チヤン〳〵」）な日清戦争劇の様子が報じられている。

当該期の『中国』では、この一件しか日清戦争劇に関する記事は見られなかった。各新聞社によって編集方針が異なるのは当然であり、日清戦争中の『中国』においては、前述の通り、大本営が置かれた地域の「天下の新聞」という意識が強かったことから、日清戦争関連記事に重点が置かれ、演芸欄の扱いが他紙より低かったことが要因として考えられる。

『福岡日日新聞』においても、一八九四年八月二六日付「川上一座の脚本認可さる」という記事名に見られるように、川上音二郎の名が紙面に見えている。さらに、一八九四年九月一一日付「川上新演劇（日清戦争筋書）」では、川上音二郎の日清戦争劇の筋書が紹介され、「六幕目　海軍大尉大和義輝「是れ二人とも今敵国たる豚尾国の首府たる所を乗とるまでは貴重な命だぞ」」などのように、日本人登場人物の台詞に「豚尾国」などの蔑称を見ることもできる。東京の日清戦争劇の様子は福岡においても認知されていたのである。

また、一八九五年二月五日付「川上一座の若松興行」という記事では「〔川上一座は〕目下東京市村座の興行打上げ次第本月末を以て筑前若松へ乗込み『日清戦争』拾五幕と『又意外』（中略）等を演することに決意せし由（二月三一日付の記事に「目下興行中」と確認できる）」と報じられており、東京からの巡業の様子もうかがえる。右の他紙も含めて鑑みると、川上が与えた演劇の影響力は各地方都市レベルにまであったことが指摘できる。

一八九四年一〇月一三日付「栄楽座の新演劇」という記事では「出し物が日清事件にて能く時好に投じたると一座得意の活劇なれば観客をして感動せしむる多く頗る敵愾の心を生せしめ（中略）初日以来なかくの好景気」と日清戦争劇活況の様子が報じられている。さらに、その日清戦争劇が敵愾心宣揚の一助として機能していたことも同時的に読み取ることができる*28。

この記事に限らず、東京の川上一座の口上看板を紹介した『都新聞』一八九四年八月一九日付「梨園叢話」でも「国威を輝かし士気を鼓舞するの目的を以て今回日清戦争を活劇に取仕組み観客をして眼前戦地に在て猛将勇士龍戦虎闘の状を見るの思ひあらしむ」と述べられているように、日清戦争劇の目的（建前）は、日本国民の敵愾心の宣揚にあり、劇内の否定的な中国描写や蔑視表現なども、敵愾心宣揚の一助として肯定的に評価されていたといえる。さらに言えば、敵国に対する敵愾心の強さは、自国に対する愛国心の強さの証明であったとも捉えられる＊29。以上のような建前があったからこそ、日清戦争中の紙面には演芸欄も含め、否定的な中国評価が多く見られていたのである。

『九州日日新聞』では、一八九四年一一月一四日付「歌舞伎座十一月狂言海陸連勝日章旗」で「目下東京歌舞伎座に於ては日清戦争の事を狂言に仕組みて興行中なるが時節柄非常の好人気なりと云ふ左に其筋書を掲げて看客の一粲に供す」と述べられているように、前述の『北海道毎日新聞』にも見られた「海陸連勝日章旗」という日清戦争劇の筋書が早くも紹介されている。東京から遠く離れた熊本の地にあっても、筋書から「海陸連勝日章旗」という東京歌舞伎座の芝居内容を知ることができたのである。「筋書」といっても、あらすじを紹介しただけのものではなく、登場人物ごとの台詞を掲載した「脚本」に近いものがあり、紙上に集中連載（一八九四年一一月一四日付〜一二月七日付）されている。

以下、その一場面を紹介すると、一八九四年一一月二〇日付「歌舞伎座十一月狂言海陸連勝日章旗」の「三幕目（一）本郷金助町浪宅の場」では、戦ごっこで「支那」側となった子どもが母親に叱責される場面が描かれている。登場人物の台詞を追ってみると、近くを通りかかった女性が「金ちやん何を泣ておいでだへ」と聞き、その子供（金ちやん）の母親が「ナニお嬢さん此の意句地なしが軍ごツこでちやん〱坊主に威たと云ふから懲しめの為めに折檻したのでござりますよ」と答え、その女性が「金ちやん是からちやん〱坊主なんどにはお成でないよ早うお母アさんにお謝まり」と子供を諭している。当筋書からは、「ちやん〱坊主」という蔑視表現だけでなく、否定的な中国評価を多分に読み取ることができる＊30。子供の遊びであっても、中国兵になることは悪であり、折檻の対象となる。日清戦争中の激しい敵愾心の高揚が劇内にも如実に反映されているのである＊31。

おわりに

以上、日清戦争中の地方新聞から全国の否定的中国観の実態を明らかにしてきた。最後に結論を述べたい。

本章で使用した全ての地方新聞から、「怯懦」「不忠」「不潔」「野蛮」「豚尾」「チャンく」などの否定的な中国評価が共通して見られており、日清戦争を契機に生じた否定的中国観は「全国的な共有傾向」にあったことを実証的に明らかにすることができた。当然、各紙によって編集者や記者は異なり、各地域に根差した記事（関連師団の戦報、書簡など）などに違いは見られるものの、日清戦争を扱ったものである以上、そこには否定的評価が必ずと言ってよいほど見られていたのである。前章までの検討結果を踏まえれば、同様の否定的評価は、明治期の各種メディアにおいても共通して見られていたと結論付けることができる。メディア間でも地域間でも共通していた中国評価とは、まさしく日本社会一般で漠然と共有されていた中国観であったといえる。

本章ではさらに、地方新聞の演芸欄を用いた検討を加えることによって、演劇という娯楽メディアからも否定的中国観の全国的共有傾向を指摘することができた。新聞を検討史料として扱う場合、その演芸欄の存在から、演劇などの他メディアの視点を備えることが可能なのである。各地方において、日清戦争劇に関する記事が見られていたという事実の指摘に留まらず、日清戦争劇を報じる短い文章の中にも「チャンく」などの蔑視表現が見られ、中国人役の俳優が観客に殴られていた事例や、日清戦争劇の筋書などから否定的な中国評価を明らかにすることができた。

注目すべきは、東京の日清戦争劇が各地方にまで知れ渡っていたことである。東京の日清戦争劇の当地上演（川上音二郎の日清戦争劇、脚本の取寄せ・脚色、筋書の掲載）や東京の役者の招聘・巡業などは、地方における中国観受容の実態という側面だけでなく、地方の娯楽メディアの実態を考える上でも重要な点である。娯楽メディアを通した否定的中国観の受容は地方都市レベルでも行われていたと考えられるのである。

近代日本が初めて経験した大規模な対外戦争である日清戦争は「日本国民」を形成した、あるいは「日本人」という意識を広く社会に浸透させた戦争であると言われている＊32。本書の課題である中国観からこの問題を捉え直した場合、この「我々」日本人という意識は、「他者」である敵国中国・中国人との差別化によって生まれ、その差別化はもっぱら「他者」を「我々」より劣位に置くことではかられているといえる。戦争によって中国（清国）が「我々」に最も身近な「他者」となり、その「他者」の醜態を蔑視表現や否定的評価を含ませながら報じることで、「我々」日本人としての優秀性を浮き彫りにしていたのである。また、激しい蔑視表現や否定的評価も、戦争における敵愾心宣揚の一助、さらには愛国心の強さの証明であるという建前を取ることで、「我々」日本人という意識を強くするものとして昇華されていたのである。

本章では、否定的中国観の全国的共有傾向に焦点を絞ったため、同時代の中国への否定観への言及のみに留まった。右の指摘における「中国」という語句も、あくまで同時代の中国を指している。本書で再三に渡り指摘している中国観の二面性から、もう一方の「古典世界の中国への肯定観も全国的に共有されていたのか」という実証的把握も今後行う必要があろう。ただしその検討においては、本章の如く日清戦争中という短期間の検討で結論が出るものではない。同時代の中国への否定観については、日清戦争が一種の鍵となり、近代日本が初めて経験する対外戦争というインパクトの大きさから、メディアにおける関連史料の表出量が短期間でも多くなるため、実証的検討が可能となる。古典世界の中国に関しては、本書のこれまでの検討から軽視化の傾向にあることを指摘しているが、関連史料もそれに伴い少なくなり、短期間の検討では十分な結論が導き出せないことが考えられる。古典世界の中国に対する肯定観の全国的共有傾向を検討する際は、長期間に渡って各種地方新聞を丹念に見ていく他はない。

また本章では、地方をテーマに検討を進めたが、あくまで地方都市レベルであることは留意する必要がある。演劇に焦点を当てた場合、農村レベルでの村芝居や素人芝居などについても今後検討を深めていく必要があるだろう＊33。

註

1　その他、東アジア近代史学会編『日清戦争と東アジア世界の変容』（上下巻、ゆまに書房、一九九七年）、原田敬一『日清・日露戦争』（シリーズ日本近現代史③、岩波書店、二〇〇七年）、大谷正『兵士と軍夫の日清戦争　戦場からの手紙をよむ』（有志舎、二〇〇六年）など。

2　一例として、松崎稔「兵士の日清戦争体験―東京府多摩地域を事例に―」（前掲『近代日本の形成と日清戦争』第三章第二節）では「兵士たちからの朝鮮・清国の異文化を差別的に記した便りによって、生きた情報として伝えられたことで、「遅れた朝鮮・清国」「野蛮な朝鮮・中国」という侮蔑観が日本国内に広まっていくこととなったのである（三八九頁）」と言及しているが、東京多摩地域の事例が全国でも同様であったか否かの実証的検討はなされていない。

3　中央紙を史料に明治期の中国観を検討しているものは、『対外観』日本近代思想大系一二、（岩波書店、一九八八年）や、古屋哲夫編『近代日本のアジア認識』（京都大学人文科学研究所、一九九四年）などがある。

4　演芸欄の有用性については、永嶺重敏『怪盗ジゴマと活動写真の時代』（新潮社、二〇〇六年）の第二章が参考となる。

5　以下参考としたのは、西田長寿『明治時代の新聞と雑誌』（至文堂、一九六六年）、山本文雄編『日本マス・コミュニケーション史』（東海大学出版会、一九八一年）、佐々木隆『メディアと権力』（中央公論社、一九九九年）など。当時においては、創刊から短期間で廃刊となる新聞も多かったため、地方新聞の全体像の把握は難しい。

6　第一軍と第二軍の組分けと管区地域については、第一軍：第三師団〔名古屋〕・第五師団〔広島〕、第二軍：第一師団〔東京〕・第二師団〔仙台〕・第六師団〔熊本〕となっている。第一軍は、一八九四年九月一日に編成、第二軍は一八九四年九月二九日に編成された（明治二一年勅令第三一号「陸軍常備団隊配備表」、同年勅令第三二号「陸軍管区表」、明治二三年勅令八二号「陸軍管区表」参照）。

7　大谷正「日清戦争と従軍記者」（前掲『日清戦争と東アジア世界の変容下巻』所収、三五一頁）。

8　檜山幸夫「日清戦争と日本」（前掲『日清戦争と東アジア世界の変容』所収）、有山輝雄『近代日本のメディアと地域社会』（吉川弘文館、二〇〇九年）、山本武利『近代日本の新聞読者層』（法政大学出版局、一九八一年）参照。日清戦争期の地方新聞の発行部数は不明であるが、中央紙の数万から数十万部という発行部数より下回っていたことは新聞の全国的普及率の低さからも容易にうかがえる（前掲『メディアと権力』一二三～一二四、一三〇頁）。

9　明治期の新聞に見られる中国関係記事は、同時代の清国に関するものが大半であるため、新聞を扱った先行研究では古典世界の中国という視点がない。児童雑誌や講談には、古典世界の中国偉人や『三国志』『水滸伝』などの漢籍に関する記事・演目が見られ、古典世界の中国に対する肯定的評価の抽出が可能となる（第二章・第五章など参照）。

10　その他、『中国』一八九四年一〇月四日付「清国の戦死者笑聞」では「兵卒の怯懦なる推して知るべし」、『福岡日日新聞』一八九四年一一月二八日付「第二軍従征記」（第二軍従軍者）では「支那兵の怯懦なるや我大軍到ると聞いて皆奔竄せるならん」、『九州日日新聞』一八九四年一〇月三一日付「九連城より潰走せし清兵」では「清兵の怯臆怯弱にして奮戦の勇なき」など。

11　その他、『北海道毎日新聞』一八九四年一二月二一日付「金州市街の人気」では「不忠不敬の極」、『福岡日日新聞』一八九四年一一月二〇日付「豚尾の無気力」では「言ふまでもなき事なるが支那人の愛国心無きには呆れかへたり」、『九州日日新聞』一八九四年九月二三日付「日本人の愛国心」では「支那人は己惚根性の全身に充満せるにも拘はらず真の愛国心至て少なく日本人とは到底比較すべくもあらず」など。

12　その他、『奥羽日日新聞』一八九五年二月一九日付「第二師団従軍者の書翰」（某氏）では「清の未開は此内地に入らざる人は到底想像し能はざる程なり〔中略〕其不潔さ実に言外に御坐候」、『中国』一八九四年一〇月一六日付「捕虜支那兵」では「たゞさへ不潔なる彼支那人況して一敗地に塗れたる豚軍俘虜のことにしあれば其の汚醜なる一見嘔吐を催さしむるの有様なり」など。

13　その他、『中国』一八九四年一〇月六日付「平壌戦報〔小見出しの「清兵我野戦病院を犯す」〕」では「清兵の残忍暴戻なる「〔戦地にいる日本の〕患者に向ひ乱暴狼藉を加へたる」、『福岡日日新聞』一八九四年九月一日付「清兵日本人の首を梟す」では「到底人道を以て諭すべからざる支那人の事なれば其挙動の如何に野蛮なればとて今更怪しむに足らねど其首を梟するに至ては殆んど呆るゝの外なし」、『九州日日新聞』一八九四年九月三日付「清兵の残酷人をして震慄せしむ」では「敵に捕獲されたる我斥候兵三四名は清兵の為めに耳を切られ鼻をもがれ或は頭蓋を砕かれ或は両腕両脚を斬り落さるゝ抔其惨状目も当てられず」など。

14　その他、『北海道毎日新聞』一八九四年一一月二〇日付「清国上海の近況」では「豚尾奴〔チャン〳〵〕」、『奥羽日日新聞』一八九四年一〇月一九日付「俘虜清兵の到着」では「最初新橋に着したる時は服装状貌実に純然たる乞食の如く雨を冒して群集し居たる見物人並に無心の小児抔にチャン〳〵坊主死んで仕舞へなどと嘲笑罵詈せられし」など。

15　『奥羽日日新聞』一八九五年二月二一日付「戦後の清国侮るべからず（奥羽日日新聞〔社説〕）」

16　『北海道毎日新聞』一八九四年一〇月二八日付「左宝貴最期の実況」では「左宝貴（清末の軍人、日清戦争中の平壌の戦闘において戦死）は性質最も寛仁大度なりし」、『中国』一八九四年一〇月九日付「勇敢なる清兵（平壌役鎖談〔歩兵第一八連隊浜田中尉鎖談〕）」では「清兵悉く怯懦なりとは云ふべからざるなり」、『福岡日日新聞』一八九五年三月一日付「第二軍従征（威海衛発）第六師団司令部附本社特派員光永規一」では「丁の勇決と義心」「一人の義烈漢丁汝昌（清末の軍人、北洋海軍の水師提督）あるを見る」、『九州日日新聞』一八九四年一〇月二一日付「恤兵の志ある者の注意」では「清兵侮るべからず〔中略〕捕虜の怯弱を見て清兵皆な此の如くなるべしと思ひ做す者あるは誤りなり捕虜の如きは清兵中の最とも弱くして遁げ隠れたる後ち捕へられたる者多し」など。

17『奥羽日日新聞』一八九五年一月八日付「第二師団乃出発」。

18『奥羽日日新聞』一八九五年二月二日付「第二師団栄城占領の詳報」（乗風仙客）、前掲一八九五年二月一九日付「第二師団従軍者の書翰」など。

19『中国』一八九四年一〇月二九日付「大本営の好記念」。
20 ただし、各社によって送れる特派員の数には差異があったと考えられる。例えば、『九州日日新聞』では、一八九四年の八月に数名の特派員を戦地に送っているが（同年八月二七日付「本社の特派員」）、『北海道毎日新聞』では、戦争末期の一八九五年三月になって漸く特派員一名を送ることを予告している（同年三月一三日付「従軍記者特派予告」）。『北海道毎日新聞』においては、戦地から遠く師団も置かれてなかったためか、地域独自の日清戦争関連記事は見られない（戦争中にあっても、北海道の開拓や産業に関する記事が多い）。
21 前掲『兵士と軍夫の日清戦争』では、仙台に焦点を当てた詳細な検討がなされている。『東北新聞』や『奥羽日日新聞』によせられた戦場からの手紙に「差別的な中国観」が見られていたことを指摘している。
22 一八九四年一二月一一日付「小樽劇場便り」では「入船町末広座、先頃東京歌舞伎座にて書卸したる日清戦争記興行中」となり、こちらの方が正しい。また、「頗る上景気なり」ともふれられている。
23 前掲『日清戦争』一二七～一二八頁、前掲『近代歌舞伎年表』参照。
24 前掲『歌舞伎年表』で上演が確認できる。
25『都新聞』一八九四年九月二八日付～三〇日付「常磐座新狂言略筋」。

26『奥羽日日新聞』一八九四年一二月八日付「仙台座の好評」では「市内至る処の好評にて日々七八百乃至千人位の大入」とその盛況ぶりも報じられている。
27 同様の事例として、一八九五年一月一一日付「各座の狂言替り」では「仙台座は今回更に東京大劇場出勤の俳優尾上梅枝を呼び下し則ち本日より差替へる狂言は（中略）中幕（日清事件轟全世界大和魂）此狂言は日本人釋元恭が支那に於て間諜者の嫌疑にて捕縛され剛勇を顕はしたる実事を仕組しもの」と見える。
28 前掲『奥羽日日新聞』一八九四年一一月二九日付「仙台座」でも「同座に於ては今回日清戦争の発端より今日の如く日本大勝利に至る迄の一大活劇を演じ観客をして益々敵愾心を強勢ならしめん」とある。
29 第二章でも指摘したように、当時の児童雑誌である『小国民』一八九四年一二月一日号「清人の面目」では、来日した清国の捕虜が馬車で移動する際、日本の児童達がその後を追いかけながら「チャン〳〵坊」と巡査憲兵の制止もきかずに怒鳴っているのを「カアイらしき敵愾心の発顕なり」と誉め、「本邦人ハ、大人となく小児となく、一般に愛国心の強きこと斯の如くなるに、翻ツて清国人を見る時は、実に笑止に堪へざる者あり。」と述べられており、「チャン〳〵坊」などの蔑視表現が敵愾心の発露であり、愛国心の強さの一端として好意的に評価されている。同様の建前から、新聞紙上でも「敵愾心の養成」が叫ばれている（『九州日日新聞』一八九四年八月四日付（九州日日新聞）「敵愾心の養成」）。

30　その他、「卑怯」「残忍無惨」など（一八九四年一二月二日付「四幕目（一）戦死兵士埋葬の場」、同年一二月七日付「六幕目（二）平壌本営生捕吟味の場」）。

31　日清戦争劇の上演に関しては、一八九四年一一月一一日付「東雲座の開場」で「東雲座は例の原田一列壮士芝居を本日より開場する由」と報じられているもの一件に留まっている。演劇以外では、幻燈会や活人形で日清戦争が扱われている（一八九四年一一月九日付「護国大幻燈会」、一八九五年三月二四日付「日清戦争活人形」）。演劇以外の娯楽メディアからの検討も今後の課題である。

32　前掲『日清戦争──「国民」の誕生』一一～一三頁。「国民」としての「共同性」や、ナショナリズムとの関係については、成田龍一『近代都市空間の文化経験』（岩波書店、二〇〇三年）、三谷博『明治維新とナショナリズム』（山川出版社、一九九七年）など参照。

33　安田徳子『地方芝居・地芝居研究：名古屋とその周辺』（おうふう、二〇〇九年）など参照。

第八章
❀明治期の総合雑誌に見る日本の中国観
―知識人層と一般民衆層の共通点と差異―

はじめに

本章では、知識人層を執筆者・読者に設定している総合雑誌『太陽』というメディアに注目することで、一般民衆層との比較（共通点と差異）を踏まえた当時の日本における「中国」の語られ方（中国観）を明らかにする。先行研究の多くが、特定の個人・知識人層の中国観を対象としている状況から、これまで見てきた一般レベルでの中国観と知識人レベルの中国観との比較検討は、本書の意義を深めるという点からも必要不可欠な作業となる。しかし、その比較を考える上で、先行研究の成果に依った検討は適当ではない。本書が、一般民衆層が享受していると考えられるメディアから検討を行っている以上、知識人層が享受していると考えられるメディアを本章では扱う必要がある。そのメディアこそが、次に詳述する『太陽』である。

第一節　総合雑誌『太陽』解題と先行研究

本章で使用する『太陽』とは、一八九五年一月に創刊され、一九二八年二月に廃刊した博文館発行の総合雑誌である*1。先行研究において、『太陽』は「思想的個性がない」「雑誌全体を貫通する統一的な思想がない」と評価されている通り*2、『太陽』からは特定の思想的立場に固執しない様々な中国観を見ることが可能であり、『太陽』一誌でも十分検討の有効性があることがわかる。

読者層は、「官吏・教員を主体とする都市部の中産知識人層」、「年齢的には（中略）壮年層が主体」であった*3。ここで注意が必要なのは、読者が『太陽』誌面の中国関係記事を読んで、同様の中国観を受容・形成したのかという中国観の形成過程の実証は、関係する読者投稿欄などがないため、検討不可能であるという点である。そこで本章では、読者層ではなく執筆者陣に視点を向ける。すなわち、『太陽』の誌面に見られる中国観が、「尾崎行雄」「大隈重信」などの執筆者（知識人層）の中国観の集積であるという点に注目するのである。

また、読者層が知識人層に設定されていることから、一般への直接的な影響力は決して高くはないといえる。本章で注目したいのは、あくまで一般民衆層との共通点や差異を浮き彫りにすることであるという点をここで改めて強調しておく必要がある。それでもなお、共通点が見出せれば、一般民衆層と知識人層を含めた中国観の主潮傾向として、中国の語られ方をより大きな枠組みから結論づけることが可能である。

以上のような性格を持つ総合雑誌『太陽』を扱い、中国観の検討を行った研究として、銭鴎「日清戦争直後における対中国観及び日本人のセルフイメージ―『太陽』第一巻を通して」（前掲『雑誌『太陽』と国民文化の形成』所収）、鈴木正節「『太陽』解題とその中国観」（前掲『博文館『太陽』の研究』所収）などがあげられる。ただし、本章とは一般民衆層と知識人層との比較という視点の有無という点で問題意識を異にし、同時代の清国にのみ焦点が当てられていることなど、中国観の全容を明らかにしようとしたものではない。比較的詳細な検討が行われている銭論文にしても、検討範囲が一八九五年度のみであり、双方の研究とも、あくまで「対清関心」の実態（政策論）の指摘に留まっているといえる。

以上の研究状況も踏まえ、本章では一八九五年から一八九八年までの『太陽』を史料に、これまでの研究成果を踏まえ『太陽』（＝知識人層）における中国の語られ方を見ていく。その際、一般民衆層との比較という点から、中国に対する言論展開を追うのではなく、そこに含まれる中国評価のレベルにまで掘り下げて検討を行う＊4。また、対象とする中国は同時代の中国王朝である清国に限らない。

第二節　一般民衆層の中国観との共通点

（一）「同時代の中国」と「古典世界の中国」という視点の存在

『太陽』に掲載された中国論・対中国政策などを含む中国関係記事から、文章内に何らかの評価（肯定・否定）が見られる記事を抽出すると＊5、評価レベルで見てきた一般民衆層の中国観との比較が可能となる。抽出の結果、「同時代」の中国王朝である清国・清国人に関する記事と、孔子や孟子などに代表される「古典世界」の中国・中国偉人に関する記事に大別することができる。それぞれへの評価を加味した記事数は、同時代の中国への否定的記事が一九七件、同時代の中国への肯定的記事が七一件、古典世界の中国への否定的記事が一八件、古典世界の中国への肯定的記事が一一〇件となる。数量的傾向から、同時代の中国に対しては否定的に語られ、古典世界の中国に対しては肯定的に語られる傾向にあるという主潮傾向が読み取れる。これは、前章までに検討してきた児童雑誌や講談などと同傾向を示している。

特に重要なのは、この時間軸によって異なる二つの中国観が併存の関係にあるという点である。例えば、一八九五年一二月五日号、小柳司気太「支那文学一斑」（文学）＊6では「今の支那人を観たる者、誰れか、その礼法を壊乱するに驚かざる者あるか、苟くも黄白を得んには、如何に、其の身を不潔にし、其の行を卑劣にするも、敢て之を厭はざるにあらずや、然れども更に首を回らして、四千余年前の往時に溯ぼり、その古文学を繙きて、考一考するときは、大に今日と懸隔せるを知る、彼等は優美なる人民なり、礼法を以て自ら持したるの人民なり」と指摘され、一八九七年二月二〇日号、鶴如痩人「文界小言」（文学）でも、漢詩排斥と同時代の否定的中国観を同一視することへの批判の文脈上で「所謂軽蔑する支那人とは現時の支那人を指していふか、又は上下三千年の支那人を指していふか」「現時の支那人は〔中略〕我に劣ること万々なり、されど今の支那人が今の邦人に劣ればとて、支那文学の精粋にして、殊に唐時代の昔に全盛を極めたる詩を学ぶに於て何の妨やはある」と見え、同時代の中国への否定観と古典世界の中国への肯定観が並列で語られていることがわかる。

もちろん、同時代の中国への肯定的記事と古典世界の中国への否定的記事が少数ながら存在する以上、中国観は否定観一辺倒、あるいは肯定観一辺倒という訳ではない。これは、一般民衆層も知識人層も同じである。ただ、数量的傾向などから法則化・抽象化を試みると、一般民衆層も知識人層も、同時代の中国に対しては否定的に、古典世界の中国に対しては肯定的に扱われる傾向が強かったと考えられる。以下、それぞれの内実について個別的に見ていく。

（二）同時代の中国への否定観

同時代の中国への否定観の語られ方には、一定の特徴がある。例えば、一八九五年二月五日号、飯田旗郎「亜細亜の大商戦」（論説）という記事に「今回戦争の目的は頽弱なる朝鮮の独立を補けて其安寧秩序を画策し、頑愚朽剛の老大清国を膺懲して之を屈服し、以て共に永く東洋の治安を計り」と見え、一八九六年二月二〇日号、衆議院議員野口勝一「文明は武援に頼る」（政治）という記事にも「扶韓征清の義師は彼の韓土の滅裂を縫合し傾危を扶植し清国の驕傲を屈抑し冥頑を鞭撻せしのみならず内に在りては大に人心を鼓動喚起して長夜の惰眠を覚破し」と見えることから、日清戦争に関する決まり文句に否定的評価が見られることがわかる*7。日清戦争後は日清戦争の起源などが前口上のように語られることが多くなり、その文脈上においては日本の正義が強調される一方で、敵対側の清国へは否定的評価が含まれるのである＊8。これは、否定観の定着傾向として位置づけることが可能である。

同様に「三国干渉」に関しても日清戦争の起源が前口上として語られ、同時代の中国への否定的評価が散見することとなる。一八九六年六月二〇日号、曾根俊虎「露清の将来」（政治）という記事では「前に我帝国は清国政府の不徳無道を懲罰せん為め義戦を天下に公布したる」と語られ、一八九六年九月二〇日号、島田三郎「伊藤侯の成功及失敗」（政治）という三国干渉時の伊藤内閣を論じた記事においても「能く驕傲の清国を屈して、国威東洋の天地に震へり、国民を後援とする内閣其功効斯の如き者あり」「然るに其終結に及び、外交時宜を失して三国の干渉を招致し〔中略〕天下の輿論は飇風の勢を以て伊藤内閣を吹倒せり」と、同時代の中国への「不徳無道」「驕傲」などの否定的評価が読み取れる。

また、小説欄に見られる否定的評価も、当時の中国観の反映として看過することはできない。前掲銭論文ではふれられていないが、『太陽』は総合雑誌であるため、政治・実業・教育・宗教などだけでなく、小説などの娯楽欄なども充実している。小説に表れる否定的中国評価は、一般に否定観が浸透しているという前提があって初めて物語を楽しむ要素として成立している＊9。一八九五年一一月五日号に掲載された、嵯峨の家「浮世新聞」（小説）という表題の小説は、新聞縦覧所（裏神保町、明治二七年九月頃）が舞台となり、日清戦争時、九連城の陥落が新聞によって伝えられ、それを囲む読者たちの「眉を挙げ、床を蹴て、我軍の勇武を誇り、清軍の怯懦を嘲る」「支那人（ちやん〱）は弱虫なれば、敵対ものはないとは聞けども」という否定的な中国評価や、「ちやん〱」などの蔑視表現を伴った台詞が見受けられる＊10。

その他、児童雑誌や講談に見られた「怯懦」「不忠」「不潔」「野蛮」「豚尾」「チャンチャン」などの同時代の中国に対する否定的評価も、『太陽』誌面においても同様に読み取れる＊11。

（三）古典世界の中国への肯定観

前掲銭論文では視点が同時代の中国〔清国〕に限られていたため、ふれられることはなかったが、中国哲学（儒教など）や中国文化（文学など）に関する記事も『太陽』には豊富に存在する。それらの記事の多くは、一八九六年一月二〇日号「少壮漢学者に告ぐ」（文学）という記事の「支那の古学は三千年間の学者の夢にだも知らざりし幽深なる意義と莫大なる尊敬とを受け取りぬ」「東亜文明の名の下に西洋文明と対壘して相譲らざる勢を示しぬ」や、一八九六年一一月二〇日号、笹川臨風「元以前の小説」（文学）の「支那文学は宇内に誇るべきの異彩を有す」「魏晋唐宋の世名家雲の如し」などのように、古典世界の中国文学を肯定的に評価するものが多い。後者においては、司馬遷・欧陽修などの具体的人物名があげられており、中国偉人個人に対し肯定的評価が与えられているものも多い。その他、漢詩などについても同様であり、一八九五年六月五日号、柳井絅斎「支那人が詩学上の観念（下）」（雑録）という記事の「支那征討の余熱よりして支那文学の稍もすれば排斥せられんとする今日」「支那詩のために此の一論文を草する」「支那詩が研究すべき価値あるを示して支那文学の為めに気を吐くのみ」のように肯定的評価が読み取れる*12。

日清戦争直後に創刊された『太陽』に以上のような記事が散見していたことから、日清戦争による同時代の清国への否定観の浸透は、古典世界の中国にまで及ぶものではなかったことがわかる。儒教などが今日の時勢に合わないという主張から多少批判されてはいても（後述）*13、その他の中国文化（詩、劇など）は批判されることはない。読者層の違いから、児童雑誌などよりは難しい内容のものが多いが、教育的価値という側面から肯定的に扱われていたことは同様の傾向を示している。『太陽』では、教育的価値に留まらず、一八九六年一一月二〇日号、高島呑象「宗教を論ず（承前）」（宗教）では「今人聖人の学を以て多くは至難のことと為すと雖も、聖人の学は甚だ高遠なるものゝみに非ず、平日処世の事経済の事皆其中に含蓄せるものたるを知るべし」と述べられ、一八九七年二月五日号、野口小蘋「春宵画談」（家庭）では「漢籍の修養なきものは、ひとり画道の誤謬に笑を存するのみならず、高雅品位を失し、卑俗のそしりはまぬがれず」とまで述べられている。

第三節　『太陽』（＝知識人層）に見る中国観

――一般民衆層との差異を念頭に――

以上、肯定・否定といった評価にまで掘り下げた中国関係記事に注目することで、一般民衆層と同様の同時代の中国への否定観、古典世界の中国への肯定観という中国観の二面性（主潮傾向）を読み取ることができた。一方で、児童雑誌や講談などとは読者対象を異にする『太陽』においては、共通点だけでなく差異も十分ありえる。以下、『太陽』特有の中国の語られ方について、同時代と古典世界それぞれの視点から明らかにしていく。

（一）同時代の中国に関して

一般民衆層レベルでは見られない『太陽』（＝知識人層）特有の中国関係記事の特徴として、第一に「対清政策」に論及した記事の存在が指摘できる。具体的には、日清戦争終盤や日清戦争後の対中国政策・対中国外交について、「支那分割論」「支那保全論」「支那扶植論」「日支同盟論」などが様々な立場から論じられるようになるのである＊14。これらは、日清戦争に勝利を収めたことによる日本の東アジアの盟主意識と密接な関係にある＊15。

本章で行うべきは、誌上の中国論の体系的整理や各論の解説ではなく、そのような政策論・外交論の根底に否定的な中国評価が多分に含まれているという点への注目である。

例えば、「憲政の神様」として有名な尾崎行雄は、日清戦争終盤の一八九五年一月一日号に「対清政策」と題した記事において「書上の支那は、実際の支那に非ず」「余は多少書上の支那を知れるが故、実際の支那を見て大に驚けり。綱紀の頽廃、道徳の朽腐、既に其極度に達し」と述べ「支那は遠からずして必ず滅亡すべし」と断言し「我が対清政策は、唯だ独力併領の一あるのみ」と主張している。この「対清政策」などのように政治的・外交的内容に言及した記事は、文字量も多く難解であり、児童雑誌などにはまず見られない*16。しかし、そのような記事においても、前章同様に評価レベルに注目すれば「綱紀の頽廃、道徳の朽腐」などの叙述から否定的評価を読み取ることができる。

尾崎行雄は「独力併領」を論じたが、対中国政策については様々な見解が誌面を賑わしている。例えば文学博士外山正一は、一八九八年四月二〇日号の「支那帝国の運命と日本国民の任務」（論説）という記事で、清国の独立保持を提唱するが、その責務は日本人の肩にあると強調する。注目すべきは、その論理的裏付けにおいても、中国（清国）への否定的評価が介在している点である。外山は、清国について「国民の頑冥にして文明の進運に追随すること能はざるに基せずんばあらず」「清国の痼疾は挙国民人の国家的報効心に薄く、其行動の個人主義に趨れるにある」と評価し、その否定的側面を踏まえた上で「往昔彼の隆んなるや、其文物技芸を我に輸致して本邦文明の素を与へたりき、然るを何ぞ彼れ衰へて我独り盛なるに誇り、忽ちにして旧恩を忘却するが如きことあるべけんや」「文明的精神を大陸に鼓吹し、支那の国運を進達せしむることを以て当に努むべき任務とせざる可らず」と述べ、清国の独立保持の根拠とするのである。「頑冥」「愛国心が薄い」などの同時代の中国への否定的評価がうかがえるだけでなく、「往昔彼の隆んなるや、其文物技芸を我に輸致して本邦文明の素を与へたりき」と古典世界の中国への肯定観も見られ、中国観の二面性の反映が見られる対中国政策論として貴重な史料でもある。

対中国政策論において、否定的な中国評価が顕著に表れている例が、一八九八年三月五日号、在清国文学士藤田剣峯「支那人の資性を論じて対支那策に及ぶ」（論説）という記事である。その記事の中国人評価は「支那人資性の悪端は世人のすでに知了せるところ、その自尊にすぎ、保守にすぎ、国家の公に薄く、自利の私に厚く、狡獪に散慢に、野卑に倹嗇に、因循に姑息に、間の抜け気の利かざる、兼て虚礼を重んじ、辞令に媚ひ、又た一般に不潔を厭はず。字して豚といひ、号してチヤンといひ、甚だしきに至りては之をジユウと比し、又た世界最下等の国民と評するものあるに至る」と、過激である。そして、「自利の私に厚く」などの「支那人の資性」から「対支那策の根本はたゞ利の一字にあり」と日本の重要性を支那に知らせる必要を論じ「支那に対しては一層卑しく、一層欲深く、一層放胆なれよ」と説いている。以上のように、当時の日本の対中国政策の考え方の根拠として、否定的な中国評価がその根底にあったことは重要な点であろう＊17。

また、日清戦争後の対中政策を考える上で、看過できない同時代的事件として一八九八年の康有為＊18等の政治改革運動（変法自強）がある。西太后の武力弾圧（戊戌の政変）により失敗に終わるが、この一連の動きを「覚醒」「改革」の機運として肯定的に捉えるものもある＊19。しかしながら、結果的に失敗に終わったため、一八九八年一一月五日号、川崎三郎「対清策の態度如何」（論説）の「清国政府の腐敗絶頂に達し、君主の統括力已に麻痺し、政府の構造機関破壊し、所謂病膏肓に入るもの、一朝一夕の故にあらざれば」と指摘されるように「支那」の革新は容易ではないという印象を与えることになり、清国政府の「腐敗」「愚か」という否定的イメージがより一層強くなったものと考えられる＊20。

重要な点なので繰り返しになるが、知識人層の同時代の清国観は、肯定一辺倒・否定一辺倒ではない＊21。そのため、同時代の清国に対し、肯定的側面を認めている論考も存在し、論を構成する中で意識的に客観的であろうとする姿勢もうかがえる。ただし、記事数や右の対中政策などにも見られているように、同時代の中国に対しては否定的な評価傾向にあることは念頭に置く必要がある。以下、同時代の清国に対する肯定的評価の例を示すとともに、否定的評価の裏返しとして読み取れる点も明らかにしたい。

まず、同時代の清国偉人に関する肯定的記事である。具体的には「李鴻章＊22」「張之洞＊23」「康有為」「丁汝昌＊24」「曾国藩＊25」などに肯定的評価が見える。ここで注意したいのが、彼らの肯定的評価の基準に一般の中国人（兵）が位置づけられている場合のものである。例えば、一八九七年二月五日号、海軍大尉子爵小笠原長生「日清海戦に於ける丁汝昌」（歴史）という記事には「彼は他の支那将官とは少しく異つて、余程古への豪傑風があつた人物」と丁汝昌を肯定的に評価する一方で「支那の陸軍は弱い」「支那の朝廷と云ふものは先づ賄賂でも取るとか、旨いことを言へば虚言でも之を採用すると云ふ風があり」と清国軍や清国政府の否定的側面が強調される。そして、丁汝昌は賄賂を頼まれても「丁汝昌は元来正しい男で〔中略〕非常に叱り飛ばした」とし、清国政府との対比から丁汝昌が肯定的に描かれているのである。視点を変えれば、丁汝昌を肯定的に描くことによって、その他一般の中国・中国兵への否定的傾向が浮き彫りになっているといえる。

類似事例は、曾国藩を扱った一八九八年八月五日号、凌雲斎主人「曾国藩の家庭教育（二）」（歴史及地理）にも見られる*26。曾国藩の「廉潔」を強調するに当り「清国士人の官と為るは、官金を盗み、賄賂を貧りて、独り其私を肥さんが為なり」と述べられ、曾国藩はそのような清国官吏とは異なるという文意から、その他清国人の否定的評価が浮き彫りになっている。肯定的評価を与えられた曾国藩が一八七二年に没していることから、日清戦争後の現在、曾国藩のような人物がいないという清国の人材不足に話が繋がっている*27。

以上の清国偉人の例は、その他の同時代の清国人に対する肯定的評価にも類似的傾向を指摘できる。同時代の清国人の肯定的評価として比較的多く見られるのが、清国人の商業的優秀性であり「勤勉」「勤倹」「忍耐」などと評価される*28。例えば、一八九六年五月二〇日号「東洋の発達と西洋の工業」（実業）では「余は固より亜細亜種族中最も勤勉剛毅なる支那種族の長所を認めざるものにあらず」と、中国人の「勤勉」さが「長所」として評価されている。ただし、この評価は限定的である。その後に続く文章で「彼等は忠実なりと雖も其忠実の度は活計の富裕となるに連れて減少す、此事実は即ち支那日本の開港場に於て認むることを得べし」と述べられている通りである。次の一八九七年七月五日号、巴西公使珍田捨巳君演述「支那貿易談」（講演）でも同様であり「人民は勤勉貯蓄の習慣に富みて居る、併し其の資本を集めて大なる事業を起すには適せぬ」と、「勤勉貯蓄」に「富む」と評価される一方で、「併し」という逆接の接続詞で留保が与えられるのである。

最も解りやすい例は、一八九七年一二月二〇日号、森烏城「驚く可き香港」（実業）という記事の「支那商人の特色は、勤倹〔寧ろ吝嗇〕〔括弧は原文ママ〕と忍耐なり〔中略〕他国人は彼等と競争すること能はず」という叙述に見える。清国人の商業的優秀性を示す肯定的評価も、「勤倹〔寧ろ吝嗇〕」という表現に如実に表れているように、否定的評価にも捉えることが可能なのである。

その他、時節柄関心が集まる日清戦争に付随した「清兵は個人としては強い」という評価も同様の指摘が可能である。一八九七年六月五日号、不涅廬主人「日清戦闘中に於る宋慶を評す」（軍事）という記事では「清兵は、個人としても軍隊としても、決して怯弱なる者に非ず」と評価される一方で「主将の能く戦はずして逃る者あるに由らずや」と述べられ、清兵は一個としては強いが、兵制そのものや指揮官が駄目であることが論じられている*29。あくまで清兵一個人に対する限定的肯定評価であり、清国軍としての評価は総じて否定的である。また、その強い清兵を倒した日本兵はさらに強いというレトリックにも使用することが可能なのである。

以上の複数の事例から、同時代の清国への肯定的評価に否定的評価が付きまとっていたことがわかる。これは、同時代の中国への否定的傾向の強さを裏打ちするものとも指摘できよう。『太陽』に見られる複雑な中国評価構造の存在は、知識人レベルと一般民衆レベルとの大きな差異といえる。

日本の中国観形成を考えた場合、第三者＝海外の中国観の影響力も大きいことが考えられる*30。『太陽』には、「海外彙報欄」があり、海外雑誌の評論の翻訳紹介なども多い。それらの中国関係記事にも多分に否定的中国評価を見出すことができる。

一八九五年六月五日号「清国人の面目」（海外彙報）という記事では、和蘭国の「ハンデルスプラド」新聞の支那通信員の中国評が「此老大国の漫に面目のみを大切にする其習慣を知らざれば」「勝つも敗くるも支那人は介意せず。唯面目のみを珍重するとは、実に浅間敷しき限りならずや」と紹介され、「老大国」「浅間敷」などの否定的評価が見受けられる。

次の一八九六年八月五日号、宮島春松「マクギヒン氏黄海々戦談（軍事）」という記事は、仏国の一新誌に掲載された黄海海戦時の鎮遠の顧問「マクギヒン」（英国の海軍士官）の回想録一篇の日本語訳であるが、攻撃を受けて恐怖する中国艦内の様子が「怯者六七の戦慄して隠伏するあり、彼の士官も亦之れに伍するあり、此状躰を目撃するや、予が心胸焼くが如く、赫怒耐ふること能はず」「甚だしき怯弱の挙動ありしことあり」と紹介されている。ここにおいても「怯弱」などの否定的評価が見られる。一八九六年一〇月五日号（本年六月仏国将校会雑誌抄訳、同九月偕行社記事より転載）の「支那兵及日本兵」（軍事）という記事でも同様で「然るに支那兵は日本兵と戦ひて兵力の劣等なることを明示せり」「此戦争に依り日本人の武勇絶倫なるを知りたると同時に、支那人に多くの欠点あることを発見したればなり」「兵站糧食勤務は整頓せず、指揮の方法は甚だ悪き」と、日本兵の優秀性が強調され、その比較も相まって中国人の否定的側面が強調されていることがわかる＊31。

『太陽』から中国関係記事を見ていく上で重要となるのが、『太陽』の総合雑誌としての性格である。同時代的な関心が集まりやすい軍事（日清戦争関係など）や政治（対清政策など）以外にも、中国に触れられた記事は豊富に存在しており、それらの記事からも否定的評価が読み取れる。

例えば、日本の実業について論じられた一八九六年五月二〇日号、稲垣満次郎君演説「対外策上より観察したる我実業界」（実業）という記事では「遼東の野に不備不完の清兵に勝ち」と日清戦争の起源が前口上として述べられた後、日清戦争の武勲よりも重要な経済上の勲功を建てる必要性が説かれている。貿易に関する論説でも中国が引き合いに出される場合があり、一八九八年五月二〇日号、原善三郎「生糸貿易論」（論説）では「清人の頑迷改良の法を知らずと云ふに至ては最も皮相の見たるを免れず」などと叙述されている。

その他、一見同時代の中国とは関係のない学校教育について論じられた一八九六年一〇月二〇日号、秋月新太郎「学科教授の事に就て」（教育）などの記事においても、日清戦争が想起され、日清戦争の連勝が「彼れ清人の軍に規律なく、人に愛国の心なきとに因らさるを知らんや」と述べられる。この清国軍の規律を正しくして愛国心を抱かせたらどうなっていたかという問題提起から、教育の重要性が強調され、今後の教授法の改正の話に繋がっていく。

以上のように、軍事（日清戦争関係）や政治（対清政策）とは関係のない実業・教育などにも日清戦争に付随した否定的な中国評価が見られることがわかる。多くは日清戦争が前口上として語られる際や、日清戦争後の日本の将来を論じる際に表れている。各側面から中国は注目されており、日本の「対清関心」の高さがうかがえる。この点は、総合雑誌として様々な記事を掲載している『太陽』からの検討でなければ明らかにできない。

(二) 古典世界の中国に関して

従来の先行研究では、中国観といえば同時代の中国（明治期なら清国）にのみ焦点が当てられていたが、古典世界の中国への眼差しも忘れてはならない。ここでは、古典世界の中国に肯定的評価が与えられていたという点だけでなく、その扱われ方などからも肯定的側面が浮き彫りになることを示す。それは即ち、『太陽』の記事内容が知識人層向けの内容だからこその特徴でもある。

まず注目すべきは、「日清戦争の起源」が前口上として使用されていたのと同様に、古典世界の中国偉人の逸話や格言などが記事の出だしのイントロダクションとして使用されている点である。例として、一八九五年九月五日号、法科大学国府犀東「我邦に於ける社会的現象としての自殺」（家庭）という記事の「人誰れか死なからん生あれば茲に死あり王侯将相の貴と雖ども陶朱猗頓の富と雖ども孟賁の勇と雖ども子貢の才と雖ども其れ終に死を免れず」があげられる。漢学的教養が未だ根強い明治期にあって、文章表現を豊かにする手法として使用されていたのである*32。直接的な評価ではなく、古典世界の中国偉人の扱われ方などから、間接的な肯定観が読み取れる。

また、中国偉人の扱われ方として、日本偉人の評価を高める際に肯定的に引用されている場合もある。具体的には、陸奥宗光を紹介した記事において「彼は一方に於て、韓非子的眼光あると同時に他の一方に於ては曹孟徳的智略の一端を具す*33」と譬えられていたり、徳富蘇峰の場合も「昔者孔明奇才を抱て南陽に高臥し、琴書自適、曾て聞達を諸侯に求めず。劉備三たび彼れを草廬の中に顧みるに及て、感激して遂に死を効たすを誓ふ。知らず蘇峯の薩閥に於けるは、猶ほ孔明の劉備に於けるが如き耶。然らば蘇峯は大賢なり、其出処進退誰れか敢て之れを否定し得るものぞ*34」と、中国偉人の逸話と重ね合わされて評価、紹介されている*35。外国偉人の場合も同様で、一八九八年三月五日号、中西牛郎「近世世界十偉人（其三）プリンス、ゴルチヤコツフ　上」（歴史及地理）という記事では「古秦今露比較論より推すときは、ゴルチヤコツフは夫れ十九世紀の張儀とも言ふべき乎」と、帝政ロシアの政治家・外交官であったゴルチャコフ公爵*36を張儀に譬えている。また、この記事ではロシアを秦に当てはめるのが適当であるとも述べられている。

以上のような中国偉人の扱われ方は、古典世界の中国偉人が肯定的であることが前提となる日本偉人・外国偉人の評価方法である。明治期においては、古典世界の中国偉人の格言や考え方が、物事の理解の補助的役割を果たしていたのである*37。

儒教が同時代の時勢に合わないと否定的に論じられる記事があることはすでに述べた。古典世界の中国に対する否定的評価を伴った記事も、知識人層のメディアたる『太陽』には少数ながら見られる。誌面の内容が画一的でない点もまた、『太陽』のメディアとしての性格なのである。ただ、儒教と中国偉人（儒者、特に孔子）に同一評価が与えられているわけではないことは留意する必要がある。

例えば、一八九六年一〇月五日号、清野勉「支那国性の由来」（政治）では、忠君愛国の精神は日本（国家的）と中国・儒教（利禄的）では異なると主張され、儒教が「同時代」に合わないという批判が展開されている。しかし、その一方で「決して孔孟を咎むべきにあらず」と中国偉人（儒者）の全否定にまでは及んでおらず、一定の評価が確認できるのである*38。教育家でもある加藤弘之も、中学や師範学校で教科書として使用される漢籍（「論孟学庸抔」）について「今日の世界には適当せざる事柄も往々なきにあらざれば」と結論づけているが、その前に「是等の書は古聖賢の言説を編纂せるものなれば今日凡庸人の著述せるものとは違ひ大に生徒の尊信を招くの効能はあり」と一定の評価を留保することも忘れていない*39。一八九七年七月二〇日号、漢学者三島毅「孔子非守旧家弁」（講演）などの記事では、両者の差異が明確に強調され、「近来世間に、支那は守旧の為めに、今日の如く萎靡不振と評せられたり〔中略〕然るに此の守旧の風は、孔子より出てたりと、往々論するものあり、此は甚しき冤罪にて、孔子の学を能く修めば、今日の如き退歩は、決して有るまじと信ず」と指摘する。

以上のように、同時代の時勢に合わないという評価と、中国偉人個々人の評価は必ずしも同一視されていたわけではない。こちらも、古典世界の中国への否定観として単純な評価構造とはなっておらず、古典世界の中国への肯定的傾向が強いという点を裏打ちしているといえる。

第四節　執筆者（＝知識人層）が語る一般の中国観

ここでは、補論的に記事の執筆者（＝知識人層）が、当時の一般的な中国観をどう認識していたかを明らかにしたい。『太陽』から日本社会一般（一般民衆層）の中国観をうかがい知る方法は、前掲銭論文が指摘している「国民の〔日清戦争の〕祝捷大会」を紹介した記事だけではない*40。『太陽』には、執筆者（＝知識人層）が日本社会一般の中国観について言及している記事が散見しており、これは同時代人が語る一般民衆層の中国観として史料的価値は高い。

例えば、清国公使でもあった大島圭介は「支那人といふものは大変頑固にして進歩しがたき人だといふのが一般の説でありまする*41」と述べ、公爵近衛篤麿も「近時日本人は〔中略〕支那人を軽侮すること益々太甚しく*42」と述べており*43、一般レベルでの否定的中国観の浸透の様子がうかがえる。

一方、尾崎行雄の「〔日清戦争以前〕支那崇拝の気習は、深く一般人民の脳中に入れり。故に吾人は支那人種の柔弱陋劣にして、支那帝国の与みし易きことを説て、十年の久しきに及べりと雖も、積習の浸漬する所、世人曾て之を信ぜず*44」という言及からは、日清戦争前の「中国崇拝」＝「古典世界の中国への肯定観」の強さをうかがうことができる。一般民衆層と自身（知識人層）の違いを強調している点も興味深い。

これらの知識人の指摘から、一般レベルでの否定的中国観の浸透や、古典世界の中国への肯定観の存在などは確認できるが、本書で明らかにしてきたような、中国観の時間的変化や中国観の内実（具体的な評価のレベル）まで確認することはできない。このような状況からも、一般民衆層に焦点を当てた研究の意義が浮き彫りとなる。

おわりに

以上、知識人層が執筆者及び読者層である総合雑誌『太陽』を検討史料として、『太陽』から読み取れる中国観を一般民衆層の中国観と比較検討を行い、知識人層と一般民衆層の共通点と差異を明らかにした。

一般民衆層との比較のため重要となるのが、『太陽』の中国関係記事から、その根底にある肯定・否定（好き・嫌い）といった評価を読み取る作業である。知識人層を対象としたメディアである『太陽』においては、「対清国政策」などの記事に見られるように、政治的・外交的要求にも連なる思想・認識レベルの中国論が展開されている。これは、一般民衆層が享受していたと考えられる「児童雑誌」「講談」などのメディアでは見られなかった特徴であり、大きな差異といえる。その他にも、記事内容の程度の差や記事種類（カテゴリ）の豊富さ、同時代の清国に対する肯定的評価と否定的評価が表裏一体であった点、海外視点からの否定的中国観、儒教に批判的な論説の存在（一方で古典世界の中国偉人には一定の評価）、日本偉人・外国偉人の評価方法の一つとしての古典世界の中国偉人の肯定的引用などは、知識人層のメディアたる『太陽』だからこそ浮き彫りとなった差異である。

一方で、中国論（対中政策や中国文化〔詩・劇〕に関する論説など）の根底にある評価にまで検討を掘り下げると、中国に対する否定的評価・肯定的評価は一般民衆層と同様に見て取ることが可能であった。各中国関係記事から抽出した中国評価を、『太陽』という雑誌の総体的評価として捉えなおすと、一般民衆層と同様の「古典世界の中国への肯定観」と「同時代の中国への否定観」という中国観の二面性が確認できる。知識人層の中国観が一般民衆層の中国観の形成に何らかの影響を与えたと考えるならば＊45、この傾向の一致は当然の帰結といえる。この二面性こそが、明治期日本における中国の語られ方であったと結論づけることができる。

忘れてはならないのが、同時代の中国（清国）に対する肯定的評価などの少数派の存在である。ここでの結論は、『太陽』を知識人の集積として考えた場合、知識人層においても、同時代の中国に対する眼差しは否定的傾向が強かったということであった。中国観の二面性とは、数量的傾向を示したものであるため、「中国は昨日の中国ではない」といった「同時代の中国への否定観」とは異なる観点に立つことができた石橋湛山などのような知識人も当然存在するのである*46。

ただし、そのような知識人ばかりの集積からは、当時の日本社会一般の中国観は導き出せないという点が本章における重要な意義であり、本書において一般民衆層を直接に扱ってきた理由ともなる。また、本章で見てきたように、肯定観と否定観が表裏一体のケースも考えられるため、否定観と肯定観、どちらがその人の本質なのかという二者択一な視点は避ける必要がある。

註

1　第二巻〜五巻まで月二回刊行、それ以外は一回。一冊一五銭（鈴木正節『博文館『太陽』の研究』アジア経済研究所、一九七九年参照）。『警視庁統計書』によると一八九五年度の『太陽』発刊部数は一部あたり約一〇万部でありその他諸雑誌と比べても一二を争う。

2　鈴木貞実『雑誌『太陽』と国民文化の形成』（思文閣出版、二〇〇一年）一一頁。永嶺重敏『雑誌と読者の近代』（日本エディタースクール、一九九七年）一〇五頁。対立するような意見を意識的に載せ論争になったことも多い。『国民之友』など、あるひとつの立場から読者をリードするような言論雑誌とは性格を異にしている。

3　前掲『雑誌と読者の近代』一二四頁。

4　一般民衆層の中国観とは、対中国政策や中国論などの体系的思想ではなく、好き嫌い（肯定・否定）といった感情・評価レベルのものであるという問題意識から（序章参照）。

5　「豚尾」「ちゃんちゃん」などの蔑視表現や、「不潔」「野蛮」「怯懦」「不忠」などの否定的イメージを想起する語句・文章は否定的評価を、「豪傑」「勇敢」「義烈」「強国」などの肯定的イメージを想起する語句・文章は肯定的評価を示していると考えられる。

記事の論点の如何で肯定・否定を判断するのではなく、あくまで語句・文章の単位で判断。そのため、異なる評価が見える場合、それぞれに加算することになる。
6 以下、引用記事は掲載年月日、執筆者〔記名がある場合〕「記事名」〔記事の種類〔カテゴリ〕〕とする。
7 その他、一八九六年一月五日号、三宅雪嶺「明治二十九年（上）」（政治）の「帝国鷹の如く揚りて老豚を膺懲するの時」や、一八九八年三月二〇日号、水哉「黒田長成侯を訪ふ」（講演及訪問）の「二十七八年の役、連戦連勝彼れの如く、実に清国の無力を世界に示し」など。
8 児童雑誌においても同様の傾向が読み取れる（第二章参照）。
9 大野英二郎『停滞の帝国―近代西洋における中国像の変遷』（国書刊行会、二〇一一年、五八六頁）が説得的である。序章参照のこと。
10 その他、一八九五年三月五日号、南翠外史「吾妻錦絵」（小説）、一八九六年一月五日号、泉鏡花「海城発電」（小説）など。
11 それぞれ、一八九五年三月五日号「日清両国の海軍実力」（政治）、一八九八年五月五日号、大石正巳「東洋の現勢及将来」（論説）、一八九六年六月二〇日号、マスター、オブ、アーツ岸本能武太「遼東風俗一班」（海外事情）、一八九六年七月二〇日号、山口弘一「国際法上より観たる日清戦争（承前）」（軍事）、一八九五年一月一日号、TO生「第一祝捷大会を観る」（社会）、一八九八年五月五日号、青軒居士「未来の大臣」（小説及雑俎）など。
12 その他、一八九五年一月一日号、幸田露伴「元時代の雑劇」（雑録）、一八九七年一月五日号、文学博士井上哲次郎「老子の学の淵源」（文学）、一八九七年四月二〇日号、蟹江義丸「荀子の学を論ず」（文学）など。
13 一八九五年二月五日号、久米邦武「階級制と君子の道」（論説）、同年八月五日号、久米邦武「倫理の改良」（教育）など。
14 伊藤之雄「日清戦争以後の中国・朝鮮認識と外交論」（『名古屋大学文学部研究論集』通号一一九号、名古屋大学文学部、一九九四年）では、当時の新聞においても同様の中国論の盛り上がりがあったことを指摘している。三国干渉や列強の中国分割（一八九七年秋以降）などを契機に、藩閥主流と自由党系（憲政党系）、対外硬派主流と進歩党（憲政本党系）で、それぞれ中国分割論・中国保全論など、中国認識・中国論の変容が見られていた。
15 同右、三六頁。
16 例えば、児童雑誌『小国民』（学齢館）などでは、三国干渉に関する政府の弱腰を攻撃した「嗚呼露国」（一八九五年九月号）という記事を掲載しただけで、政治的発言に過ぎるという理由で発行禁止処分を受けた。
17 その他、一八九五年三月五日号、犬養毅「支那併呑論を評す」（論説）、一八九五年四月五日号、小嵐子（某子爵）「大東策」（論説）、一八九五年一二月五日号、川崎三郎「東邦革新」（政治）、一八九六年四月五日号「対清の方針」（政治）、一八九六年五月五

日号、小松緑（マスターオブアーツ）「対外策」（政治）、一八九六年七月二〇日号、川崎三郎「対清策の基礎」（政治）、一八九七年一一月二〇日号、於清国川崎紫山「東邦革命の機」（論説）、一八九八年一月一日号、公爵近衛篤麿「同人種同盟附支那問題研究の必要」（論説）、一八九八年一月二〇日号、高山林次郎「人種競争として見たる極東問題」（時事論評）、一八九八年三月二〇日号、在清文学士藤田豊八「対支那策（再び）」（論説）など。

18 政治家（一八五八～一九二七）。変法自強を唱えて戊戌新政を推進、失敗して日本に亡命後も立憲君主制確立を主張、孫文の革命運動と対立した。

19 一八九八年五月五日号「清国革命の機運」（時事論評）、一八九八年一一月五日号、蘆津實全「東方教策」（論説）、一八九八年一〇月五日号、水哉生「大山巌侯を訪ふ」（講演及訪問）では「[支那]政府当局者」が「旧来の迷夢」から覚めつつあると言及されている。

20 その他、一八九八年一一月五日号「北京政府の愚策」（時事論評）など。

21 児童雑誌などにおいては、一つの記事に同時代の清国に対する肯定観と否定観が双方見られるものは少ない。そもそも一つの記事の文字情報量に大きな違いがあり、『太陽』の場合は「論説」というカテゴリ欄の名が表しているように、一つの論を構成する以上必然的に文字数が多くなる。また、数号にわたって掲載される記事も多い。また、全体の情報量も児童雑誌が五〇頁前後なのに対し、『太陽』は二〇〇頁強である。

22 政治家（一八二三～一九〇一）。日清戦争・北清事変などの外交に貢献、直隷総督・北洋大臣などを歴任。

23 洋務派政治家（一八三七～一九〇九）。湖広総督・軍機大臣などを歴任。新式軍隊の編成、京漢鉄道を敷設。

24 軍人（～一八九五）。北洋海軍の水師提督。黄海海戦で大敗、威海衛にて日本海軍に降伏し服毒自殺。

25 軍人（一八一一～一八七二）。弱体化した清軍に代わり、湘軍を組織して太平天国の乱鎮圧に功績を挙げた。清朝に仕える漢民族としては初めて、地方官としては最高位に当たる直隷総督となった。

26 その他、一八九五年二月五日号・一八九六年七月二〇日号、中西牛郎「曾国藩」（史伝）、一八九五年三月五日号「李鴻章」（政治）、一八九八年六月二〇日号、凌雲斎主人「張之洞」（歴史及地理）など。

27 一八九五年二月五日号、中西牛郎「曾国藩」（史伝）では、曾国藩が今にいれば日清戦争は起きなかったとまで述べている。

28 一八九六年六月二〇日号「松方伯の経済談」（実業）、一八九六年七月二〇日号「東洋貿易談」（三井物産会社長益田孝君の演説）、一八九八年四月五日号、理学博士神保小虎「支那巡りの俗話」（歴史及地理）など。

29 その他、中国兵・将校・軍の限定的評価については、一八九六年一月二〇日号、不涅廬主人「軍紀論」（軍事）など。

30 幕末・明治年間の来日外国人の厖大な記録を精査しまとめた渡辺京二『逝きし世の面影』（平凡社、二〇〇五年）では、日本人の清潔さを強調するにあたって、中国の「不潔」を叙述する欧米人観察者の存在が紹介されている（一三五〜一三六頁）。

31　その他、一八九五年一月一日号「日本の勝利」（『米国評論之評論』）（海外思想）、一八九五年二月五日号「支那」（海外彙報）、一八九六年九月五日号・二〇日号、英国デメトリアス、シ、ブールカー著　薇陽半僊訳「李鴻章（上・下）」（海外事情）など。

32　第一章や第二章参照。その他、渡辺和靖『増補版明治思想史―儒教的伝統と近代認識論―』（ぺりかん社、一九八五年）など。

33　一八九七年四月二〇日号「前外務大臣伯爵陸奥宗光氏」（政治）。

34　一八九七年一一月二〇日号、春汀散史「徳富猪一郎氏」（人物月旦）。

35　その他、一八九七年八月二〇日号、蕩蕩子「後藤象二郎氏」（人物月旦）、一八九七年九月五日号「陸奥福堂逝」（時評）、一八九八年一月一日号、鳥谷部春汀「福沢諭吉翁」（人物月旦）、一八九八年四月五日号、鳥谷部春汀「児玉台湾総督」（人物月旦）など。

36　アレクサンドル・ミハイロヴィッチ・ゴルチャコフ公爵（一七九八年七月四日〜一八八三年二月二七日）は、帝政ロシアの政治家、外交官。一九世紀のロシアにおける最も傑出した外交家として評価される。その一方で、露土戦争後に生じた東方問題では、ベルリン会議にロシア全権代表として出席するが、会議の結果、サン・ステファノ条約で獲得したロシアの権益を覆され、引退に追い込まれている。

37　徐水生著、阿川修三ほか訳『近代日本の知識人と中国哲学』（東方書店、二〇〇八年）では、既存の中国哲学が知識人の西洋哲学の理解・受容の媒介となっていたことを指摘している。

38　一八九六年一一月五日号、清野勉「支那国性の由来（承前）」（政治）でも「古来支那の忠臣には其の主義の利禄的なるにも拘はらず、其尽忠竭節実に一点の私心だも雑へず」と中国偉人への一定の評価が見える。

39　一八九六年一〇月五日号、文学博士加藤弘之「貧叟百話」（文学）。

40　前掲銭論文、二五〇頁。

41　一八九五年九月五日号、枢密顧問官大島圭介「日清教育の比較」（教育）。

42　一八九八年一月一日号、公爵近衛篤麿「同人種同盟附支那問題研究の必要」（論説）。

43　その他、一八九六年四月五日号「対清の方針」（政治）でも「清人を軽侮して自からエラしとする世の阿房、少しく省みて可矣。」、一八九七年二月五日号、東眼西視学人「支那事情に最も精通する」「隣邦観察の必要を論ず」（政治）でも「帝国利害に牽帯する所多きに拘はらず国民は之を蔑視して歯牙に掛けず」と述べられている。

44　一八九六年九月五日号、尾崎行雄「東洋の危機」（政治）。

45　馬場公彦『戦後日本人の中国像―日本敗戦から文化大革命・日中復交まで』（新曜社、二〇一〇年）二一頁、野村浩一『近代日本の中国認識—アジアへの航跡—』（研文出版、一九八一年）一一三頁。
46 小島晋治『近代日中関係史断章』（岩波書店、二〇〇八年）二三四～二三九頁、松本三之介『近代日本の中国認識』（以文社、二〇一一年）二九八～二九九頁など。

終章 ❀近代日本と中国観

第一節　各章のまとめ

　以上、本書では、一般民衆層の中国観、すなわち当時の日本社会一般で漠然と共有されていた中国への評価を明治期の各種メディアを用いて明らかにしてきた。以下、中国観の全国的共有傾向や知識人層との比較など、個々の論点も踏まえつつ、各章の検討結果を改めて確認する。その各種結果をもって、改めて明治期日本における一般民衆層の中国観を概括し、序章で提示した諸種の論点についても本書ならではの解答を示したい。

　第一章では、明治期の中国観が当時の小学校教育にも反映しているのではないかという問題意識から、当時の小学校用教科書や教育雑誌を中心に、中国関係教材の歴史的変遷とその内実、小学校教育における中国の扱われ方の実態について検討を行った。

　まず、各種教科書から中国関係教材を抽出し、その記述（中国描写）を見ていくと、修身・国語教科書では、児童への教育的（模範的）価値から、古典世界の中国偉人が教材として扱われており、その記述内容から肯定的評価を読み取ることができた。一方、地理科の中国地理教材においては、同時代の中国王朝である清国の環境や風俗に対し、否定的評価が与えられていた。この時間軸によって異なる中国評価から「古典世界の中国への肯定観」「同時代の中国への否定観」という中国観の二面性の存在を指摘した。

この中国観の二面性の指摘に留まらず、本章では中国関係教材の変遷にも注目し、古典世界の中国偉人教材が日清戦争前から軽視的傾向にあり、教材としての重要性が低下していたという内実にまで検討を深めた。

さらに、教科書からの検討のみでは、当時の小学校教育における中国の扱われ方（中国教育）の全容解明には至らないことも指摘した。本章では、その実証的把握のために中央から都道府県レベルに至るまでの多くの教育雑誌を使用し、教育現場における日清戦争以降の否定的な中国教育の実態を明らかにすることができた。

第二章では、児童雑誌というメディアに注目し、日清戦争前後の一般的な中国観の反映を誌面から読み解いた。児童雑誌というメディアは、大人（編者・記者）が児童（読者）に向けて提供していたものであったことから、大人から児童にまで通じる最大公約数的な中国観（＝一般的な中国観）が誌面に表れていたと考えることができる。本章からも第一章と同様に、「古典世界の中国への肯定観」「同時代の中国への否定観」という中国観の二面性が浮き彫りとなった。第一章で指摘した中国観の二面性を念頭に置き、誌面の特定の中国関係記事を意図的に抽出したのではなく、肯定・否定に関わらず何らかの評価が見られる記事を網羅的に抽出し分類した結果、同様の結論に至ったという点は改めて強調しておく必要がある。また、「元寇・朝鮮出兵記事」に関しては、否定的評価が見られていたことと、同時代の日清戦争に結び付けられて語られていたことから、同時代の枠組み（中国観の否定的側面）に近いものとして位置づけた。

古典世界の中国に対する「忍耐」「立志」「忠臣」などに代表される肯定的評価については、日清戦争前後を通じ変化が見られなかったが、同時代の中国に対する否定的評価は、日清戦争を契機としてその内実に大きな変化が見られ、日清戦争前には見られなかった「不忠」「怯懦」などの評価が日清戦争中に見られるようになったこと、読者投稿文の否定的表現の定例句化や否定的評価をもじった笑い話などから否定観の浸透ぶりが読み取れること、日清戦争後の戦争体験談・回顧記事から否定観の定着傾向が読み取れることなどを指摘した。本章の特色は、日清戦争前後の時間的変化にも注目し、同時代と古典世界それぞれの評価の内実と、その変化にまで検討を深めたことにある。

第三章では、前章の結果を踏まえつつ、その後の日露戦争前後の時期を前章と同じく児童雑誌から明らかにした。その結果、当該期においても中国観の二面性を確認することができ、この二面性が明治期一貫して持続していたことが明らかとなった。

また、日露戦争前後に興隆を見せる男女別児童雑誌にも注目し、その男女の共通点と差異についても検討を深めた。その結果、中国観の二面性という大枠は男女共通のものであったことを指摘し、その枠組みを逸脱するものではないという前提の下、男女の徳目の差異から中国関係記事の男女差異が生じていたことを指摘した。本章においては、日露戦争の影響や、男女別児童雑誌の登場など、従来日本の中国観研究において看過されてきた時期の重要性を、第一章との兼ね合いを踏まえ提示することができた。

第四章では、第二章・第三章の結果を踏まえ、児童雑誌における西洋観と中国観との比較を行った。児童雑誌における西洋観は、日清戦争前後一貫して「強国」「富国」などの肯定的評価が見え続けていた。西洋に対する脅威、警戒心など、マイナス感情と捉えられる評価も誌面には見られていたが、それらも結局は強国観の裏返しであった。

日本の西洋観と中国観を比較すると、中国に対しては古典世界の中国関係のみが教育的側面から肯定的に扱われていたのに対し、西洋に対しては、西洋偉人の模範人物としての教育的価値だけでなく、西洋諸国の有する国力・軍事力などが日本の目標とすべき価値基準として評価され肯定的に扱われていた。また、「古典世界」と「同時代」という時間軸によって異なる評価の差異も西洋観には見られなかった。

本章の検討をもって、「古典世界の中国への肯定観」「同時代の中国への否定観」という中国観の二面性が、歴史的交流関係の深い日中関係から生じるもので、日本の中国観特有のものであることが明らかとなった。中国一国に向けられた眼差しに限定するのではなく、日本の対外観総体という視野を持つことで、日本の中国観の特徴をより浮き彫りにすることができた。

第五章では、娯楽作品に当時の一般的観念が反映していたのではないかという問題意識から、明治期の講談という娯楽メディアに注目し、講談演目の中国描写から当時の中国観の反映を読み取った。「日清戦争談」「北清事変談」「日露戦争談」など、同時代（明治期）の戦争を語った演目に否定的評価が散見し、古典世界の中国を舞台に物語が繰り広げられる「三国志」「水滸伝」などの演目に肯定的評価が読み取れたことから、講談からも中国観の二面性を確認することができた。

本章で強調すべきは、第一章の教科書などに代表される教育的メディアとの差異である*1。古典世界の中国への肯定観は、中国偉人が教育的価値から肯定的評価を与えられていただけでなく、「三国志」や「水滸伝」などの演目に代表されるように、面白い娯楽作品として聴衆に楽しまれていたことが指摘できる。また、それらの作品に登場する中国偉人に肯定的評価が与えられていたことも古典世界の中国への肯定観の一端を示していたといえる。明治期日本人の古典世界の中国への「愛着」「親近感」を示すものとして注目に値する。

第六章では、前章と同様の問題意識から、演劇という娯楽メディアに注目し、抽出した中国関係演劇から中国観の二面性を確認した。「日清戦争物」などの同時代の中国を扱った演目に否定的な中国評価が見受けられる一方で、古典世界の中国を題材とした「殷の妲己物」や「西遊記物」、「水滸伝物」などの演目が、娯楽的側面から面白い作品として観客に評判を得ていた様子を明らかにした。

本章においては、前章の講談と同様の作業で終わるのではなく、時代的には古典世界と同時代の中間に位置する「国性爺物」「元寇物」「吉備大臣物」などの日中間の歴史を題材とした作品から当時の中国観の反映を読み取った。これらの作品は、同時代の重大な時局である日清・日露戦争時に結び付けられて上演されており、「当て込み」という「時事問題などを芝居の中に織りまぜたりする」技法も使用されていた。作品内における否定的描写は、同時代の中国王朝（明治期の清）とは異なる中国王朝（唐・元・江戸期の清）に対するものであり、かつ物語上の勧善懲悪描写とも考えられたことから、安易に同時代の中国観の反映として考えることはできない。作品内の中国（唐・元・江戸期の清）が、日清・日露戦争時における敵国側（明治期の清・ロシア）に結び付けられ、悪役として再利用化されていたことを考慮することによってようやく、一概には否定的と断定できない「国性爺物」「元寇物」「吉備大臣物」などの中国関係演劇が、明治期において否定的に扱われていたことが判明し、可逆的に否定的中国観の存在を読み取ることができた。

中国観の検討手段として、脚本や筋書などに代表される文字情報だけでなく、同時代の時局（主に戦争）との関係性から浮き彫りとなる中国の「扱われ方」からも、当時の中国観の反映を読み取ることができる。この検討手段の提示も、本書の意義の一つといえる。

第七章では、日清戦争中における各都市の地方新聞から、前章までに明らかにしてきた否定的中国観が本当に全国的共有傾向にあったかを検討した。北海道、宮城、広島、福岡、熊本など、本章で使用した全ての地方新聞から、「怯懦」「不忠」「不潔」「野蛮」「豚尾」「チャン〳〵」などの否定的な中国評価が共通して見て取れ、日清戦争を契機とした否定的中国観の浸透は全国規模のものであったことを実証的に明らかにした。

本章ではさらに、相互補完的検討を試み、各地方新聞の演芸欄にも注目し、六章との関連を深めた。結果、新聞だけでなく、演劇という別メディアからも、否定的中国観の全国的共有傾向を指摘することができた。各地方都市において、日清戦争劇が上演されていた事実を紹介するだけでなく、その上演を報じる短い記事中にも「チャン〳〵」などの蔑視表現が見られ、紙面に掲載された日清戦争劇の筋書からも否定的な中国評価は多分に見られていた。

第八章では、知識人層が執筆者であり、かつ読者層でもあった総合雑誌『太陽』を検討史料として、その『太陽』から読み取れる中国観を、前章までの一般民衆層の中国観と比較検討を行い、知識人層と一般民衆層の共通点と差異を明らかにした。一般民衆層との比較のため重要となるのが、『太陽』の中国関係記事から、その根底にある肯定・

否定（好き・嫌い）といった評価を読み取る作業である。知識人層を対象としたメディアである『太陽』においては、「対清国政策」などの記事に見られるように、政治的・外交的要求にも連なる思想・認識レベルの中国論が展開されている。これは、前章までに見てきた評価レベル（好き・嫌い）の一般民衆層の中国観とは一線を画しており、大きな差異である。

しかし、その中国論（対中政策や中国文化〔詩・劇〕に関する論説など）の根底にある評価にまで検討を掘り下げると、中国に対する否定的評価・肯定的評価は一般民衆層と同様に見て取ることが可能である。各中国関係記事から抽出した中国評価を、『太陽』という雑誌の総体的評価として捉えなおすと、一般民衆層と同様の「古典世界の中国への肯定観」と「同時代の中国への否定観」という中国観の二面性が確認できるのである。知識人層の中国観が一般民衆層の中国観の形成に何らかの影響を与えたと考えるならば＊2、この傾向の一致は当然の帰結といえる。

忘れてはならないのが、同時代の中国（清国）に対し、肯定的な中国観・中国認識を有する知識人の存在である。ここでの結論は、『太陽』を知識人の集積として考えた場合、知識人層においても、同時代の中国に対する眼差しは否定的傾向が強かったということである。中国観の二面性とは、数量的傾向を示したものであるため、「中国は昨日の中国ではない」といった「同時代の中国への否定観」とは異なる観点に立つことができた石橋湛山などのような知識人も当然存在する＊3。ただ、そのような知識人ばかりの集積からは、当時の日本社会一般の中国観は導き出せないという点が重要であり、本書で一般民衆層を直接に扱ってきた理由ともなる。

第二節　総括―各課題への解答―

以上の検討を踏まえて、明治期日本における一般民衆層の中国観の実態を総括すると、「古典世界の中国への肯定観」と「同時代の中国への否定観」という中国観の二面性の存在が、当時の日本社会一般で漠然と共有されていた中国への評価であったといえる＊4。この二面性という枠組みが、中国観の分析のために意図的に設定したものではなく、あくまで史料の集積から浮かび上がってきた結果であるということは各章で繰り返し強調してきた。また、この結論だけを見ると、多くの先行研究などで言及されている知識人層レベルの人々の複雑立体的な中国認識と比べて、中国観の主潮傾向があまりにも簡易化・抽象化され過ぎていると思われるかもしれない。二つの中国観のそれぞれの内実については、各章で詳細に分析したので、その点は誤解を避けるため改めて強調しておく。

重要なのは、その二つの中国観が併存していたという点である。本書においては、日清戦争を契機とした同時代の中国に対する否定観の浸透を再三にわたって指摘してきたが、それは肯定観が否定観に取って代わったことを意味しない。そのため、白井久也『明治国家と日清戦争』（社会評論社、一九九七年）の「日清戦争が始まる直前まで、日本人の多くは清国を軽蔑するどころか、むしろ尊敬や好意の念を持っていた。子供のころから家庭や学校で漢文を読まされ、孔子や孟子の教えを聞かされていたから、当然であった。〔中略〕だが、日清戦争での日本の勝利は、日本人の対中国観をがらっと変え、中国に対する蔑視意識を決定的に強めるきっかけとなった＊5」や山根幸夫『近代中国と日本』（山川出版社、一九七六年）の「日清戦争が勝利に終った後は、日本人の中国、および中国人に対する蔑視の風潮は、一そう著しくなり、日本人の中国観を決定的に変える転機となった。それまでは、なお知識人の間には、中国や中国文化を尊敬する気持もあったが、日清戦争を境として侮蔑観は決定的となり、「チャンコロ」の蔑称が一般化するようになった＊6」など、肯定観から否定観への転換が強調されている見解とは立場を異にする＊7。従来の研究の多くは、近代日本の対中国政策ありきの中国観（中国認識）であったため、同時代の中国の動向に注目が集まり、古典世界の中国という視点がそもそも存在しえなかった。そもそも、一般民衆層の感情レベルの中国観に焦点を当てた実証的研究というものが行われていなかったのである。

この結論は、特定のメディア単体で得られたものではない。教科書、教育雑誌、児童雑誌、講談、演劇、地方新聞、総合雑誌など、本書の課題に答えるべく精選した当時の各種メディアを用い、網羅的かつ横断的かつ相互補完的に検討を行ってきた結果、各種メディア史料の塊から浮き彫りとなった当時の中国観の実態である。メディアの選択に際しては、漫然と目についたものを使用するのではなく、当該メディアの表象が当時の日本社会一般の観念を代表することを裏付ける必要があった。また、多面的な中国観の受容・形成ルートを念頭に置くことで、教科書や教育雑誌などにおける国家主導による「上」からの教育の影響力に加え、一般民衆層が自発的に享受したであろう講談・演劇などの娯楽メディアにも注目する必要があった。

本研究の意義を見出すとすれば、従来その実証的把握の難しさから検討が行われてこなかった一般民衆層の中国観を多角的視点（各種メディア）から明らかにしたことに加え、諸種の評価を紹介することだけに留まらず、数量的傾向などから中国観の二面性を指摘し、それぞれの内実や時間的変化にまで検討を深めたことがあげられる。さらに、一般民衆層の中国観にのみ視野を限定するのではなく、西洋観との比較や知識人層との比較、中国観の一側面である否定観の全国的共有傾向の実証的把握など、視野を広範に設定することで、本書の研究意義を一層高めることができた。その他にも、中国観研究における日露戦争の重要性や、中国観の男女差異の問題など、中国観から派生した新たな知見や課題も得られた。

また、実証的把握の難しい一般民衆層を対象とした研究において、有効と考えられる研究手法を本書では提示できたと考えられる。本書は日本の歴史を扱ったものといっても、その内容は教育史、メディア史、文化史、児童文学史、生活史、娯楽史、外交史、東洋史など多岐に渡る。中国観に限らず、一般民衆層を対象とした研究においては、専門や学科を越え、広範囲の分野に渡る研究姿勢が求められる。

本書を研究史の中に位置づけるのであれば、「民衆の観点が入った歴史像」、「「学問の境界」の越境の試み」という側面があることから、成田龍一氏が指摘する所の近現代日本史研究の潮流、「民衆史研究（一九六〇年〜）」と「社会史研究（一九八〇年〜）」の双方の流れを汲むものといえる*8。ただし、戦後歴史学への批判ないしは補完的側面としての民衆史、階級という集団から近現代日本を捉えようとしたものではない。本書においては、検討の対象を労働者や農民といった特定の集団に絞っていないのである。また、本研究は日本の対外観を検討したものであるため、日本外交を考える際の一端として位置づけることが可能である。最近の外交史研究では、国際情勢を念頭に置いた多国間関係という視座・超域的視座の重要性が殊更強調される傾向にあるが*9、二国間関係の研究や日本側に焦点を絞った研究にも未だ重要な意義が残されている。本書がそうであったように、日本国内に焦点を絞った上でも検討すべき課題は多く、大局的見地に至るまでには、一つ一つの実証研究の蓄積が必要となる。当然、多国間関係という視座の重要性を否定するつもりはなく、本書でも第四章で西洋観との比較検討（日本―西洋―中国）を行っている。

大きな課題として残っているのは、一括りに否定的ないしは肯定的中国評価として整理した中国認識の、感情という点からのさらなる分析である。感情レベルの中国観といっても決して単純ではなく、多層的なものであることが考えられることから、今後の大きな検討課題となる。例えば、本書で具体的に例示した「不潔」「野蛮」などの否定的評価は生理的反応として位置づけ、「不忠」「怯懦」などは精神的反応として位置づけることも可能であろう。「豚尾」「チャン〳〵」などの激しい蔑視表現は、理性的ではない本能や感覚による言動であることから生理的反応として位置づけられる。また、「残酷」「野蛮」などの評価は、戦争中の清兵の残虐行為に対する評価であることから戦時の敵愾心に連なる評価として、「不潔」「未開」などの評価は、右の評価とはベクトルの異なる西洋的価値基準から下される評価として、それぞれ区分できる。このように区別して論じることで、同じ否定的評価でもメディアや時期によって異なる性質が表れてくることが考えられる。今後の中国観研究の展望の一つとして、肯定・否定といった感情的中国評価の内容を深化させる検討があげられるだろう。

次に、中国観の二面性という本書の実証結果をもって、序章で提起した国民国家論やナショナリズム、オリエンタリズムから捉える中国観の問題を再考する。その問題点は、中国に対する否定的側面のみが強調されることにあった。しかし、その否定観とは本書に即せば同時代の中国に対する否定観であり、古典世界の中国に対する肯定観については、何ら触れられていなかった。本書で明らかにしたように、近代日本の中国観は否定的側面ばかりがその実態ではない。国民国家論やナショナリズム、オリエンタリズムから捉える日本の中国観の問題点は、中国観を否定的側面が強いものとして一面化してしまうことにある。それは、「同時代の中国への眼差し」と限定すれば間違ってはいない。そのような眼差しが向けられていたことは、本書でも詳しく論じた。問題は、古典世界の中国に対する肯定観が抜け落ちてしまっていることにある。国民国家論やナショナリズム、オリエンタリズムから捉えられる中国観とは、その一端のみであり、中国観の全容を説明できるものではないのである。中国観は概して否定的であるという一面的評価に捕われてしまう可能性も指摘できる。事実、多くの先行研究では中国観の否定的側面ばかりが強調されてきた。

これは、日清戦争関連の研究において、当時の否定的中国観のみが強調されているのと同様の傾向である。日清戦争中という短期間に視点を限定すると、否定観がやたらと目につき、その印象が強く残る。しかし、本書で明らかにしたように、日清戦争中は敵対国たる同時代の中国王朝清国に関心が集中するため、敵愾心の宣揚なども相まって否定観ばかりが表出するようになり、古典世界の中国に関する評価は、一時的に同時代の中国（清国）への否定観の陰に隠れてしまう。つまり、日清戦争後の推移を無視してしまうと（古典世界の中国に関する評価の復活）、中国観は否定的なものであると単純化されてしまうのである。従来の中国観研究で、日清戦争以降の否定的中国観の浸透が強調されていたのも、日清戦争時の否定的中国観の蔓延が強烈かつ印象的であったからであろう。中国観を研究しようとする場合、一定の長期間を対象としなければならない理由もここにある。

つまり、本書のように中国観そのものに焦点を定め、その検討を網羅的に行うことなくして、中国観の全容を解明することはできない。国民国家論やナショナリズム、オリエンタリズムなどから照射される中国観、日清戦争というピンポイントの時期に見えている中国観などは、中国観の一側面にしか過ぎない。

また、オリエンタリズムに関しては、肯定的中国観の存在を無視して「日本のオリエンタリズム」と称していいのかという疑問や、日本と西洋を同列に考えて良いのかという疑問が浮上してくる。サイードの『オリエンタリズム』の監修を務めた杉田英明氏は次のように述べる。

まず何より重要なのは「日本のオリエンタリズム」の問題であろう。〔サイードの〕『オリエンタリズム』を読むとき、私たちは、サイードの分析し批判した西洋のオリエンタリズムが、たんに西洋の問題であるにとどまらず、私たち日本人の多くが無意識のうちに共有し、侵されている考え方なのではあるまいかという反省に立ち帰らざるをえない。〔中略〕

「日本のオリエンタリズム」の問題は、日本と東アジア（とくに中国・朝鮮〔括弧は原文ママ〕）との歴史的関係を辿るときにも同様に現われてくる。これについては本書「訳者あとがき」を含め、すでに多くの指摘がなされており、ここで改めて取り上げるまでもないのかもしれないが、例えば日本の東洋史学（シナ学）の性格や、大衆レヴェルでの中国観・朝鮮観、また現実の大陸侵略の歴史など、確かにヨーロッパのオリエンタリズムと重ね合わせて考えることのできる部分は少なくない＊10。

ここにおいても、中国観は否定的側面のみが強調される。日本には肯定的中国観が全く存在しなかったようにも受け取れるし、肯定観が例外的な側面として片づけられているようにも考えられる。同時代の中国への否定観が「日本のオリエンタリズム」であるとするならば、古典世界の中国への肯定観も何かしらの位置付けが行われてしかるべきではないだろうか。「現実の大陸侵略の歴史」には直接的には関係ないものとして、否定観と比べると少数派の例外的な中国観として、看過可能なものなのだろうか。本書においては、「昔は良かったが今は駄目」といった日本の一般的な中国観に見られたように、同時代の中国への否定観と古典世界の中国への肯定観は対置され、両者に優劣はなく二面的（併存的）なものであった。古典世界の中国への肯定観を無視し、同時代の中国への否定観のみをもって西洋と同列視することは、他国認識のみならず日本という自国認識においても、誤解を生じさせることにはならないだろうか。

日本の肯定的中国観とは、古代から続く日中の歴史的交流関係の深さによるものであった。本書でも見てきたように「西遊記」や「三国志」、「水滸伝」などが、江戸以来長い時間を経ても歌舞伎や講談などで演じられ続けていることは、その日中の歴史的交流関係の深さを物語っているといえる。西洋と中国、日本と中国という両者の関係性を考えた場合、地理的な距離だけでなく、その付き合いの長さという時間的距離も異なるため、西洋と日本の中国観に相違が表れてくるのは当然である＊11。

また、本書で検討主体として扱ってきたメディアは、ベネディクト・アンダーソン『想像の共同体』などで、国民国家を特徴づける重要な機能としての側面が指摘されている＊12。この点を考慮すると、メディアに見られた同時代の中国への否定観とは、日本という国民国家を特徴づける観点から語られた異質な「他者」像の一端でもあったと指摘できる。ここで本書でも検討の軸とした日清戦争を考えた場合、日清戦争は「日本国民」を形成した、あるいは「日本人」という意識を広く社会に浸透させたできごとであるといえる＊13。中国観からこの問題を捉え直した場合、この「我々」日本人という意識は、「他者」である同時代の清国・清国人との差別化によって生まれ、その差別化はもっぱら「他者」を「我々」より劣位に置くことではかられているといえる。戦争によって同時代の中国（清国）が「我々」に最も身近な「他者」となり、その「他者」の醜態を蔑視表現や否定的評価を含ませながらメディアが報じることで、「我々」日本人としての優秀性を浮き彫りにしていた。しかし、オリエンタリズム同様、中国観の全てを国民国家に帰着することはできない。古典世界の中国への眼差しがそれを如実に物語っている。メディアの描いた中国は、必ずしも国民国家を特徴づける観点から否定的に語られた異質な「他者」のみではなかった。近代社会像の実態とは、一面的なものではないのである。

本書は、中国観の否定的側面ばかりが強調される国民国家論やナショナリズム、オリエンタリズムなどの理論的枠組みに対し疑問を呈することになる。これら理論的枠組みは、完全なる解答（歴史的事実）を導く万能の方程式ではなかったのである。

では、国民国家論やオリエンタリズムのような機械的に答えを導き出す理論的枠組みに代わる答え（中国観の全容を説明できるもの）とは一体何なのであろうか。本書では、メディアの自立的側面をもってその回答としたい。つまり、メディアというものは国家に統制され、従属しているだけの存在ではないということである。

日清戦争に際し、国家主導的側面の強い小学校教育では、中国への否定的言説に対し警鐘が鳴らされていた（第一章参照）。例えば、日清戦争を教授することに対し「清兵の怯弱を説き児童をして驕傲ならしむまじきこと」「敵国に対して誹謗嘲弄の語を用ざる様示諭すべきこと」と注意が促されている*14。その一方で、敵愾心の宣揚・愛国心の養成という建前のもと、児童雑誌や講談、演劇、地方新聞、総合雑誌などでは、メディアで否定的評価を伴った中国が盛んに語られていた。この差異こそが、メディアの自立性を示しているといえる。中国に関する記事の掲載や、中国に関する演目の上演は、メディアの送り手が自発的に選択した結果の表れである。自立したメディアの自己判断の下、「我々」日本人という意識や国民国家を特徴づける観点から、同時代の中国が「他者」として否定的に語られるだけでなく、教育的価値がある（児童雑誌）、あるいは娯楽的に面白い（講談・演劇）という観点から、古典世界の中国が肯定的に評価される場合もあるのである。

この点に関しては、成田龍一氏などが注目している「新しいナショナリズム*15」が示唆的である。畔上直樹氏は成田氏の研究を取り上げ「新しいナショナリズム」で注目すべきこととして「国家主導ですでに〔上から〕構築され社会に浸透していった〔天皇制〕ナショナリズムが、それを「消費」した大正デモクラシー期社会の近代化のなかの変動で、社会領域の側〔マスメディアや新宗教といった社会的担い手〕から「下から」再構築される局面をもっていた*16」と解説する。本研究から一言付け加えるならば、「新しいナショナリズム」＝「下からのナショナリズム」というものは「大正デモクラシー期」より前の明治期からすでに見られていたといえる*17。

さらに言及する点があるとすれば、牧原憲夫氏が『客分と国民のあいだ』で述べているように、一般民衆層は受け身の形だけで「国民」になったのではないという点である*18。本書に即せば、一般民衆層は否定的中国観を多分に含む講談・演劇などの娯楽作品を、金銭を払ってまで見に来ていたし、他国・他国民を意識した時に自覚される「わが国」「われわれ日本人」という集合的な自意識も、児童雑誌の読者投稿文などを通して、読者相互間で自発的に獲得していたことが考えられる。民衆をひたすら国家の論理によって統合され抑圧される対象とみなす「国民国家論の視座」は、歴史を分析する枠組みとしては不十分といわざるを得ない。

最後に、以上の問題点や本書の成果を含め、中国観と戦前日本の中国進出、武力の行使や強権的支配の論理的正当化との関係性について考えたい。

結論から言って、明治期日本の否定的中国観を、戦前日本の対中行動と重ね合わせることは可能である。明治期に生れたものが、大正・昭和期にも受け継がれていくように、明治期の否定的中国観は大正・昭和期にも反映したものと考えられる。例えば、否定的中国観が蔓延していた日清戦争時に幼少期を過ごした少年が、大正・昭和期に親となり、あるいは教師となり、その時の経験を我が子や生徒に教え聴かすこともあったことだろう。ここでも、一般民衆層は受け手としての存在におさまらない。国家・政府の対中行動を下から支持していた側面も看過できないのである*19。

本書から一言付け加えなければならない点は、その否定的中国観とは同時代の中国への否定観を指す、ということである。同時代の中国に対しては、肯定より否定的傾向が強いことは本書で実証的に示した。ここで、同時代と限定したのは、何度も繰り返すように古典世界の中国への肯定観が、中国観の二面性の一方として歴然と存在していたからである。この古典世界の中国への肯定観が、否定観に比べ看過されてきた理由は最早明白である。それは、戦前日本の中国進出との直接的関連性が念頭にあるからである。つまりは、戦前日本の中国進出や、南京事件などの惨禍の歴史的事実を裏付けるものとして、日本における否定的中国観の存在は最も説得的な要因の一つとして解りやすいのである*20。そのため、中国観は結果論として否定的側面ばかりが強調されることになる。もちろん、それが歴史的事実の一端であることは疑いない。

ただし、「否定的な中国観が存在した」と片づけてしまうと、日本の中国観全容を捉える上で誤解が生じてしまう。「同時代の中国に対して否定観が存在した」としなければ、古典世界の中国に対する肯定観の存在を指摘することができなくなる。中国観の二面性は、戦前日本の対中行動を考える上でも、矛盾することのない特徴である。あくまで、昭和期にあっても否定的な眼差しを向けているのは、同時代の中国王朝である中華民国なのであって、古典世界の中国にまで否定観は及んでいない。反対に、古典世界の中国に対し肯定観を有していたからといって、同時代の中国に対する否定観に制限が生じるわけでもない。そこには「今」と「昔」という時間軸によって隔てられた異なる中国に異なる眼差しが向けられているからである。実際に、日中戦争時の日誌などを見ると、同時代の中華民国に対する「不潔」「衰微」などの否定観とともに、戦地で漢詩を読むといった古典世界への造詣の深さもうかがえる*21。中国観の二面性という視点がなければ、古典世界への造詣の深さなどは、例外的なものとして歴史の外に追いやられてしまう。戦前日本の対中行動や南京事件などの行為を前提として中国観の検討を行うと、同時代の中国に対する否定的側面しか浮かび上がってこなくなる可能性も指摘できよう*22。

では、古典世界の中国への肯定観は、昭和期日本においてどのように位置づけられるのか。一見、肯定観という表現から、同時代の中国への否定観の如く、戦前の対中行動と結び付けにくいようにも思われる。

ここで想起すべきは、昭和期における「東亜協同体」論や「大東亜共栄圏」構想の思想理念である。これらの思想や構想においては、日本の指導的・盟主的立場から中国への否定的な評価を根底に読み取れるものがある一方で*23、同文同種などのスローガンに代表される日中ないしはアジアの一体感が、建前にせよその根拠として掲げられていたことに注目しなければならない。竹内好氏は「大東亜戦争の最中に、大東亜共栄圏というシンボルを操作するために岡倉天心の「アジアは一つ」ということばがよく利用された*24」と指摘し、安藤彦太郎氏は「中国と中国人への軽侮の念は急速に拡大したが、緒戦の時期を過ぎると、「東洋平和」「東亜新秩序」などの呼びかけとともに、中国への関心が煽られ、侮蔑感と親近感の奇妙な同居が見られるようになった*25」と回顧している*26。

本書の古典世界の中国への肯定観という実証結果は、中国に対する「親近感」を歴史的に説明することを可能とする。教科書や教育現場、児童雑誌の教育的記事における古典世界の中国偉人や漢籍、あるいは講談や演劇、児童雑誌の娯楽記事における古典世界の中国を題材とした『三国志』や『水滸伝』など、明治期日本の一般民衆層が古典世界の中国に触れる機会は決して少なくなかった。最も重要な点は、それらの多くが、日清戦争を経ても否定的評価を下されることなく、肯定的に扱われていた点である。一貫した古典世界の中国への肯定観こそ、中国への「親近感」という肯定的感情に繋がり得る。そして、そのような素地が一般民衆層にあったからこそ、「同文同種」「アジアは一つ」などのスローガンやそれを伴う思想・構想が、日本社会一般においても違和感なく受け入れられ、支持されたと考えられる。「東亜協同体」論や「大東亜共栄圏」構想が、日本の大陸進出を理論的に正当化するための大義の一つだとすれば*27、古典世界の中国への肯定観もその正当化の根拠の一つとして作用していたことが考えられるのである。

また、古典世界の中国に関する肯定観として、儒学や漢学の教育的価値は改めて強調しておく必要がある。本書においては、人格の涵養に寄与するという側面から、教科書や児童雑誌などで、古典世界の中国偉人の格言や逸話、漢籍などが教材や記事として取り上げられ、肯定的評価を与えられていたことを示した。その教育的価値は、儒学が明治以降において、東京帝国大学の漢文科を頂点として、中等学校の漢文教育を通じて、アカデミズムの裾野を広げていったことから*28、一般民衆層だけでなく、知識人層ないしは国策の指導層においても影響を及ぼしていたことが考えられる。例えば、古川隆久氏はその著書『昭和天皇』で、昭和天皇の政治思想の特色を「儒教の徳治主義を基盤としているだけに道徳主義的な色彩が強い」と指摘する。その思想形成上、重要な意味を持つ東宮御学問所での教育が第一章で詳しく述べられているが、倫理学を担当した杉浦重剛の教育方針が徳治主義であり、『論語』や『尚書』など中国古典の引用も頻繁に行なわれ、アジアで最も普遍性が高い政治思想である儒学がふんだんに取り入れられている」講義があったことも指摘している*29。国策の指導層の思想形成という点では、昭和戦前期〜戦後の官僚や政治家の指南役であった安岡正篤という人物も注目に値する。軍部や官界・財界に多くの支持者を持つ金鶏学院や、新官僚（特に内務官僚）の本山ともいえる国維会の創立者であり、これら組織の関係者に対し多大な影響力を有していたことはいうまでもない。そして、その安岡の思想の根底には儒教思想があったのである＊30。以上のことから、儒教（儒学）は日本人の指導者層の「指導者倫理」としても評価されていたことが考えられ、これも古典世界の中国への肯定観の一端として捉えることができる。日本の指導者倫理ともなる儒教（儒学）、中国古典の教えは否定されるはずもないのである。そして、その古典世界の中国への肯定観が、同時代の「東亜協同体」論や「大東亜共栄圏」の文化理論の一端として共鳴することは先に触れた通りである＊31。

つまり、戦前日本の対中行動の倫理的正当化の根拠として作用していたのは、同時代の中国への否定観のみではないのである。「同時代の中国への否定観」「古典世界の中国への肯定観」という中国観の二面性の複雑な絡み合いこそが、「大東亜共栄圏」構想を象徴とする昭和期日本の対中行動を一般民衆層が下から支持し得た基盤であったといえる。あるいは、中国に対し古典世界と同時代という時間軸によって異なる眼差しを持ち得た日本だからこそ、「大東亜共栄圏」なる構想が生まれたとも言えるのではないだろうか。また、知識人層レベルの問題として「東亜協同体」論が、中国大陸における軍事的進展の理論的正当化の要請に答えるものであったとか、間違った中国認識の是正を求める革新的なものでもあったなどの様々な議論があるが＊32、本書が対象とする一般民衆層レベルから考えるべきは、「アジアは一つ」「同文同種」などのスローガンに共感できるだけの素地を、明治期日本の一般民衆層がすでに備えていたという点である。もちろん、戦前日本の対中行動を考える際には、明治期以降の大正・昭和期の中国観を、本書の検討結果を踏まえて改めて検討する必要があるだろう。この点については、今後の大きな課題である。

明治期日本の中国観とは、ある意味で一方的な評価であったといえる。同時代の中国への否定観を例に取るなら、あらゆるメディアで同時代の中国（清国）が否定的に語られることによって、その否定的側面が幾多の事例から帰納的に引き出されたものとして、中国（人）全体に妥当する普遍的事実であるかのような印象を一般に与えていたに過ぎない。また、相手の姿をどう見るかは、自分の姿の反映でもある。中国観は日本の考える文明観でもあったと考えられる。つまり本書は、明治期日本が中国に向けていた眼差し（中国に与えていた評価）を実証的に明らかにしたものであり、現実の中国・中国人の実態が本当にそうであったのか否かは別問題なのである*33。中国観研究などの「他国・他者理解」研究とは、理解される側を対象としているのではなく、理解する側の主体を問い直す研究といえるのである。それはまさしく、日本史が担う研究分野といえよう。

本書は、現代日本の「他国・他者理解」にどのような示唆を与えることができるのであろうか。今後の日中関係において、日中間の相互理解が重要となることは言をまたない。その日本側の理解の一助となることを本書は目指したつもりである。

明治期における日本人の中国評価は実に様々であった。中国観の二面性という時間軸によって異なる主潮的中国評価の存在だけでなく、同時代の中国への肯定観や古典世界の中国への否定観などの評価も確認することができた。この実証結果から得られる現在への視座を簡潔に述べれば、様々な評価が存在する中で、その時代の状況に即して正確な判断を下すことは難しいということである。グローバル化の進む現代に視点を戻しても、中国の実態を正確に捉えることは難しい。そもそも、日本人が自国のことを全て知っているのかといえばそれは否である。とすれば、国家体系も考え方も異なる他国のことを完全に理解できないのは当然のことである。重要なのは、「完全に理解できるものではない」という認識を持つことであろう。そのような認識を持てば、何らかのデータ的裏付けを伴った学術的・政治的評価は別として、ネットに氾濫しているような安易な蔑視・侮蔑などは控えようとする意識が働くはずである。また、日中間の問題が勃発するごとに、その全てを敵愾心や蔑視感に集約するような安易な行動も少なくなるだろう。

歴史は、現在と未来を映す鏡である。明治期日本の一般的な中国観の様相をもって、何を教訓とするのかは現在の我々の手に委ねられている。一〇〇年後の日本の中国観研究はどのような結論を導き出しているのであろうか。

註

1　児童雑誌も、小説やお伽噺が見えるように娯楽的要素を有しているが、建前としては教育的側面が強調されていた（詳しくは第二章参照)。

2 馬場公彦『戦後日本人の中国像—日本敗戦から文化大革命・日中復交まで』(新曜社、二〇一〇年)二一頁、野村浩一『近代日本の中国認識—アジアへの航跡—』(研文出版、一九八一年)一一三頁。

3 小島晋治『近代日中関係史断章』(岩波書店、二〇〇八年)二三四〜二三九頁。

4 安藤彦太郎『日本人の中国観』(勁草書房、一九七一年)でも「日清戦争は、またそれまで日本人のなかにあった中国の伝統文化への尊敬の念と、現実の中国への蔑視とに日本人の中国観を分裂させる決定的な契機ともなった(四九頁)」と指摘されている。しかし、安藤の指摘は「中国の古典文化への尊崇は、漢文教育ともあいまって、のちにまでひきつがれた。とくに知識人には古典文化への尊敬の念がつよく、現実の中国にたいする関心にも、古典への尊敬愛着をかさねる傾向があった(同頁)」「漢学および東洋学は、現実の中国の研究ではなく、古典の部をうけもつものとなったのである(八九頁)」という叙述からもわかるように、知識人の中国観を指している。一般民衆層の古典世界の中国への肯定観とは、教育的側面からの「尊敬」「尊崇」だけでなく、本書における講談や演劇の検討で明らかにしたように、娯楽作品としての「面白さ」などの評価も含まれる。一般民衆層の中国観の内実にまで言及した点に本書の意義がある。

5 前掲『明治国家と日清戦争』九二頁。

6 前掲『近代中国と日本』二五一頁。

7 その他、日比野丈夫「幕末日本における中国観の変化」(『大手前女子大学論集』二〇、一九八六年)の「熱烈であった中国に対する憧れが、明治になると突如として中国軽侮から、さらに進んで中国侵略に変った(一七頁)」、王暁秋著・小島晋治監訳『アヘン戦争から辛亥革命—日本人の中国観と中国人の日本観—』(東方書店、一九九一年)の「甲午戦争中、清朝の統治者たちの腐敗と軟弱さが余すところなく露呈してしまったため、日本国民の中国に対する見方は、次第にこれまでの敬意をこめた重視から軽視へと変わっていった(一三四頁)」、前掲『戦後日本人の中国像』の「日清戦争前後に醸成された中国に対するそれまでの敬意から蔑視への転換(二〇頁)」、原剛「日露戦争の影響—戦争の矮小化と中国人蔑視感—」(軍事史学会編『二〇世紀の戦争』錦正社、二〇〇一年所収)一四頁なども同様。日清戦争に限らず、並木頼寿『日本人のアジア認識』(山川出版社、二〇〇八年)の「(中国旅行記などの)実地の印象をつうじて、それまでの日本人が多かれ少なかれいだいていた「孔孟の国」への畏敬と憧れはしだいに雲散霧消してしまい、中国社会の衰退、さらには崩壊と滅亡の予測が記述されることとなった(三二頁)」なども見解を異にする。吉野作造『対支問題』(『吉野作造選集七』岩波書店、一九九五年所収〔原典は日本評論社、一九三〇年〕)の「日清戦争前後の支那観」では「維新後我々は最早文物制度の先生として支那を尊敬することはやめて仕舞ったのである(一八七頁)」と述べられているが、教科書や児童雑誌に見られる中国偉人の存在などから、明治期においても尊敬に値する一定の教育的価値は残存していたといえる。
8 成田龍一『近現代日本史と歴史学―書き替えられてきた過去―』（中央公論新社、二〇一二年）三～一六頁。
9 『史学雑誌』の「回顧と展望」号（史学会編、第一一八編第五号・第一一九編第五号・第一二〇編第五号・第一二一編第五号、二〇〇八年～二〇一一年）の「外交」を参照。
10 杉田英明「『オリエンタリズム』と私たち」（エドワード・W・サイード『オリエンタリズム』平凡社、一九九三年収録）三六四～三六七頁。
11 ここで西洋の中国観を詳しく語る準備はないが、大野英二郎『停滞の帝国―近代西洋における中国像の変遷』（国書刊行会、二〇一一年）などの西洋の中国観を扱った研究でも焦点となっているのは同時代の中国への眼差しである。
12 B. アンダーソン著、白石隆・白石さや訳『想像の共同体―ナショナリズムの起源と流行―』（リブロポート、一九八七年）参照。
13 佐谷眞木人『日清戦争―「国民」の誕生』（講談社、二〇〇九年）七～一三頁、牧原憲夫『客分と国民のあいだ―近代民衆の政治意識』（吉川弘文館、一九九八年）一四三、一五六頁。「国民」としての「共同性」や、ナショナリズムとの関係については、成田龍一『近代都市空間の文化経験』（岩波書店、二〇〇三年）、三谷博『明治維新とナショナリズム―幕末の外交と政治変動―』（山川出版社、一九九七年）など参照。
14 『千葉教育雑誌』一八九五年二月一八日号、『長崎県教育雑誌』一八九五年三月二五日号「日清事件を小学生徒に講話せるに付注意すべき要條」。
15 山野晴雄・成田龍一「民衆文化とナショナリズム」（歴史学研究会・日本史研究会編集『講座日本歴史九 近代三』東京大学出版会、一九八五年所収）。
16 畔上直樹『「村の鎮守」と戦前日本―「国家神道」の地域社会史』（有志舎、二〇〇九年）二四頁。
17 同様に「新しいナショナリズム」が都市から農村、地方部へと波及しながら満州事変後、人々の排外主義の基盤ともなるというが、この点も明治期の否定的中国観が昭和期の中国観に受け継がれていくように、明治の段階からその基盤は形成されていたといえる。日清戦争時のナショナリズムの高揚が全国規模であったことは「講談」「地方新聞」の検討からも明らかである。
18 前掲『客分と国民のあいだ』二二九～二三〇頁。「民衆はたんに「される」存在ではない（二四二頁）」。
19 例えば、山根幸夫「日本人の中国観」（前掲『近代中国と日本』所収）では、当時の日本社会においては、「中国の真実の姿を誤解し、中国人の主体性を認めようとしない」内藤湖南のような中国観が、受け入れられやすい基盤をもっていたと指摘し、その結果、日本人は中国への侮蔑感を強め「中国に対する侵略政策をさまざまな形で正当化し、遂には日中戦争にまで発展するに至った」と述べる（二五九頁）。その基盤とは、まさに明治期に浸透した同時代の中国に対する否定観であったといえる。

20 この傾向は、西洋においても同様であったようである。前掲『停滞の帝国』でも「一般に普及した中国像がヨーロッパの帝国主義的行動を合理化する。中国に対する容赦ない軍事的介入、経済的進出などの政策が、なんの懐疑も反対も生まなかったのは、中国が劣等、後進であるという広汎な了解があったからであろう。（五八九頁）」と指摘されている。

21 古川隆久・鈴木淳・劉傑編『第百一師団長日誌―伊東政喜中将の日中戦争』（中央公論新社、二〇〇七年）二五〇、三一九頁、三〇八、三一〇頁。

22 本書では、同時代の中国への否定的傾向が強く、古典世界の中国に対しては肯定的傾向が強いという中国観の傾向は示したが、同時代の中国への肯定観、古典世界の中国への否定観を無視することはしなかった。講談、演劇などで、同時代の肯定観・古典世界の否定観が表れなかったのは、それらの傾向が一般的でなかった（客受けするものではなかった）ことを意味していると考えられる。

23 様々な立場から論じられていたことは留意する必要がある。松本氏は、三木清や尾崎秀実の東亜協同体論は、中国に対する蔑視観を改めることが重要とされていると指摘する。また、その批判の対象として鹿子木員信の論説を取り上げ「相手を軽蔑する方法」が生み出した中国認識の最たるものと指摘する（松本三之介『近代日本の中国認識』以文社、二〇一一年、三〇一～三〇四頁）。

24 竹内好『日本とアジア』（筑摩書房、一九九三年）一〇一頁。また、竹内は津田左右吉の『支那思想と日本』の執筆動機を「当時、まちがった認識に基づく性急なアジア一体観が横行し、それが日本の国策をまちがった方向へ引きずるのを見るに忍びず、学問的に抗議したい気持ちで書かれたと推察される（一〇二～一〇三頁）」とも述べている。「アジア一体感」が一般レベルでは支持されていた状況を読み取れる。

25 安藤彦太郎『中国語と近代日本』（岩波書店、一九八八年）一二一頁。

26 その他、前掲『近代日本の中国認識』第五章「「東亜協同体」論をめぐって」を参照。

27 同右『近代日本の中国認識』二八四頁。

28 前掲『中国語と近代日本』五三頁。

29 古川隆久『昭和天皇』（中央公論新社、二〇一一年）八、一五、三八八頁。

30 川井良浩『安岡正篤の研究―民本主義の形成とその展開―』（明窓出版、二〇〇六年）、古川隆久『あるエリート官僚の昭和秘史―『武部六蔵日記』を読む―』（芙蓉書房出版、二〇〇六年）一七～一九頁、伊藤隆「「挙国一致」内閣期の政界再編成問題―昭和１３年近衛新党問題研究のために―」（『社会科学研究』東京大学社会科学研究所紀要、第二四巻第一号、一九七二年八月）「二

「新官僚グループ　イ、国維会」など参照。陽明学者でもある安岡本人の著書、『王陽明研究』（新版、明徳出版社、一九八一年）、『儒教と老荘』（明徳出版社、一九九八年）などの存在からも明らかである。前者の『王陽明研究』は、大正期に初版（玄黄社、一九二二年）が出て、日中戦争中にも再版（玄黄社、一九四〇年）されている。安岡の影響力の強さの一端を示す事例である。

31　和辻哲郎は『風土』（『和辻哲郎全集』第八巻、岩波書店、一九六二年所収、一九二九年初稿、一九四三年改稿）の「シナ」において「シナは復活しなくてはならぬ。漢や唐におけるごとき文化の偉大さを回復しなくてはならぬ。世界の文化の新しい進展〔大東亜共栄圏〕にとってはシナの文化復興は必要である（一三四頁）」と述べる。「漢や唐におけるごとき文化の偉大さ」を古典世界の中国への肯定観とも捉えることができよう。松沢は「同時代の東亜協同体論や大東亜共栄圏の文化理論にも共鳴するものだった（一七四頁）」と指摘している（松沢弘陽『近代日本の形成と西洋経験』岩波書店、一九九三年）。

32　子安宣邦「昭和日本と「東亜」の概念」（同『「アジア」はどう語られてきたか—近代日本のオリエンタリズム—』藤原書店、二〇〇三年所収）や、前掲『近代日本の中国認識』など。

33　評価と実体のズレに関する研究や、他者認識と自己認識の関係性の研究なども「他国・他者理解」において重要な視点であり、この点も今後の課題となる。山口守「他者としての中国—まなざしの擬制を超えて—」（『中央評論』二二二号、一九九七年一二月）などが示唆的である。

表1　修身教科書に見られる中国関係教材

出版年	教科書（著者／出版社）	教材に見られる古典世界の中国偉人
明治4年	『泰西勧善訓蒙』（箕作麟祥／愛知県学校蔵版）	肯定的中国関係教材なし
明治5年	『童蒙をしへ草』（福沢諭吉／尚古堂）	肯定的中国関係教材なし
明治6年	『勧孝邇言』（上羽勝衛／大観堂蔵版）	【中国偉人】江革、朱壽昌
明治7年	『修身論』（阿部泰蔵／文部省蔵版）	肯定的中国関係教材なし
明治9年	『訓蒙勧懲雑話』（和田順吉／出雲寺）	肯定的中国関係教材なし
明治12年　教学聖旨（洋風尊重の批判、儒教主義教育の復興）		
明治13年	『修身児訓』（亀谷行／東京光国社）	【中国偉人】孔子、楊子雲、程子、子貢、荀子、光武、顔之推、程伊川、管子、韓退之、陸桴亭、薛文清、魏環渓、程漢舒、馬援、陶淵明、朱子、倪文節、許平仲、孟子、曾子、陳幾亭、胡文定、司馬温公、陸宣公、劉宗周、楊慈湖など 【漢籍】朱子童蒙須知、礼記、左伝、呂氏童蒙訓、韓詩外伝、楽記、遵生八牋、畜徳録、孔子家語、淮南子、事林広記、劉氏人譜、中庸、西疇常言など
明治14年	『小学修身訓』（西村茂樹／文部省）	【中国偉人】程子、孟子、魯敬姜、王陽明、朱子、陶侃、楊震、范純仁、宋若昭、老子、韓非子、曾子、范質、范仲、晏子、漢ノ匡衡、漢ノ王吉など 【漢籍】中庸、礼記、論語、孟子、顔氏家訓、韓詩外伝、大學、曹大家女誡、詩経、左伝、漢書、呂氏童蒙訓、孝経、司馬温公居家雑儀など

明治14年	『小学修身書』（木戸麟／金港堂）	【中国偉人】孔子、有子、朱子、子夏、張子房、程子、顔回、孟子、晏平仲、司馬温公など 【漢籍】四書五経、論語など
明治16年	『小学修身書』初等科之部（文部省）	【中国偉人】孔子、孟子、司馬温公、朱仁軌など 【漢籍】孝経、詩経、孟子、論語、礼記、中庸、小學、大學、書経、左伝など
明治17年	『小学修身書』中等科之部（文部省）	肯定的中国関係教材なし
明治19年	『普通小学修身談』（円所啓行等／集英堂）	【中国偉人】路温舒、孟母、車胤、欧陽修、王祥、司馬光、呂蒙正、范純仁、魏昭、祖瑩、晏平仲、呂元膺、鐘離瑾、張堪、楊震など
明治23年「教育勅語」　明治24年「小学校修身教科書検定標準」（修身教材の例話はなるべく日本人）		
明治25年	『末松氏小学修身訓』（末松謙澄／精華舎）	肯定的中国関係教材なし
明治25年	『末松氏高等小学修身訓』（末松謙澄／精華舎）	肯定的中国関係教材なし
明治25年	『尋常小学修身書』（東久世通禧／国光社）	肯定的中国関係教材なし
明治25年	『高等小学修身書』（東久世通禧／国光社）	【中国偉人】※孔子、孟子（山崎闇斎の教材で名前だけ見える）
明治33年	『新編修身教典』尋常小学校用（普及舎）	肯定的中国関係教材なし

明治33年	『新編修身教典』高等小学校用（普及舎）	肯定的中国関係教材なし
明治36年	『尋常小学修身書』（文部省）	肯定的中国関係教材なし
明治36年	『高等小学修身書』（文部省）	【中国偉人】藺相如
明治43年	『尋常小学修身書』（文部省）	肯定的中国関係教材なし

※海後宗臣編『日本教科書大系』近代編に所収された教科書を対象とした。

表2　国語教科書に見られる中国関係教材

出版年	教科書（著者／出版社）	教材に見られる古典世界の中国偉人	その他の中国関係教材
明治7年	『小学読本』（田中義廉／文部省）	肯定的中国関係教材なし	
明治7年	『小学読本』（榊原芳野／文部省）	【中国偉人】韓伯瑜、閔損、孟母、恭宗の妻、王祥・王覧、李謐、楊震、司城子罕、陳寔、韓愈、廉頗・藺相如、孫敬・蘇秦、司馬光など	
明治15年	『小学中等読本』（木澤成粛）	【中国偉人】楊震、閔損、王祥・王覧、司馬光、陳寔、孟母、韓信、張良、廉頗など、その他60人以上の中国偉人が見える。【その他】支那歴代の大略	
明治16年	『小学読本』	【中国偉人】孔融、欧陽修、司馬光、富弼、劉寛	

	（原亮策／金港堂）	孫敬、晏子、孔子、子路、郭行子、楊震、狄仁傑など	
明治17年	『小学読本』（若林虎三郎）	【中国偉人】司馬温公、魏昭、孟子、孟母、車胤	
明治17年	『小学中等新撰読本』（平井義直）	【中国偉人】司馬光、孟子、諸葛亮、孔子、張良韓信、閔損など、その他40人以上の中国偉人が見える。 【漢籍】十八史略、日記故事、蒙求、入蜀記、劉氏人譜、世説、畜徳録、宋名臣言行録、晏子春秋など	
明治18年	『小学中等科読本』（内田嘉一／金港堂）	【中国偉人】呂蒙、孟子、孟母、荘子、韓信、豫譲、華佗、李陵など	「秀吉朝鮮を伐つ（朝鮮出兵）」「本朝沿革の大略（元寇）」「支那歴代の大略」
明治20年	『尋常小学読本』（文部省）	【中国偉人】車胤、孫康	「塞翁が馬」
明治21年	『高等小学読本』（文部省）	【中国偉人】孔子、鄭成功 【その他】遣唐使	「留学生」「北京（地理）」「蒙古来寇」
明治20年	『日本読本』（新保磐次／金港堂）	肯定的中国関係教材なし	「太閤（朝鮮出兵）」「日本国の昔話」
明治25年	『帝国読本』（学海指針社／集英堂）	【中国偉人】孔子（「第一五課 支那歴史」中での記述）	「豊臣秀吉（朝鮮出兵）」「加藤清正（同左）」「支那（地理）」「弘安の役（元寇）」「朝鮮征伐」
明治26年	『高等科用帝国読本』	肯定的中国関係教材なし	「御国の光（元寇、朝鮮出兵）」、「織豊

	（学海指針社／集英堂）		二氏（朝鮮出兵）」、「条約国（遣唐使）」
明治27年	『尋常小学読書教本』（今泉定介等／普及舎）	肯定的中国関係教材なし	「加藤清正」「豊臣秀吉」「征清軍歌」「成歓の役の喇叭卒」「玄武門の先登者」「支那と朝鮮」「元寇」「志摩海軍大尉の手紙」「黄海の戦」
明治33年	『尋常国語読本』（金港堂）	肯定的中国関係教材なし	「黄海の戦」「北条時宗（元寇）」「義勇（日清戦争）」「兵士のかがみ」「豊臣秀吉公」「朝鮮と支那」「日清の戦」
明治33年	『高等国語読本』（金港堂）	【中国偉人】孔子、閔損	「義勇兵（日清戦争）」
明治33年	『国語読本』尋常小学校用（坪内雄蔵／富山房）	肯定的中国関係教材なし	「豊臣秀吉」「隣国（朝鮮出兵、元寇、日清戦争）」「征清軍」
明治33年	『国語読本』高等小学校用（坪内雄蔵／富山房）	【中国偉人】　孟母、張良	「各国の軍備」
明治36年	『尋常小学読本』（文部省）	肯定的中国関係教材なし	「黄海ノ戦」「元寇」「豊臣秀吉」「明治二十七八年戦役」
明治36年	『高等小学読本』（文部省）	肯定的中国関係教材なし	「明治三十三年清国事変」
明治43年	『尋常小学読本』（文部省）	【中国偉人】張良、韓信、諸葛孔明、孔子、孟子	「豊臣秀吉」「南満州鉄道」

※海後宗臣編『日本教科書大系』近代編に所収された教科書を対象とした。

表3　地理教科書に見られる中国関係教材

出版年	教科書（著者／出版社）	中国関係教材一例（内容等）
明治2年	『世界国尽』（福沢諭吉）	巻一の「アジア州」（昔の中国については肯定的、同時代の中国に対しては否定的）
明治3年	『輿地誌略』（内田正雄）	巻二「支那」（不潔描写、下劣な民情・人情など）
明治8年	『万国地誌略』（文部省）	第一編「アジア」（地域の大観をして地誌を述べているだけ）
明治13年	『小学地誌』（南摩綱紀／文部省）	巻三「亜細亜州」（同上、北京について「道路汚穢なり」）
明治26年	『万国地理初歩』（学海指針社）	巻之上「支那帝国」（中国人は気風尊大だが、典礼を重んじ倹約である、アジアの一大帝国）
明治31年	『修正新定地誌』（文学社）	巻三・四は外国地理であるが『日本教科書大系』には所収されていない
明治33年	『小学地理』（普及舎）	巻三「支那」（「道路悪しく、市街不潔なり」）、巻四「東洋」（風俗と軍備について否定的記述あり）
明治36年	『小学地理』（文部省）	巻三は外国地理であるが『日本教科書大系』には所収されていない
明治43年	『尋常小学地理』（文部省）	巻二「関東州附満州」「世界二」（簡略な中国地理）

※海後宗臣編『日本教科書大系』近代編に所収された教科書を対象とした。
※日本の地理教材のみの教科書は対象外（明治8年『日本地誌略』、明治20年『日本地理小誌』など）。
※地理は明治40年から尋常科でも教授されるようになる。

表4　歴史教科書に見られる中国関係教材

出版年	教科書（著者／出版社）	中国関係教材一例
明治5年	『史略』（文部省）	本書（全四冊）の二冊目は「支那の歴史」
明治7年	『万国史略』（文部省）	巻一に中国の歴史（歴代王朝の興亡）
明治8年	『日本史略』（文部省）	元寇、朝鮮出兵について
明治9年	『万国史略』（田中義廉／文部省）	中国歴史は省略されている
明治12年	『小学日本史略』（伊地知貞馨）	元寇、朝鮮出兵、台湾出兵について
明治14年	『新編日本略史』（笠間益三）	元寇、朝鮮出兵、台湾出兵について
明治16年	『国史紀事本末』（椿時中）	元寇、朝鮮出兵について
明治15年（20年）	『校正日本小史』（大槻文彦）	元寇、朝鮮出兵、台湾出兵、琉球処分について
明治20年	『小学校用歴史』（辻敬之等）	元寇について
明治21年	『小学校用日本歴史』（山縣悌三郎／学海指針社）	遣唐使、元寇、朝鮮出兵、台湾出兵について
明治25年	『帝国小史』（山縣悌三郎／文学社）	「北条時宗（元寇）」「豊臣秀吉（朝鮮出兵）」「歴世沿革の大要（台湾出兵）」
明治26年	『小学校用日本歴史』（金港堂）	「元寇」「豊臣秀吉」

明治31年	『新撰帝国史談』（学海指針社）	「蒙古の冠」「朝鮮征伐」「朝鮮談判」「二十七八年の役」
明治33年	『小学国史』（普及舎）	「北条時宗」「朝鮮征伐」「台湾征伐」「明治二十七八年の役」
明治36年	『小学日本歴史』（文部省）	「元寇」「豊臣秀吉」「大政奉還と明治維新（台湾征伐）」「明治二十七八年戦役」
明治42年	『尋常小学日本歴史』（文部省）	「元寇」「豊臣秀吉」「台湾征伐と西南の役」「明治二十七八年戦役と条約改正」「明治三十七八年戦役」

※海後宗臣編『日本教科書大系』近代編に所収された教科書を対象とした。
※歴史は明治40年から尋常科でも教授されるようになる。

表５　各児童雑誌における中国関係記事数

			少年園	小国民	少国民	日本之少年	幼年雑誌	少年世界	合計数
日清戦争前	1889年	古	3【2】	1【0】		30【8】			古:294【162】同:74【21】
		同	1【2】	0【0】		9【1】			
	1890年	古	14【1】	8【1】		31【16】			
		同	2【1】	0【0】		7【5】			
	1891年	古	2【6】	10【4】		40【16】	11【9】		
		同	3【1】	0【1】		5【1】	0【0】		
	1892年	古	5【3】	10【0】		24【8】	10【23】		
		同	3【1】	0【0】		5【3】	3【0】		
	1893年	古	3【4】	14【5】		29【11】	16【11】		
		同	2【0】	6【1】		6【2】	6【0】		
	1894年（～7月）	古	3【2】	14【7】		8【16】	8【9】		
		同	5【1】	5【0】		6【1】	0【0】		
日清戦争中	1894年（8月～）	古	2【2】	0【1】		3【3】	3【5】		古:9【12】同:171【109】
		同	17【12】	28【14】		17【7】	38【28】		
	1895年（～4月）	古	1【0】	0【0】				0【1】	
		同	13【3】	25【17】				33【28】	
日清戦争後	1895年（5月～）	古		1【2】	1【1】			3【9】	古:42【55】同:81【129】
		同		11【17】	1【3】			21【21】	
	1896年	古			5【12】			12【5】	
		同			8【41】			8【12】	
	1897年	古			6【19】			5【1】	
		同			4【14】			7【9】	
	1898年	古			6【4】			3【2】	
		同			17【11】			4【1】	
合計数			79【41】	133【70】	48【105】	220【98】	95【85】	96【89】	671【488】

※「古」は「古典世界」、「同」は「同時代」。
※表内数値は「本文記事数【読者投稿文数】」。
※『少年園』の創刊は1888年11月であるが、中国関係記事が見えないため1889年以降とした。
※1つの記事に「同時代」と「古典世界」への評価が同時に見られた場合は、両者に加算した。

参考文献

一、教科書（教科・発行年度順）

『泰西勧善訓蒙』（箕作麟祥〔原著仏国学士ボンヌ〕、愛知県学校蔵版、一八七一年）
『修身論』（阿部泰蔵、文部省、一八七四年）
『勧孝邇言』（上羽勝衛、大観堂蔵版、一八七三年）
『修身児訓』（亀谷行、光風社、一八八〇年）
『小学脩身訓』（文部省〔西村茂樹選録〕、一八八一年）
『小学修身書』（文部省編輯局、一八八三年）
『末松氏小学修身訓』（末松謙澄、精華舎、一八九二年）
『尋常小学修身書』（東久世通禧、国光社、一八九二年）
『高等小学修身書』（文部省、一九〇三年）
『小学中等読本』（木澤成粛、一八八二年）
『小学読本』（原亮策、金港堂、一八八三年）
『小学読本』（若林虎三郎、一八八四年、嶋崎礒之烝）
『小学中等新撰読本』（平井義直等、一八八四年）
『日本読本』（新保磐次、金港堂、一八八七年）
『尋常小学読本』『高等小学読本』（文部省、一八八七〜一八八八年）
『帝国読本』（学海指針社、集英堂、一八九二年）
『尋常小学読書教本』（今泉定介・須永和三郎、普及舎、一八九四年）
『高等国語読本』（金港堂、一九〇〇年）
『国語読本（高等小学校用）』（坪内雄蔵、富山房、一九〇〇年）
『尋常小学読本』（文部省、一九〇三年）
『尋常小学読本』（文部省、一九一〇年）
『世界国尽』（福沢諭吉、慶応義塾、一八六九年）
『輿地誌略』（内田正雄、大学南校、一八七〇〜一八七七）
『小学地誌』（南摩綱紀、文部省、一八八〇年）
『萬国地理初歩』（学海指針社、一八九三年）
『小学地理』（普及舎、一九〇〇年）
『尋常小学地理』（文部省、一九一〇年）
『日本畧史』（師範学校、文部省、一八七五年）
『小学校用日本歴史』（金港堂、一八九三年）
『小学日本歴史』（文部省、一九〇三年）
『尋常小学日本歴史』（文部省、一九〇九年）
※右の教科書以外にも、海後宗臣編『日本教科書大系近代編』（講談社、一九六二〜六五年）所収の明治期における各教科教科書は全て参照した。

二、雑誌

①児童雑誌

『少年園』（山縣悌三郎、一八八八年〜一八九五年）（復刻版、不二出版、一九八八年）
『小国民』（学齢館、一八八九年〜一八九五年）（復刻版、不二

出版、一九九八年）

『少国民』（学齢館・北隆館、一八九五年〜一九〇四年）（復刻版〔一号〜三号〕、不二出版、一九九九年）

『日本之少年』（博文館、一八八九年〜一八九四年）（復刻版、柏書房、二〇一〇年）

『幼年雑誌』（博文館、一八九一年〜一八九四年）（復刻版、柏書房、二〇一一年）

『少年世界』（博文館、一八九五年〜一九〇三年）（復刻版、名著普及会、一九九一年）

『少年世界』（博文館、一九〇四年〜）

『少女世界』（博文館、一九〇六年〜）

『少年界』（金港堂、一九〇二年〜）

『少女界』（金港堂、一九〇二年〜）

②教育雑誌

『大日本教育会雑誌』（大日本教育会事務所等、一八八三年〜）（復刻版、宣文堂書店出版部、一九七四年）

『教育時論』（開発社、一八八五年〜）（復刻版、雄松堂書店、一九八〇〜一九九六年）

『教育報知』（教育報知社・東京教育社、一八八五年〜一九〇四年）（復刻版、ゆまに書房、一九八六年）

『教育学術界』（同文館、一八八九年〜）

『教育広報』（帝国教育会事務所等、一八九六年〜一九〇七年）（復刻版、大空社、一九八四年）

『教育実験界』（育成会、一八九八年〜）

『教育界』（金港堂、一九〇一年〜）

『教育研究』（大日本図書、一九〇四年〜）

『帝国教育』（帝国教育会等、一九〇九年〜）（復刻版、雄松堂出版、一九八八年〜一九九三年）

『信濃教育』（信濃教育会、一八八六年〜）

『長崎県教育雑誌』（長崎教育会等、不詳〔少なくとも一八八九年以降〕〜）

『千葉教育雑誌』（千葉教育会等、一八九二年〜）

『京都府教育雑誌』（点林堂等、一八九二年〜一九〇二年）

『宮城県教育雑誌』（宮城県教育会等、一八九四年〜一九〇四年）

※右の教育雑誌以外にも、『教育関係雑誌目次集成』（教育ジャーナリズム史研究会編、日本図書センター、一九八七年）所収のものは全て参照した。

③その他雑誌

『太陽』（博文館、一八九五年〜）（CD―ROM版、日本近代文学館、一九九九年　※WEB版もあり）

『文庫』（少年園、一八九五〜一九〇九年）（復刻版　第一一巻〜一四巻　不二出版、二〇〇五〜〇六年）

『児童研究』（教育研究所〔後、日本児童研究会、日本児童学会〕、一八九八年〜）（復刻版、第一書房、一九七九〜一九八七年）

『歌舞伎新報』（歌舞伎新報社、一八七九年〜一八九七年）

『歌舞伎』（歌舞伎発行所、一九〇〇年〜）（復刻版、雄松堂出版、二〇一〇年）

『文芸倶楽部』（博文館、一八九五年〜）

『六二連俳優評判記下』〈歌舞伎資料選書九〉（日本芸術文化振興会、二〇〇五年）

三、講談速記本、演劇脚本・歌舞伎選集等（編著者五〇音順）

①講談速記本

旭堂小南陵講演、山田都一郎速記『日露実戦記』（柏原奎文堂、第一編、一九〇四年三月）

松林伯円講演、今村次郎速記『通俗支那征伐』（文事堂、一八九四年一一月）

松林伯知講演（久森得太郎）『太閤栄華物語』（大学館、春の巻、一九〇六年九月）

松林伯龍講演（松林伯知閲）『蒙古軍記』（大学館、前編・後編、一九〇七年一月）

森林黒猿講演『北清事変日本の旗風』（田村書店、第一冊第一編　太沽の巻、一九〇二年七月、第三冊第三編　北京の巻、一九〇二年九月）

美当一調講演、柿沼柳作速記『日清戦争談』（原田胡一郎発行、第一〇編、一九〇一年一二月、第一六編、一九〇三年五月）

美当一調講演、市川半次郎速記『日清戦争余談』（市川半次郎発行、第一編、一八九九年七月）

美当一調講演、柿沼柳作速記『北清事変実況談』（集英堂、第一編　連合軍の発端、一九〇三年五月、第二編　シーモア連合軍の退却、一九〇三年八月）

美当一調講演、柿沼柳作速記『日露戦争談（新講談音曲入）』全十編（此村欽英堂、第一編、一九〇五年八月、第二編、一九〇六年六月、第三編、一九〇六年一〇月、第九編、一九一〇年九月）

美当一芳講演、長沼翠園速記『北清事件』（長沼豊紀発行、第一編、一九〇三年九月）

桃川燕林講演、今村次郎速記『絵本通俗水滸伝』（三新堂、巻一、一八九七年一月、巻八、一八九八年一月）

桃川燕林講演、今村次郎速記『三国志』（文事堂、巻一、一八九八年一月）

桃川燕林講演、高畠政之助速記『西遊記』（文事堂、巻之一、一八九八年三月）

②演劇脚本・歌舞伎選集等

勝諺蔵『花茨胡蝶廼彩色』〈演劇脚本〉（中西貞行〔発行者〕、一八九六年）

河竹黙阿弥『水滸伝雪挑・吉備大臣支那譚』〈演劇脚本上巻〉（歌舞伎新報社、一八八九年）

竹柴諺蔵『角の劇場狂言筋書』（小野豊治郎発行人、一八八八年）

竹柴諺蔵『科戸風元寇軍記』〈演劇脚本〉（著者兼発行人、一八九〇年）

近松半二原作:岡野美春補綴、奈川支于助原作:岡野美春補綴、佐川藤太・吉田新吾原著:岡野美春　補綴『奥州安達原・殿下茶屋髷報春住吉・五天竺・釈迦一代記　上の巻』（発行者植木嘉七、一八九四年六月）

疋田庄次郎『浄瑠璃二百段集』（井上一書堂、一九〇五年）

渥美清太郎編『日本戯曲全集』第三三巻（春陽堂、一九二九年）
河竹黙阿弥『黙阿弥全集』第二十巻（春陽堂、一九二六年）
竹中清助編『丸本浄瑠璃名作集』（加島屋竹中書店、一九〇五年）
戸板康二等監修『名作歌舞伎全集』第一巻近松門左衛門集（東京創元新社、一九六九年）
戸板康二等監修『名作歌舞伎全集』第四巻丸本時代物集（東京創元新社、一九六九年）

四、新聞

『朝日新聞（大阪）』（朝日新聞大阪本社、一八七九年〜）
『都新聞』（都新聞社、一八八九年〜）（復刻版、中日新聞社監修、柏書房、一九九四年）
『北海道毎日新聞』（北海道毎日新聞社、一八八七〜一九〇一年）
『奥羽日日新聞』（奥羽日日新聞社、一八八三年〜一九〇二年）
『中国（中国新聞広島日刊）』（中国新聞社、一八九二年〜一九〇八年）
『福岡日日新聞』（福岡日日新聞社、一八八〇年〜）
『九州日日新聞』（九州日日新聞社、一八八八年〜）

五、日記・回想録（編著者五〇音順）

伊賀駒吉郎『回顧と七十有五年』（樟蔭女子専門学校出版部、一九四三年）
生方敏郎『明治大正見聞史』（中央公論社、一九七八年）
大杉栄『自叙伝・日本脱出記』（岩波書店、一九七一年）
大西伍一『明治44年大正元年生意気少年日記』（農山漁村文化協会、一九八七年）
木村毅『私の文学回顧録』（青蛙房、一九七九年）
木村小舟編『小波先生：還暦記念』（出版者木村定次郎、一九三〇年）
木村小舟『明治少年文学史』（復刻版、大空社、一九九五年、原典は『少年文学史』明治篇、童話春秋社、一九四二年〜四三年）
杉原四郎・一海知義『河上肇自叙伝（一）』（岩波書店、一九九六年）
谷崎潤一郎『幼少時代』（岩波書店、一九九八年）
恒藤恭著・山崎時彦編『若き日の恒藤恭』（世界思想社、一九七二年）
中勘助『銀の匙』（岩波書店、一九三五年）
長谷川如是閑『ある心の自叙伝』（筑摩書房、一九六八年）
森銑三『森銑三著作集』続編第一四巻（中央公論社、一九九四年）

六、右以外の刊行史料（編著者五〇音順）

安倍磯雄編『帝国議会教育議事総覧』（厚生閣、一九三二年）
井口和起・木坂順一郎・下里正樹編『南京事件京都師団関係資

料集』（青木書店、一九八九年）
伊原敏郎『歌舞伎年表』（岩波書店、一九五六～六三年）
片山清一編著『資料・教育勅語―渙発時および関連諸資料―』（高陵社、一九七四年）
神田修編『史料教育法』（学陽書房、一九七三年）
倉田喜弘編『明治の演芸』（演芸資料選書・一〈一〉～〈八〉（国立劇場調査養成部芸能調査室、一九八〇～一九八七年）
国立劇場近代歌舞伎年表編纂室『近代歌舞伎年表』大阪編、京都編、名古屋編（一九八六年～）
芝原拓自他校中『対外観』日本近代思想大系一二（岩波書店、一九八八年）
東洋文庫近代中国研究委員会『明治以降日本人の中国旅行記（解題）』（東洋文庫、一九八〇年）
宮崎滔天『宮崎滔天 アジア革命奇譚集（明治国姓爺／狂人譚）』（書肆心水、二〇〇六年）
文部省編『日本帝国文部省年報』（復刻版、宣文堂、一九七〇年）
『明治前期警視庁・大阪府・京都府　警察統計〔第二期〕Ⅰ』（柏書房、一九八六年）

七、中国観関連の研究書・論文等（編著者五〇音順）

①研究書

安藤彦太郎『日本人の中国観』（頸草書房、一九七一年）
入江昭編著・岡本幸治監訳『中国人と日本人―交流・友好・反発の近代史―』（ミネルヴァ書房、二〇一二年）
内田良平研究会編『シナ人とは何か―内田良平の『支那観』を読む』（展転社、二〇〇九年）
衞藤瀋吉『中国分析』（衞藤瀋吉著作集第五巻、東方書店、二〇〇四年）
衞藤瀋吉『国際政治研究』（衞藤瀋吉著作集第六巻、第六巻、二〇〇四年）
衞藤瀋吉『日本人と中国』（衞藤瀋吉著作集第七巻、東方書店、二〇〇三年）
王暁秋著・小島晋治監訳『アヘン戦争から辛亥革命―日本人の中国観と中国人の日本観―』（東方書店、一九九一年）
大野英二郎『停滞の帝国―近代西洋における中国像の変遷』（国書刊行会、二〇一一年）
尾形勇・鶴間和幸・上田信・葛剣雄・王勇・礪波護『日本にとって中国とは何か』（講談社、二〇〇五年）
岡本幸治編『近代日本のアジア観』（ミネルヴァ書房、一九九八年）
桂島宣弘、立命館大学『17～19世紀の民衆の対外観の研究―対朝鮮・対中国観を中心に―』（文部科学省科学研究費補助金研究成果報告書、二〇〇二年～二〇〇五年）
河原宏『近代日本のアジア認識』（第三文明社、一九七六年）
姜徳相編著『カラー版錦絵の中の朝鮮と中国―幕末・明治の日本人のまなざし』（岩波書店、二〇〇七年）
貴志俊彦・谷垣真理子・深町英夫『模索する近代日中関係―対話と競存の時代』（東京大学出版会、二〇〇九年）

辜鴻銘著、魚返善雄訳『支那人の精神』（目黒書店、一九四〇年）
小島晋治『近代日中関係史断章』（岩波書店、二〇〇八年）
小林道彦・中西寛『歴史の桎梏を越えて―二〇世紀日中関係への新視点―』（千倉書房、二〇一〇年）
佐藤誠三郎・R・ディングマン『近代日本の対外態度』（東京大学出版会、一九七四年）
杉田聡編『福沢諭吉　朝鮮・中国・台湾論集―「国権拡張」「脱亜」の果て―』（明石書店、二〇一〇年）
竹内実『日本人にとっての中国像』（岩波書店、一九九二年）
竹内好『中国を知るために』（勁草書房、一九六七年）
竹内好『日本とアジア』（筑摩書房、一九九三年）
竹内好『竹内好セレクションⅡ』（日本経済評論社、二〇〇六年）
並木頼寿『日本人のアジア認識』（山川出版社、二〇〇八年）
野村浩一『近代日本の中国認識―アジアへの航跡―』（研文出版、一九八一年）
馬場公彦『戦後日本人の中国像―日本敗戦から文化大革命・日中復交まで』（新曜社、二〇一〇年）
坂野潤治『明治・思想の実像』（創文社、一九七七年）
藤田昌志『明治・大正の日中文化論』（三重大学出版会、二〇一一年）
古屋哲夫編『近代日本のアジア認識』（京都大学人文科学研究所、一九九四年）
松本三之介『近代日本の中国認識』（以文社、二〇一一年）
溝口雄三・浜下武志・平石直昭・宮嶋博史編『アジアから考える[5]近代化像』（東京大学出版会、一九九四年）
村上知行『支那及び支那人』（中央公論社、一九三八年）
吉野作造『対支問題』（『吉野作造選集七』岩波書店、一九九五年所収（原典は日本評論社、一九三〇年））
山根幸夫『近代中国と日本』（山川出版社、一九七六年）
李彩華・鈴木正『アジアと日本―平和思想としてのアジア主義』（農山漁村文化協会、二〇〇七年）
渡辺竜策『日本と中国の百年』（講談社、一九六八年）

②論文

青木功一「「脱亜論」の源流―「時事新報」創刊年に至る福沢諭吉のアジア観と欧米観―」（『新聞研究所年報』慶應義塾大学新聞研究所、一〇号、一九七八年二月）
泉陽一郎「明治中期の子ども向け雑誌に描かれた〈中国偉人〉像の変遷―博文館発行『日本之少年』と『少年世界』を中心に―」『児童文学論叢』第一一号、二〇〇六年）
伊藤之雄「日清戦前の中国・朝鮮認識の形成と外交論」（古屋哲夫編『近代日本のアジア認識』京都大学人文科学研究所、一九九四年所収）
伊藤之雄「日清戦争以後の中国・朝鮮認識と外交論」（『名古屋大学文学部研究論集』通号一一九号、名古屋大学文学部、一九九四年）
上杉允彦「江戸時代の日本人の中国観」（『高千穂論叢』五二（二）、高千穂大学高千穂学会、一九七七年）

参考文献

穎原善徳「日清戦争期日本の対外観」(『歴史学研究』六六三号、一九九四年一〇月)

王屏著、西本志乃・盧濤訳「日本人の〝中国観〟の歴史的変遷について」(『広島大学マネジメント研究』四、二〇〇四年三月)

大谷正「ある軍医の日清戦争体験と対清国観—渡辺重綱『征清紀行』を読む—」(『専修法学論集』九六号、二〇〇六年三月)

岡義武「日清戦争と当時における対外意識(一)(二)」(『国家学会雑誌』六八、一九五四~五五年)

尾崎ムゲン「教育雑誌にみるアジア認識の展開—一九〇〇年代はじめの『教育時論』を中心に—」(古屋哲夫編『近代日本のアジア認識』緑蔭書房、二〇〇一年所収)

川島真「「日露戦争と中国」をめぐる議論の変容」(日露戦争研究会編『日露戦争研究の新視点』成文社、二〇〇五年所収)

川村湊「大衆オリエンタリズムとアジア認識」(『岩波講座近代日本と植民地7』岩波書店、一九九三年所収)

久保田善丈「欲望としての近代中国イメージ」(『歴史評論』六三八号、二〇〇三年六月)

黒住真「日本思想とその研究—中国認識をめぐって」(『中国』中国社会文化学会、通号一一、一九九六年六月)

黄自進「明治後期における中国像—日本政府の中国革命運動への支援と否定」(『Quadrante:クヴァドランテ:四分儀:地域・文化・位置のための総合雑誌』東京外国語大海外事情研究所、二号、二〇〇〇年三月)

小島晋治「20世紀における日本の中国研究と中国認識(7)明治日本人の中国紀行について」(『中国研究月報』五二(六)、一九九八年六月)

小林一美「日本近代における中国像—在野的中国研究・中国観をめぐって」(『史潮』大塚史学会、一〇五号、一九六八年一一月)

小松裕「近代日本のレイシズム—民衆の中国(人)観を例に—」(『文学部論叢』七八、熊本大学文学部、二〇〇三年三月)

崔明淑「夏目漱石『満韓ところどころ』—明治知識人の限界と「朝鮮・中国人」像—」(『解釈と鑑賞』六二(一二)、一九九七年一二月)

佐藤三郎「日本人が中国を“支那”と呼んだことについての考察・近代日中交渉史上の一齣」(『山形大学紀要』第八巻第二号、一九七五年二月)

芝原拓自「対外観とナショナリズム」(『対外観』日本近代思想大系一二、岩波書店、一九八八年、「解説」)

渋谷香織「横光利一の中国観—『上海』を中心にした一考察—」(『東京女子大学紀要論集』三八(二)、一九八八年三月)

清水唯一朗「辛亥革命と日本の反応—近代日本と「崛起する中国」—」(小林道彦、中西寛編著『歴史の桎梏を越えて—20世紀日中関係への新視点—』千倉書房、二〇一〇年所収)

JohnClark「日本絵画にみられる中国像—明治後期から敗戦まで」(『日本研究』一五号、一九九六年一二月)

白木通「日本人の中国観（一）」（『経営研究』第一四巻第二号、二〇〇〇年一二月）
白山映子「頭本元貞と太平洋問題調査会」（『近代日本研究』二五、二〇〇八年）
杉井六郎「徳富蘇峰の中国観―とくに日清戦争を中心として―」（『人文学報』三〇、一九七〇年）
鈴木正節「『太陽』解題とその中国観」（鈴木正節『博文館『太陽』の研究』アジア経済研究所、一九七九年所収）
銭鴎「日清戦争直後における対中国観及び日本人のセルフイメージ―『太陽』第一巻を通して」（鈴木貞実『雑誌『太陽』と国民文化の形成』思文閣出版、二〇〇一年所収）
滝澤民夫「日清戦争期の「豚尾漢」的中国人観の形成」（『歴史地理教育』五七七号、一九九八年四月）
滝沢民夫「日清戦争後の「豚尾漢」的中国人観の形成」（『歴史地理教育』五六二号、一九九七年）
竹内好他「日本人の中国認識―第三部　日清戦争前後―」（『朝日ジャーナル』朝日新聞社、一三（三八）、一九七一年一〇月）
竹内好他「日本人の中国認識（―第一部　9・18事件―）（―第二部　辛亥革命前後―）」（『朝日ジャーナル』朝日新聞社、一三（三六〜七）、一九七一年九〜一〇月）
田中伯知・上田太郎「日本の教科書に見られる東アジア観―内容分析の手法を基に」（『早稲田教育評論』早稲田大学教育総合研究所、一五巻一号、二〇〇一年）
田中正俊「清仏戦争と日本人の中国観」（『思想』五一二号、岩波書店、一九六七年二月）
丹波香「服部宇之吉と中国―近代日本文学の中国観への影響として―」（『中央学院大学人間・自然論叢』一九、二〇〇四年三月）
陳衛平「横井小楠の中国観についての一考察」（『哲学・思想論叢』一四、一九九六年一月）
鳥羽さおり「『自由新聞』に見る対外観―一八八〇年代の朝鮮・清国論についての一考察―」（『史叢』第六〇号、一九九九年三月）
永井和「戦後マルクス主義史学とアジア認識―「アジア的停滞性論」のアポリア―」（古屋哲夫編『近代日本のアジア認識』緑蔭書房、二〇〇一年所収）
長尾直茂「明治時代の或る文人にとっての中国―明治十一年、吉嗣排山の清国渡航をめぐって―」（『山形大學紀要』一五（一）、二〇〇二年二月）
中村尚美「小野梓のアジア論」（『小野梓の研究』早稲田大学出版部、一九八六年所収）
長谷川潮「巌谷小波の朝鮮観・中国観」（同『子どもの本に描かれたアジア・太平洋』梨の木舎、二〇〇七年所収）
馬場公彦「辛亥革命を同時代の日本人はどう見たか―日本で発行された雑誌を通して」（『アジア遊学』一四八、二〇一一年一二月）
原剛「日露戦争の影響―戦争の矮小化と中国人蔑視感―」（軍事史学会編『二〇世紀の戦争』錦正社、二〇〇一年所収）
班偉「二〇年来の日本人の中国観の変遷」（『山陽論叢』九、二

〇〇二年一二月）
日比野丈夫「幕末日本における中国観の変化」（『大手前女子大学論集』二〇、一九八六年）
福田忠之「荒井甲子之助の中国観—『図南遺稿』を中心に—」（『千葉史学』五九号、二〇一一年一二月）
藤村道生「日本の対アジア観の変遷」（『上智史学』二二、一九七七年一一月）
古田東朔「日本の三代教科書にあらわれた対アジア認識」（『日本文学』一一巻二号、一九六二年二月）
古屋哲夫「アジア主義とその周辺」（古屋哲夫編『近代日本のアジア認識』緑蔭書房、二〇〇一年所収）
松本通孝「日清・日露戦争と国民の対外観の変化—明治期中学校外国史教科書の分析を通して」（『教育研究』四四号、二〇〇〇年三月）
本山幸彦「明治前半期におけるアジア観の諸相」（『人文学報』三〇号、一九七〇年三月）
安岡昭男「日清戦争前の対清論策」（『軍事史学』一六号、一九六九年二月）
山田智「近代日本からの中国への眼差し—内藤湖南の時代区分論を手がかりとして—」（黒川みどり編著『近代日本の「他者」と向き合う』部落解放・人権研究所、二〇一一年所収）
山根幸夫「日本人の中国観—内藤湖南と吉野作造の場合—」（『東京女子大學論集』一九（一）、一九六八年九月）
楊海英「「糞の垂れた尻」と「お尻の割れた子供服」—過去の「蒙疆」から竹内好と高橋和巳の中国観をよむ」（『アジア研究』五、二〇一〇年三月）
劉家鑫・李蕊「「支那通」の中国認識の性格—後藤朝太郎と長野朗を中心に」（『東洋史苑』龍谷大学東洋史学研究会、七〇・七一号、二〇〇八年三月）

八、日清・日露戦争関連の研究書・論文等

井上祐子『日清・日露戦争と写真報道—戦場を駆ける写真師たち—』（吉川弘文館、二〇一二年）
大谷正『兵士と軍夫の日清戦争—戦場からの手紙をよむ—』（有志舍、二〇〇六年）
大濱徹也『庶民のみた日清・日露戦争』（刀水書房、二〇〇三年）
佐谷眞木人『日清戦争—「国民」の誕生』（講談社、二〇〇九年）
白井久也『明治国家と日清戦争』（社会評論社、一九九七年）
日露戦争研究会編『日露戦争研究の新視点』（成文社、二〇〇五年）
原田敬一『日清戦争』（吉川弘文館、二〇〇八年）
原田敬一『日清・日露戦争』シリーズ日本近現代史③（岩波書店、二〇〇七年）
東アジア近代史学会編『日清戦争と東アジア世界の変容』上下巻（ゆまに書房、一九九七年）
東アジア近代史学会『日露戦争と東アジア世界』（ゆまに書房、二〇〇八年）

檜山幸夫編著『近代日本の形成と日清戦争―戦争の社会史―』（雄山閣出版、二〇〇一年）
山田朗『世界史の中の日露戦争』（吉川弘文館、二〇〇九年）

九、メディア史関連の研究書・論文等

有山輝雄『近代日本ジャーナリズムの構造』大阪朝日新聞白虹事件前後（東京出版、一九九五年）
有山輝雄・竹山昭子編『メディア史を学ぶ人のために』（世界思想社、二〇〇四年）
有山輝雄『近代日本のメディアと地域社会』（吉川弘文館、二〇〇九年）
有山輝雄「下からのメディア史の試み―メディア史研究の読者・視聴者研究の方法」（『メディア史研究』三三号、二〇一三年三月）
片山慶隆『日露戦争と新聞―「世界の中の日本」をどう論じたか―』（講談社、二〇〇九年）
片山慶隆「論争の場としての新聞―日露戦争期を題材として―」（『メディア史研究』二九、二〇一一年）
木戸若雄『明治の教育ジャーナリズム』（近代日本社、一九六二年）
佐々木隆『メディアと権力』（中央公論社、一九九九年）
土屋礼子『大衆紙の源流―明治期小新聞の研究』（世界思想社、二〇〇二年）
永嶺重敏『雑誌と読者の近代』（日本エディタースクール、一九九七年）
永嶺重敏『モダン都市の読書空間』（日本エディタースクール出版、二〇〇一年）
永嶺重敏『〈読書国民〉の誕生』（日本エディタースクール、二〇〇四年）
西田長寿『明治時代の新聞と雑誌』（至文堂、一九六六年）
山本武利『近代日本の新聞読者層』（法政大学出版局、一九八一年）
山本文雄編『日本マス・コミュニケーション史』（東海大学出版会、一九八一年）

十、その他の研究書・論文等（編著者五〇音順）

①主に序章で使用したもの

有馬明恵『内容分析の方法』（ナカニシヤ出版、二〇〇七年）
アレン・S．ホワイティング著・岡部達味訳『中国人の日本観』（岩波書店、一九九三年）
家近亮子『日中関係の基本構造―2つの問題点・9つの決定事項―』（晃洋書房、二〇〇三年）
家永三郎『太平洋戦争』（岩波書店、二〇〇二年）
入江昭著・興梠一郎訳『日中関係この百年―世界史的展望―』（岩波書店、一九九五年）
笠原十九司『南京事件』（岩波書店、一九九七年）
姜尚中『オリエンタリズムの彼方へ―近代文化批判―』（岩波書店、一九九六年）

栗原彬『歴史とアイデンティティ　近代日本の心理=歴史研究』（新曜社、一九八二年）
厳安生『日本留学精神史』（岩波書店、一九九一年）
国分良成『中華人民共和国』（筑摩書房、一九九九年）
子安宣邦『「アジア」はどう語られてきたか—近代日本のオリエンタリズム—』（藤原書店、二〇〇三年）
陶徳民『明治の漢学者と中国』（関西大学出版部、二〇〇七年）
成田龍一『近現代日本史と歴史学—書き替えられてきた過去—』（中央公論新社、二〇一二年）
西川長夫・松宮秀治編『幕末・明治期の国民国家形成と文化変容』（新曜社、一九九五年）
芳賀登『明治国家と民衆』（雄山閣、一九七四年）
ひろたまさき『日本帝国と民衆意識』（有志舎、二〇一二年）
藤原彰『南京の日本軍』（大月書店、一九九七年）
何為民『近代日本もうひとつの対中政策—１８６８～１９３１年の「満蒙」進出論—』（岩田書院、二〇一一年）
牧原憲夫『客分と国民のあいだ—近代民衆の政治意識』（吉川弘文館、一九九八年）
松沢弘陽『近代日本の形成と西洋経験』（岩波書店、一九九三年）
三谷博『明治維新とナショナリズム—幕末の外交と政治変動—』（山川出版社、一九九七年）
吉田裕『天皇の軍隊と南京事件』（青木書店、一九八六年）
吉見義明『草の根のファシズム』（東京大学出版会、一九八七年）

②主に第一章で使用したもの

赤塚康雄『新制中学校成立史研究』（明治図書出版、一九七八年）
井上久雄『近代日本教育法の成立』（風間書房、一九六九年）
海原徹『明治教員史の研究』（ミネルヴァ書房、一九七三年）
栄沢幸二『大正デモクラシー期の教員の思想』（研文出版、一九九〇年）
大門正克『民衆の教育経験』（青木書店、二〇〇〇年）
加地伸行『儒教とは何か』（中央公論社、一九九〇年）
唐沢富太郎『教科書の歴史』（創文社、一九五六年）
唐沢富太郎『教科書と国際理解』（中央公論社、一九六一年）
唐沢富太郎『児童教育史—児童の生活と教育—（下）』唐沢富太郎著作集第二巻（ぎょうせい、一九九二年）
竹内洋『学歴貴族の栄光と挫折』（中央公論新社、一九九九年）
仲新『明治の教育』（至文堂、一九六七年）
南京大虐殺の真相を明らかにする全国連絡会『南京大虐殺　日本人への告発』（東方出版、一九九二年）
福沢諭吉『福沢諭吉選集』第二巻（岩波書店、一九八一年）
三羽光彦『高等小学校制度史研究』（法律文化社、一九九三年）
望月幸男編『国際比較・近代中等教育の構造と機能』（名古屋大学出版会、一九九〇年）
本山幸彦編『明治教育世論の研究　下』（福村出版、一九七二年）
森秀夫『日本教育制度史』（学芸図書、一九八四年）
文部省『学制八十年史』（大蔵省印刷局、一九五四年）
文部省『学制百年史』（帝国地方行政学会、一九七二年）

③主に第二章で使用したもの

E・H・キンモンス、広田照幸ほか訳『立身出世の社会史—サムライからサラリーマンへ』（玉川大学出版部、一九九五年）

岩田一正「明治後期における少年の書字文化の展開—『少年世界』の投稿文を中心に—」（『教育学研究』第六四巻第四号、一九九七年一二月）

上田信道「大衆少年雑誌の成立と展開—明治期「小国民」から大正期「日本少年」まで—」（『国文学』第四六巻六号、二〇〇一年五月）

王家驊『日本の近代化と儒学』（農山漁村文化協会、一九九八年）

菅忠道『日本の児童文学』（大月書店、一九六六年）

北村三子「『少年世界』の創刊と子どものゆくえ」（『名著サプリメント』四巻三号、一九九一年四月）

杉本邦子『明治の文芸雑誌—その軌跡を辿る—』（明治書院、一九九九年）

田嶋一「『少年世界』と明治中期の少年たち（3）」（『名著サプリメント』三巻五号、一九九〇年四月）

田嶋一「「少年」の概念の成立と少年期の出現」（『國學院雑誌』九五巻七号、一九九四年七月）

続橋達雄『児童文学の誕生—明治の幼少年雑誌を中心に—』（桜楓社、一九七二年）

成田龍一「『少年世界』と読書する少年たち—一九〇〇年前後、都市空間のなかの読者共同体—」（同著『近代都市空間の文化経験』岩波書店、二〇〇三年所収）

広田照幸「近代知の成立と制度化」（『近代の成立』東京大学出版会、二〇〇五年所収）

村山吉廣『漢学者はいかに生きたか』（大修館書店、一九九九年）

渡辺和靖『増補版　明治思想史—儒教的伝統と近代認識論』（ぺりかん社、一九八五年）

『「少年園」解説・総目次・索引』（不二出版、一九八八年）

『「小国民」解説・解題・総目次・索引』（不二出版、一九九九年）

④主に第三章で使用したもの

浅岡邦雄「明治期博文館の主要雑誌発行部数」（国文学研究資料館編『明治の出版文化』臨川書店、二〇〇二年）

有山輝雄「地方小都市における新聞読者と販売店」（『日本歴史』七五八号、二〇一一年七月）

大塚英志編『少女雑誌論』（東京書籍、一九九一年）

片山清一『近代日本の女子教育』（建帛社、一九八四年）

加藤聖文「日露戦争と帝国の成立—満州経営の内部矛盾—」（東アジア近代史学会『日露戦争と東アジア世界』ゆまに書房、二〇〇八年所収）

金井景子「自画像のレッスン—『女学世界』の投稿記事を中心に」（小森陽一、紅野謙介、高橋修編『メディア・表象・イデオロギー：明治三十年代の文化研究』小沢書店、一九九七年所収）

久米依子「少女小説—差異と規範の言説装置」（小森陽一、紅野謙介、高橋修編『メディア・表象・イデオロギー：明治三

十年代の文化研究』小沢書店、一九九七年所収)
倉橋惣三『倉橋惣三選集』(学術出版会、二〇〇八年)
鳥越信『日本児童文学』(建帛社、一九九五年)
南部亘国『回想の博文館』(日本古書通信社、一九七三年)
橋本求『日本出版販売史』(講談社、一九六四年)
本田和子『子どもの領野から』(人文書院、一九八三年)
前田愛『近代読者の成立』(岩波書店、一九九三年)

⑤主に第四章で使用したもの

大竹聖美「明治期少年雑誌に見る朝鮮観—日清戦争(一八九四)〜日韓併合(一九一〇)前後の『穎才新誌』・『少年園』・『小国民』・『少年世界』—」(『朝鮮学報』一八八号、二〇〇三年)
金山泰志「五　外交(明治)」(「二〇一一年の歴史学会—回顧と展望—」『史学雑誌』史学会編、第一二一編第五号、二〇一二年)
河原美那子「日本近代思想の形成過程　その一—東洋対西洋観を中心として—」(『教育学雑誌』第二十七号、一九九三年)
胡垣坤等編、村田雄二郎等訳『カミングマン—19世紀アメリカの政治風刺漫画のなかの中国人』(平凡社、一九九七年)
丸尾三保「明治期『少年世界』にみるロシア—昔話および翻訳作品の考察—」(『梅花児童文学』九号、二〇〇一年)

⑥主に第五章で使用したもの

小木新造『東京庶民生活史研究』(日本放送出版協会、一九七九年)
開国百年記念文化事業会『明治文化史』第十巻、趣味・娯楽編(洋々社、一九五五年)
倉田喜弘『明治大正の民衆娯楽』(岩波書店、一九八〇年)
倉田喜弘『芝居小屋と寄席の近代—「遊芸」から「文化」へ』(岩波書店、二〇〇六年)
藝能史研究会『寄席』日本の古典芸能、第九巻(平凡社、一九七一年)
権田保之助『権田保之助著作集』第一巻(文和書房、一九七四年)
古川隆久『戦時下の日本映画—人々は国策映画を観たか—』(吉川弘文館、二〇〇三年)
安田宗生『国家と大衆芸能　軍事講談師美當一調の軌跡』(三弥井書店、二〇〇八年)
山本恒夫『近代日本都市教化史研究』(黎明書房、一九七二年)
吉見英明編『大衆芸能資料集成』第五巻(寄席芸二、講談)(三一書房、一九八一年)

⑦主に第六章で使用したもの

磯辺彰「『五天竺』の研究—中国の地方劇・皮影戯・木偶戯との比較検討を通して—」『富山大学人文学部紀要』(第一七号、一九九一年一月)
磯辺彰『旅行く孫悟空』(塙書房、二〇一一年)
井上厚史「『国性爺合戦』から『漢国無体此奴和日本』へ—江戸時代における華夷観の変容—」(『同志社国文学』第五八号、二〇〇三年三月)
伊原敏郎『明治演劇史』(クレス出版、一九九六年〔昭和八年版の復刊〕)

漆澤その子「明治期の際物に関する試論―『吉備大臣支那譚』を題材に―」（『日本史学集録』二一号、一九九八年五月）
漆澤その子『明治歌舞伎の成立と展開』（慶友社、二〇〇三年）
大笹吉雄『日本現代演劇史』（白水社、一九八五年）
大山功『近代日本戯曲史』（近代日本戯曲史刊行会、一九六八～一九七三年）
小笠原幹夫「近松の華夷思想―『国姓爺合戦』をめぐって―」（『作陽音楽大学作陽短期大学研究紀要』二四巻一号、一九九一年）
小笠原幹夫『歌舞伎から新派へ』（翰林書房、一九九六年）
越智治雄「「威海衛陥落」論―日清戦争劇を観る―」（『国語と国文学』四二巻一一号、一九六五年一一月）
神山彰『近代演劇の来歴―歌舞伎の「一身二生」』（森話社、二〇〇六年）
川添昭二『蒙古襲来研究史論』（雄山閣出版、一九七七年）
河竹登志夫『近代演劇の展開』（日本放送出版協会、一九八二年）
木村毅編『明治戦争文学集』（明治文学全集、筑摩書房、一九六九年）
国立劇場調査養成部編『日本の伝統芸能講座　舞踏・演劇』（淡交社、二〇〇九年）
近松門左衛門『国性爺合戦』（丸善書店、一八九一年）
千葉篤「『国性爺合戦』について」（『文学研究』五三号、一九八一年六月）
津上忠、菅井幸雄、香川良成編『演劇論講座』第一巻（演劇史日本編）（汐文社、一九七六年）
堂本正樹『古典劇との対決』能楽書林、一九五九年
鳥居フミ子「中国的素材の日本演劇化―『三国志演義』と浄瑠璃―」（『東京女子大学比較文化研究所紀要』第五九巻、一九九八年一月）
早川美由紀「「花茨胡蝶廼彩色」（古川魁蕾子著）―毒婦物の一展開―」（『稿本近代文学』一四、一九九〇年）
藤木宏幸「新派脚本の一断面」（『国語と国文学』第五二巻第一〇号、一九七五年一〇月）
三橋修『〈コンチクショウ〉考　江戸の心性史』（日本エディタースクール出版部、一九九二年）
村松定孝・紅野敏郎・吉田熙生編『近代日本文学における中国像』（有斐閣、一九七五年）
矢内賢二『明治の歌舞伎と出版メディア』（ぺりかん社、二〇一一年）
依田学海『国姓爺討清記』（六合館弦巻書店、一八九四年）
早稲田大学演劇博物館編著『日本演劇史年表』（八木書店、一九九八年）
『特別展「天保水滸伝の世界」展示図録』（千葉県立大利根博物館編集発行、一九九三年）

⑧主に第七章で使用したもの

大谷正「日清戦争と従軍記者」（東アジア近代史学会編『日清戦争と東アジア世界の変容』下巻、ゆまに書房、一九九七年所収）
永嶺重敏『怪盗ジゴマと活動写真の時代』（新潮社、二〇〇六

年）
松崎稔「兵士の日清戦争体験―東京府多摩地域を事例に―」（檜山幸夫編著『近代日本の形成と日清戦争―戦争の社会史―』（雄山閣出版、二〇〇一年所収）
安田徳子『地方芝居・地芝居研究：名古屋とその周辺』（おうふう、二〇〇九年）

⑨主に第八章で使用したもの

徐水生著、阿川修三ほか訳『近代日本の知識人と中国哲学』（東方書店、二〇〇八年）
鈴木貞実『雑誌『太陽』と国民文化の形成』（思文閣出版、二〇〇一年）
鈴木正節『博文館『太陽』の研究』（アジア経済研究所、一九七九年）
渡辺京二『逝きし世の面影』（平凡社、二〇〇五年）

⑩主に終章で使用したもの

畔上直樹『「村の鎮守」と戦前日本―「国家神道」の地域社会史』（有志舎、二〇〇九年）
安藤彦太郎『中国語と近代日本』（岩波書店、一九八八年）
伊藤隆「「挙国一致」内閣期の政界再編成問題―昭和13年近衛新党問題研究のために―」（『社会科学研究』東京大学社会科学研究所紀要、第二四巻第一号、一九七二年八月）
川井良浩『安岡正篤の研究―民本主義の形成とその展開―』（明窓出版、二〇〇六年）
古川隆久『あるエリート官僚の昭和秘史―『武部六蔵日記』を読む―』（芙蓉書房出版、二〇〇六年）
古川隆久『昭和天皇』（中央公論新社、二〇一一年）
古川隆久・鈴木淳・劉傑編『第百一師団長日誌―伊東政喜中将の日中戦争』（中央公論新社、二〇〇七年）
安岡正篤『王陽明』（新版、明徳出版社、一九六〇年）
安岡正篤『儒教と老荘』（明徳出版社、一九九八年）
山口守「他者としての中国―まなざしの擬制を超えて―」（『中央評論』二二二号、一九九七年一二月）
山野晴雄・成田龍一「民衆文化とナショナリズム」（歴史学研究会・日本史研究会編集『講座日本歴史九　近代三』東京大学出版会、一九八五年所収）
和辻哲郎『和辻哲郎全集』第八巻（岩波書店、一九六二年）
エドワード・W・サイード『オリエンタリズム』（平凡社、一九九三年）
B．アンダーソン著、白石隆・白石さや訳『想像の共同体―ナショナリズムの起源と流行―』（リブロポート、一九八七年）

十一、辞典・事典類

朝日新聞社編『朝日日本歴史人物事典』（朝日新聞社、一九九四年）
臼井勝美他編『日本近現代人名辞典』（吉川弘文館、二〇〇一年）
大阪国際児童文学館『日本児童文学大事典』（大日本図書、一九九三年）

近代日中関係史年表編集委員会『近代日中関係史年表』（岩波書店、二〇〇六年）
国史大辞典編集委員会編『国史大辞典』（吉川弘文館、一九七九年）
山本二郎等『歌舞伎事典』（実業之日本社、一九七二年）

あとがき

本書は、二〇一二年度に日本大学大学院文学研究科に提出した学位請求論文（博士論文）「明治期日本における一般民衆層の中国観」をもとに、若干の修正を加えたものである。本書の基となった論文は、以下の四編である（発表順）。

一、「日露戦争前後の日本における中国観―男女別児童雑誌を素材として―」『史叢』第八〇号（二〇〇九年三月三一日）

二、「明治期の講談に見る都市一般民衆の中国観」『日本歴史』第七四二号（二〇一〇年三月一日）

三、「明治期の児童雑誌に見る日本の対外観―中国観との比較を軸に―」『メディア史研究』第二八号（二〇一〇年九月三〇日）

四、「日清戦争前後の児童雑誌に見る日本の中国観」『史学雑誌』第一二〇編第一一号（二〇一一年一一月二〇日）

一は第三章、二は第五章、三は第四章、四は第二章の基になっている。その他、「明治期の演劇に見る日本の中国観」『日本大学史学会大会』（二〇一〇年六月一九日、於日本大学百周年記念館）、「明治期の地方新聞に見る日本の中国観」『日本大学史学会大会』（二〇一一年六月一八日、於日本大学百周年記念館）や「日本人はいかに「中国」を語ったか

―雑誌『太陽』を中心に―」『日本大学史学会大会』シンポジウム「メディアに見る近代社会像」(二〇一二年六月二三日、於日本大学百周年記念館)などの口頭報告も第六章・第七章・第八章の基になっている。残る序章、第一章、終章は学位請求論文提出に際して書き下ろしたものである。

本書は、筆者の学生生活の集大成といえる。今思えば、高校時代の日本史教科書で目にした「南京事件(一九三七年)」の記述に興味を持ったのが全ての始まりであった。本文よりも小さな字で印字された二行程の注釈であったが、なぜそのような事件が起こるに至ったのか、高校生ながら疑問に思ったのである。授業の後、当時の日本史教員にその疑問を投げかけたが、納得に足る答えが返ってこなかったことを覚えている。大学に入学後も南京事件への興味は尽きず、多くの先行研究にふれる契機ともなり、結果卒業論文の研究テーマになってしまった。こわいもの知らずとはこのことだろうと今になって思う。学部時代は、部活動に多くの時間を費やしていたことを言い訳にして、まともに研究することを怠っていたが、その少ない時間の中で南京事件を考える歴史的意義というものが、事件の規模の大小・数の大小ではなく、事件に至った要因を考えることにあると気がつけたことは研究遂行上での大きな分岐点の一つであった。その要因の中から、蔑視的な中国観に着目し、その中国観が当時の日本人に如何にして受容されていたのかを教育の側面から検討したのが卒業論文である。その卒業論文作成中に、日本の中国観研究、特に一般民衆層の中国観について研究が手薄であることに気がつけたことも次なる研究を進める上で大きな分岐点となり、院生時代の全てを費やすに値する研究テーマとなった。その一応の集大成が本書ということになるのである。

当然、本書をまとめることができたのは、筆者一人の力ではなく、指導し支援してくださる方々があってのことである。なかでも横浜市立大学入学以来、一貫してご指導を仰いできた古川隆久先生に受けた御恩は、筆舌に尽くしがたいものがある。先ほどの言い方では、まるで自らが道を切り開いて一人で研究を進めてきたように見えるが、筆者の研究の道筋にいつもヒントを指し示して下さったのは先生に他ならなかった。答えではなくヒントであった所に、今の筆者があるのであろう。初めてのゼミ発表で、昭和期の研究をしているのに明治期の史料を引用するような筆者を、一から指導することは想像を絶する労力であったと思われる。かけてきた迷惑も数知れず、思い出すだけで申し訳ない気持ちと恥ずかしい気持ちで一杯になる。本書の完成をもって、先生の学恩に少しでも報いることができたのならば、これに勝る喜びはない。

日本大学大学院進学後、多くの先生方に出会えたことも、筆者の大きな財産となった。松重充浩先生には、大学院の授業で直接ご指導を受けて以来、東洋史の目線から貴重なアドバイスを頂いた他、大学の研究プロジェクトや様々な研究会にお誘いいただくなど、ご指導を仰ぎ続けている。佐々木隆爾先生には、大学院の授業でご指導を頂いた他、多くの学会発表にも足を運んで下さり、その都度貴重なアドバイスを頂戴した。石塚裕道先生は、筆者と専門の時代が近いこともあり、毎週の講義の度に大きな刺激を受けた。二人で横浜をフィールドワークしたことも忘れられない。大塚英明先生は、学位請求論文の審査にあたって副査を引き受けて下さり、研究上の重要なご指摘を頂いただけでなく、今後の人生に関するご助言まで賜るなど、大変お世話になった。

日本大学以外では、特にメディア史研究会で大変お世話になった。貴重な発表の機会を頂いただけでなく、有山輝雄先生や飯塚浩一先生には本研究手法の根幹に関わる重要なアドバイスを頂戴した。有山先生には、学位請求論文のご審査も引き受けて下さり、公聴会で今後の研究に欠かせない重要なご指摘を頂いた。メディアを検討主体として扱っている本研究において、有山先生のご研究を参考にすることは必要不可欠であった。

また、学部・大学院のゼミやメディア史研究会などで出会った、多くの諸先輩方や同期、後輩にも感謝申し上げたい。筆者ほど、人的環境に恵まれていた研究者はそうそういないのではないか。目指すべき研究者像が、自身の側にあるという状況は幸運以外の何物でもなかった。

なお、大学院博士後期課程の三年次から、日本学術振興会の特別研究員（ＤＣ２）として同会から研究奨励金・科学研究費補助金の交付を受けた。本書中には、これらの奨励金や補助金による研究成果の一部が含まれている。

本書の出版に際しては、芙蓉書房出版の平澤公裕社長にお世話になりました。厳しい出版情勢の中、本書の基となった学位請求論文に興味を持って頂けただけでなく、出版を引き受けて下さったことは感謝の念に堪えません。尖閣諸島を巡る日中関係の悪化が深刻化している今日にあって、本書を世に出す意義が少しでもあったのであればこれほど研究者冥利に尽きることはありません。

最後に、これまでの私の研究活動を支えてくれた両親に感謝の意を申し述べさせて頂きたい。両親の理解なくして、現在まで研究を続けることはできなかった。本当にありがとうございました。

二〇一三年一二月

金山　泰志

ら行

わ行

な行

は行

ま行

や行

さ行

た行

〈事　項〉

さ行

た行

索　引

〈人　名〉

あ行

か行

著者
金山 泰志（かなやま やすゆき）
1984年神奈川県生まれ。2007年横浜市立大学国際文化学部日本アジア文化学科卒業。2013年日本大学大学院文学研究科日本史専攻博士後期課程修了。博士（文学）。現在、日本大学文理学部非常勤講師。
主要業績：「日清戦争前後の児童雑誌に見る日本の中国観」（『史学雑誌』第120編11号、史学会、2011年11月）、「明治期の児童雑誌に見る日本の対外観―中国観との比較を軸に―」（『メディア史研究』第28号、メディア史研究会、2010年9月）、「明治期の講談に見る都市一般民衆の中国観」（『日本歴史』第742号、日本歴史学会、2010年3月）、「日露戦争前後の日本における中国観―男女別児童雑誌を素材として―」（『史叢』第80号、日本大学史学会、2009年3月）など。

明治期《めいじき》日本《にほん》における民衆《みんしゅう》の中国観《ちゅうごくかん》
――教科書・雑誌・地方新聞・講談・演劇に注目して――

2014年 2月25日　第１刷発行

著 者
金山《かなやま》 泰志《やすゆき》

発行所
㈱芙蓉書房出版
（代表 平澤公裕）
〒113-0033東京都文京区本郷3-3-13
TEL 03-3813-4466　FAX 03-3813-4615
http://www.fuyoshobo.co.jp

印刷・製本／モリモト印刷

ISBN978-4-8295-0613-4